任力资源

HR技能提升系列　　　任康磊◎著

招聘 面试
入职 离职
管理实操
从入门到精通

第 2 版

任康磊◎著

人民邮电出版社

北 京

图书在版编目（CIP）数据

招聘　面试　入职　离职管理实操从入门到精通 / 任康磊著. -- 2版. -- 北京：人民邮电出版社，2022.7
　　（HR技能提升系列）
ISBN 978-7-115-58817-3

Ⅰ. ①招… Ⅱ. ①任… Ⅲ. ①企业管理—人力资源管理 Ⅳ. ①F272.92

中国版本图书馆CIP数据核字(2022)第039319号

内 容 提 要

　　本书介绍了招聘、面试、入职管理、离职管理如何在企业中有效应用的相关内容。在介绍时，作者把大量复杂的管理理论转变成了简单实用的工具和方法，并把这些工具和方法可视化、流程化、步骤化，让招聘、面试、入职管理、离职管理变得非常简单且容易操作，从而能够有效地指导和帮助读者做好相关实务工作。

　　全书分为12章，主要内容包括招聘怎么做才有效；岗位管理和能力管理；招聘渠道分类与应用；招聘JD编写方法与技巧；简历筛选方法与技巧；面试邀约方法与技巧；人才测评方法与技巧；面试实施方法和技巧；背景调查方法与技巧；薪酬谈判方法与技巧；入职操作方法与技巧；离职操作方法与技巧。

　　本书内容通俗易懂，案例丰富，实操性强，特别适合人力资源管理岗位的专员、主管等相关从业人员，人力资源管理实操的初学者，将要从事招聘管理相关工作的人员，高校人力资源管理专业的学生，正在考取人力资源管理师或其他人力资源管理相关证书的学员。

◆ 著　　　　任康磊
　　责任编辑　马　霞
　　责任印制　周昇亮
◆ 人民邮电出版社出版发行　　北京市丰台区成寿寺路 11 号
　　邮编　100164　电子邮件　315@ptpress.com.cn
　　网址　https://www.ptpress.com.cn
　　涿州市般润文化传播有限公司印刷
◆ 开本：700×1000　1/16
　　印张：19.25　　　　　　　　　2022 年 7 月第 2 版
　　字数：356 千字　　　　　　　　2025 年 4 月河北第 10 次印刷

定价：69.80 元

读者服务热线：(010)81055296　印装质量热线：(010)81055316
反盗版热线：(010)81055315

HR，用专业证明自己

有很多做人力资源管理工作的朋友问过笔者这样的问题："HR（人力资源，常指代企业中的人力资源管理工作人员）要如何证明自己？"

营销类的岗位可以用业绩来证明自己；产品类的岗位可以通过开发出好的产品来证明自己；运营类的岗位可以通过达成项目预期来证明自己；就连财务类的岗位，也可以通过定期形成财务报表，做财务分析来证明自己。

可是，HR 要用什么来证明自己呢？

实际上，HR 可以证明自己的方法非常多，比如划分清楚岗位责权利，保证人才的招聘满足率，给关键岗位建立胜任力模型，帮团队培养出能力达标的人才，设计出有激励效果的薪酬体系，建立起有助于实现目标的绩效体系，帮助团队提升员工敬业度，实施有价值的人力资源数据分析，帮助团队提升劳动效率，帮助公司降低人力成本，等等。

不过，任何一项能够证明自己的工作，都需要 HR 专业能力的支持。HR 这份职业是一个上限可以很高、下限也可以很低的职业。要提升 HR 的职业上限，提升专业能力是大多数 HR 的重要途径。

如果不具备人力资源管理的实战专业能力，HR 就只能做人力资源管理中价值比较低的事务型工作。只有具备系统实战专业能力的 HR，才能在人力资源管理岗位上获得好的职业成长与发展。

十几年之前，笔者刚接触人力资源管理工作的时候，特别想系统地学习人力资源管理实战技能，帮助自己更好地开展工作。但当时想了很多办法，也没找到好的学习渠道和课程。

后来，靠着不断向优秀管理咨询公司学习方法论，靠着对大量人力资源管理咨询项目不断实施验证，靠着对实战中搭建的人力资源管理体系的不断应用复盘，靠着十几年的经验积累，笔者终于能相对全面地总结出实战人力资源管理体系的方法论，能够帮助 HR 更系统、更快速、更有效地提升人力资源管理技能。

这套 HR 技能提升系列丛书自上市以来就广受好评，销量与口碑都名列前茅，截至 2021 年年底已有超过 60 万册的总印刷量。

许多读者在线上平台和笔者社群中晒出书架上摆着一整套作者的人力资源管理实战系列丛书的照片，并开心地说这套书已经成为其案头必备的工具书，内容非常实用。笔者很高兴自己的经验知识能够帮助到广大 HR 学习成长。

为帮助读者朋友们更高效地学习实战人力资源管理技能，笔者介绍一个

"4F"学习成长工具。工具中的"4F"分别是：facts（现实／事实）、feeling（感受）、findings（发现，引申为观点）、future（未来，引申为下一步的行动计划）。"4F"对应着 4 个学习步骤，按照这 4 个学习步骤进行实战学习，能让学习效率事半功倍。

第 1 步，总结事实。

注意学习内容中都有什么，看可以总结出多少对自己当前工作有价值的要点。学习的过程固然重要，个人的总结同样重要。没有总结，知识都是别人的；有了总结，知识就变成了自己的。

第 2 步，表达感受。

通过总结出的要点内容，表达出自己的感受。这里的感受可以随意延展，不限于总结出的内容。"横看成岭侧成峰，远近高低各不同。"相同的内容，不同角度的感受是不同的。

第 3 步，寻找观点。

通过学习的过程，获得了怎样的独立思考？形成了哪些自己的观点？得到了哪些具体收获？"学而不思则罔，思而不学则殆。"学习的过程必然伴随着深度的独立思考。

第 4 步，行动计划。

经过思考之后，形成具体的行动计划。这里的行动计划最好能够有助于实际工作，可实施，可落地。行动不仅是实践学习成果的方法，也是检验学习成果的有效方式。行动计划实施过程中如果发现问题，可以再回到第 1 步重新学习。

"4F"学习成长工具是个闭环。每一个学习过程，都可以用"4F"学习成长工具进行复盘。当人们刻意运用这个工具学习的时候，即便重复学到自己已经知道的内容，也往往会有一些新的认知、新的理解和新的感悟。

如果读者朋友在系统学习这套人力资源管理系列图书或线上课、线下课，建议不断运用这个工具开展学习，你将能够不断获得成长与提升。

系统有效地学习这套人力资源管理系列学习产品（图书、线上课、线下课），将帮助 HR 全面提升个人能力，提升职场竞争力；帮助 HR 成为解决人力资源管理实际问题的专家，提高 HR 的岗位绩效；帮助 HR 迅速增加个人价值，增加职场话语权。

最后，要感谢广大读者朋友的支持与厚爱，感谢人民邮电出版社恭竟平老师与马霞编辑的指导与帮助，感谢张增强老师的鼎力协助。

祝读者朋友们能够成为卓越的人力资源管理者。

HR，让咱们用专业证明自己！

任康磊

小米公司创始人雷军在创业之初曾经说过：招人是天底下最难的事情！现在很多企业的人力资源管理者（企业中多用 HR 指代）招聘人才已经不是在招人了，而是在抢人！这像极了某个产品销售时的宣传标语所说的：限时抢购，手快有，手慢无！人才，也是谁抢着算谁的。

随着经济和技术的快速发展，新兴产业的崛起带来大量的用工需求和人才结构的不匹配，使招工难的问题愈演愈烈。不仅是基础劳工，许多专业型人才成为更加稀缺的资源，招聘的难度和成本越来越大。

在这种环境背景下，企业的 HR 常常耗费了大量的时间和精力，收获的招聘结果却很差，人才最终的上岗率很低，流失率却很高。

分管招聘的 HR 常常因为满足不了招聘需求而苦恼。当面临大规模的招聘需求时，HR 常常感到压力巨大，不知所措。很多招聘人员每天上班的第一件事就是想怎么招人、从哪里能"变"出人来、怎样快速满足企业的人员需求。

许多企业在快速发展时期，因为企业 HR 的招聘工作不力，会遇到人才短缺的情况，导致企业的发展业务受阻，直接影响了企业实现战略目标。

要提高人才招聘的效能，在关注雇主品牌、薪酬福利、企业文化、排班时间、劳动保障等因素的前提下，人才的招聘管理、离职管理本身的方法和技巧同样重要。

针对当前人才招聘难、人才选拔不准确、人才离职率高、入职和离职手续存在各类法律风险的情况，笔者总结了招聘、面试、入职、离职等以提升招聘效能和减少人才流失为目的的各项工作的关键技能、方法、操作步骤和流程说明，并结合大量的实操案例，最终形成本书。

希望通过这本书能让读者快速了解招聘管理、面试操作、入职和离职管理的基本原理和实操方法，更关键的是能够快速掌握人才招聘、录用、选拔、离职操作的核心理念，能够快速、准确地运用招聘和离职管理中的各类工具和模板，更好地提升企业的招聘效能、满足用工需求、降低员工的流失率。

随着政策的更新变化，本书迎来了第 1 次改版。本次改版修订的内容主要包括以下 3 个方面。

1. 增加了视频面试的实操方法

随着互联网的发展，视频通话已经成为企业日常工作中的常见形式。新冠疫情爆发以来，远程工作和视频交流的需求显著增加。视频面试成为很多企业招聘面试中初试的首选。本次改版增加了视频面试的实施方法和注意事项。

2. 增加了无领导小组讨论的实操方法

当面对多名候选人共同参与面试时，要用到无领导小组讨论的面试方式。通过多名候选人在无领导小组讨论过程中的表现，来判断候选人的沟通能力、表达能力、逻辑思维能力、领导能力、说服力等。作为一种常见的面试形式，本书特别对这部分做了补充。

3. 删除了霍兰德人格与职业兴趣测试与应用

霍兰德人格与职业兴趣测试虽然可以在招聘面试环节得以应用，但应用范围不广，应用频率不高，其在职业选择和职业发展领域应用较为广泛。因增加了前 2 项内容，考虑内容篇幅问题，删除了这部分内容。

除以上 3 点主要修订内容外，本书还对原书章节内容做了改写和升级，修改了个别表述方式。

最有效的学习是通过解决问题来学习。建议读者拿到本书后，不要马上从第一个字看起，而是先带着问题，根据当前企业的具体情况，选择自己知识系统中最薄弱的环节，查找本书中介绍的操作方法，然后比对自己所在企业的状况，思考、制定、实施和修订解决方案。

当具体的问题得到解决之后，读者可以由问题切入，查找知识点；由知识点延伸，找到流程线；由流程线拓展，发现操作面；由操作面升华，全面掌握整个管理体系的建设和实施方法。这时候再从整个体系的角度看问题，又会有新的、更深刻的认识。

由于人力资源的法律、法规等政策文件具有时效性，本书的内容都是基于书稿完成时的相关政策规定。如果政策有所变化，可能会带来某些模块或者操作方法的变化。届时，请读者朋友们以最新的权威政策文件内容为准。

希望本书能够持续为各位读者朋友的人力资源管理实践提供帮助。如有更多实战人力资源管理学习需求，欢迎关注任康磊的其他人力资源管理图书、线上课或线下课。

祝读者朋友们能够学以致用，更好地学习和工作。

本书若有不足之处，欢迎读者朋友们批评指正。

本书特色

1. 通俗易懂、案例丰富

本书不仅知识点全面，而且包含丰富的实战案例，让读者能够快速掌握招聘、面试、入职、离职管理的操作方法，提升招聘效能。读者拿到本书后能够看得懂、学得会、用得上。

2.上手迅速、模板齐全

本书把大量复杂的理论转变成能在工作中直接应用的、简单的工具和方法，并把这些工具和方法可视化、流程化、步骤化。同时，笔者还提供了大量模板文件，即使是初学者也能够快速上手、开展工作。

3.知识点足、实操性强

本书涉及大量招聘、面试、入职、离职管理的实操知识点和相关工作内容。本书的内容以实务操作为主，致力于解决工作中的实际问题，力求使读者一书在手，招聘、面试、入职、离职管理全无忧。

本书内容及体系结构

第1章　招聘怎么做才最有效

本章主要介绍招聘管理要怎么做才能真正发挥作用。主要内容：人才招聘的心法及应用；招聘管理体系建设的内容和原则；招聘管理的工作流程和管理制度；岗位编制的各种测算方法；人力资源规划的程序；人才需求预测的程序；人才需求的申请流程；招聘计划编制的方法；招聘人员需要具备的能力；雇主品牌建设的方法；关于用人方面的前沿认知。

第2章　岗位管理和能力管理

本章主要介绍岗位管理和能力管理的操作和实施方法。主要内容：岗位体系的应用方法；岗位分析的操作方法；岗位资料的分析方法；岗位访谈的操作方法；岗位说明书的编写方法；人才选拔的维度；胜任模型的组成要素；胜任模型的构建方法；胜任模型的实战案例。

第3章　招聘渠道分类与应用

本章主要介绍招聘渠道的分类、应用和适用条件。主要内容：网络招聘的操作方法和招聘流程；校园招聘的实施方法和注意事项；社会招聘的操作方法和操作流程；内部招聘的操作方法和操作流程；传媒招聘的操作方法和操作流程；外部合作招聘的操作方法和操作流程；政府协助招聘的操作方法和操作流程；应用各类招聘渠道的相关疑难问题和招聘渠道应用过程中的案例。

第4章　招聘JD编写方法与技巧

本章主要介绍招聘JD编写的方法、技巧、注意事项和常见问题。主要内容：招聘JD内容中关键要素的编写方法和技巧；招聘JD编写过程中的注意事项；招聘JD编写过程中的常见问题和处理方法；招聘JD编写失败的案例分析。

第5章　简历筛选方法与技巧

本章主要介绍筛选简历的过程中的技巧和注意事项。主要内容：HR对简历构成各要素的分析和注意事项；简历筛选过程中需要特别注意的要点；如何应对简历太少的情况；如何应对简历太多的情况；如何辨别简历内容的真假；如何应对职业化程度较高的简历；如何应对积极主动的候选人；如何对待简历信息不清的情况。

第6章　面试邀约方法与技巧

本章主要介绍面试邀约的步骤、方法与实施技巧。主要内容：面试邀约的操作方法和基本步骤；通过电话邀约提高面试赴约率的注意事项和操作细节；电话面试的基本话术和注意事项；视频面试的操作方法和技巧；对候选人面试赴约情况的分析和改进；提高面试赴约率的疑难问题和解决办法。

第7章　人才测评方法与技巧

本章主要介绍人才测评的维度与应用的技巧。主要内容：如何在人才选拔的过程中应用测评；PDP人格测试的介绍和应用；评价中心的设计、构建、应用和注意事项；公文筐测评的维度、编制和实施的步骤。

第8章　面试实施方法与技巧

本章主要介绍面试的实施方法与面试的技巧。主要内容：面试前的准备工作；经典的六类面试问题的实施方法和技巧；结构化面试和半结构化面试的实施方法与技巧；无领导小组讨论的操作方法和实施案例；如何通过面试过程吸引候选人；如何向候选人通知面试结果；面试过程中的疑难问题。

第9章　背景调查方法与技巧

本章主要介绍背景调查的相关操作方法与应用的技巧。主要内容：对背景调查的正确的认识；需要进行背景调查的岗位类别；背景调查的主要内容；背景调查的前期准备；背景调查的四种实施方法和应用；背景调查的启动时机和操作时间；背景调查的内容话术；背景调查的注意事项；如何应对背景调查过程中的不配合。

第10章　薪酬谈判方法与技巧

本章主要介绍薪酬谈判的步骤、技巧和注意事项。主要内容：薪酬谈判过程中的三个步骤；薪酬谈判的六个实用技巧；薪酬谈判过程中的三个注意事项；薪酬谈判常见问题解析。

第11章　入职操作方法与技巧

本章主要介绍员工入职的操作方法、实施技巧以及入职过程中需要关注的法律风险和注意事项。主要内容：不同用工种类入职的不同操作方法和注意事项；员工入职的流程；职工保密和竞业限制约定的操作方法；员工试用期及转正的操作方法；工时制度的选择；入职档案的组成、接收、转出、查阅的流程；在职证明和收入证明的模板；入职过程中一些法律概念、法律风险和注意事项。

第 12 章　离职操作方法与技巧

本章主要介绍员工离职的操作方法和注意事项。主要内容：不同类型的离职的操作流程和操作方法；离职面谈的时间、地点、操作方法和注意事项；离职风险防控的方法；离职证明的模板；员工离职常见疑难问题；如何正确应对离职的员工。

本书读者对象

招聘管理岗位的专员、主管、经理、总监等人力资源管理从业人员。

人力资源管理专业或实务操作的初学者。

想要从事招聘管理相关工作的人员。

各高校人力资源管理专业的学生。

正在考取人力资源管理师及其他人力资源管理专业相关证书的学员。

需要招聘管理工具书的人员。

想要获取或学习招聘管理实战案例的人员。

企业的中基层管理者。

企业高管、总经理。

其他对人力资源管理工作感兴趣的人员。

第1章 招聘怎么做才最有效

第2章 岗位管理和能力管理

第 3 章　招聘渠道分类与应用

第 4 章　招聘 JD 编写方法与技巧

第 5 章　简历筛选方法与技巧

第 6 章　面试邀约方法与技巧

第 7 章　人才测评方法与技巧

第8章　面试实施方法与技巧

第 12 章　离职操作方法与技巧

结语　别再傻傻地学大企业的做法了

第 1 章

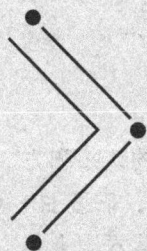

招聘怎么做才最有效

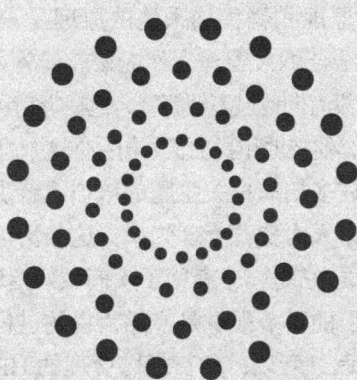

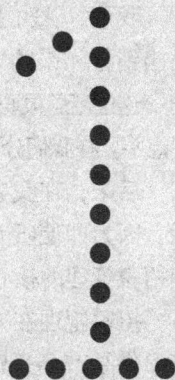

招聘管理是人力资源部根据企业经营战略的需要，以及各部门、各岗位的人才配置标准和岗位说明书的要求，找到、选拔出合适的人才，并把合适的人才放到适合岗位的作业和管理过程。如何通过有效的措施，提升人才招聘的效能呢？本章将重点介绍招聘管理要怎么做才能使效果最大化。

1.1　招聘管理心法及应用

什么叫心法？就是一件事情要做好，人们需要遵循的最基本的认知和方法。什么叫招聘管理的心法？就是要做好人才选拔和招聘这件事，需要 HR 具备的最基本、最核心的认知和方法。招聘管理心法的应用，是从本源上解决人才招聘满足率问题的关键。

1.1.1　招聘管理的心法

如何提升企业的招聘满足率？

这是一位企业的总经理在一次非正式的场合问我的问题。他说他的企业的招聘效果很差。他所在的企业也不是小众的行业，同行业中的同类人才应该挺多的；他的企业的 HR 也不都是职场小白，甚至有几位，经验也都在十年以上。按理说，在人才的招聘选拔方面不应该出问题。可是，为什么他的企业的招聘满足率一直都很低呢？

他特别和我说，不希望我讲那些高深莫测的人力资源管理理论和过于具体的操作步骤，因为他听不懂，也不想听。他特别希望我用最简单的语言、最短的时间，让他明白招聘要做好究竟要靠什么。

我说：人才招聘的原理和销售加采购的原理是一样的。如果你把招聘人员当销售和采购人员的结合体来管理，你应该就能管好。

这位老总很聪明，我没有向他过多地解释，他在听完我的话之后，心领神会地点了点头。在我们分开之前，他特地和我说了一句：你这个思想非常好，点醒我了！

后来，在我参与的许多招聘相关主题的培训或者讲座中，我都会引用这句话。因为即使听者不具备人力资源管理知识，这句话也能帮助其快速理解和掌握招聘管理的核心和本质，它是一个有助于人们做好招聘管理工作的"元认知"。

招聘管理在人才吸引的环节很像是产品销售的过程，在人才分类选拔的环节很像是产品采购的过程。所以，负责招聘管理的 HR，既像是企业的销售业务人员又像是企业的采购管理人员，既要学会怎么卖东西又要学会怎么买东西。

产品销售的过程首先是让大量的顾客了解我们的产品，然后让一部分对我们产品感兴趣的顾客产生购买行为。我们有供给，在寻找顾客；同时顾客有需求，在寻找商家。当双方的信息能够达成某种程度的匹配时，交易达成。

人才吸引的环节和销售的原理很像，首先是让候选人知道我们这家企业在招聘，然后让合格的候选人愿意来到我们企业。我们在寻找候选人，候选人也在寻找雇主，当双方的信息能够达成某种程度的匹配时，雇佣关系就形成了。

产品采购的过程首先是我们要对所有的供应商做分类，比较这些供应商以及他们提供的产品对我们企业来说是否匹配与适合。如果供应与企业的要求各方面都匹配，双方的交易或者合作关系就可以达成了。如何双方不匹配，那么企业还需要继续寻找合适的供应商。

人才分类选拔的环节和采购的原理很像，企业首先要对应聘的候选人做分类，比较这些候选人与企业之间的匹配程度。如果人才适合拟招聘的岗位，人才也愿意接受企业的这个岗位，雇佣关系就形成了。

按照这个逻辑推演，如果在人才的吸引方面出了问题要怎么办呢？我们首先可以想一想，在产品销售的过程中，让顾客了解产品的关键是什么？是广告，是口碑，是品牌效应等。其实，销售的关键是怎么让最多的顾客，能够获取到产品的有效信息。

这里有两个关键，一是接收信息的顾客要多，二是获取产品的信息要有效，要对顾客形成足够的吸引力。所以，产品销售的前端技巧，是一种如何有效地传播信息的方法。传播的信息被越多的人看到，产品就可能被越多人购买，两者成正相关。

人才吸引也是同样的道理，招聘信息被越多人看到，人才到企业面试的概率就越大，HR 最终选到合适人才的可能性就越大。所以，最终入职的人员数量与接收到招聘信息的人员数量之间同样成正相关。

举例

我曾经做过最难的一个招聘项目，是要在不到 3 个月的时间内招聘到 800 名一线操作工人、150 名班长和 50 名车间主任级的员工，加起来一共 1 000 人的招聘量。这 800 名操作工人可以零经验，但是班长或者车间主任级的员工必须要有相似行业从业 3～5 年工作经验，至少要有 2 年以上的生产管理经验。

这个项目开始得很急，没有在前一年的人力资源规划中。我们企业前期反反复复和这个客户谈了好多次，本来对这个项目已经不抱希望了，结果没想到最后谈下来了。但条件是我们企业必须在 3 个月内把人员、设备、物料等全部落实到位，双方才可以合作；如果不能，对方就会选择和别人合作。设备和物料的采购并不是什么难事，1～2 个月之内就可以保证全部到位。唯有人员的招聘，是最难的、最不确定的因素。

因为是新项目，人员的生产操作要从零开始培训，培训期最少要两周，也就是留给招聘的时间还不到 3 个月。当时这个项目合作敲定的时候是 8 月份，这个季节本身也不是招聘旺季。当时企业本身就有大大小小的 200 多个岗位在滚动招聘，招聘压力非常大。

接了这个项目以后，我成立了一个项目专项招聘小组，一共 6 个人，用了 2 个月的时间，把人全部招齐，而且给培训留足了时间，最后项目顺利开展并运行。能在短时间满足这个招聘项目的人员需求，用的就是这个原理。

招聘小组首先找了一块白板，把我们团队能想到的所有可能用得上的招聘渠道全部列在这块白板上。然后，在目前我们企业正在使用的招聘渠道后面打"√"，那些没有打"√"的招聘渠道，就是我们下一步要扩展的渠道。

我们针对所有还没有使用的招聘渠道，制订了一份招聘渠道扩展计划，设计了行动方案。因为用人需求比较急，而且对企业来说项目正式开展才是最重要的，这时候的招聘渠道扩展，不需要过分考虑招聘费用，只要能用上的，全部都可以尝试。

比如，我们企业原本没有在当地的公交车上做过招聘广告，没有在当地的报纸上做过广告，没有在当地人流比较密集的商场里做过广告，没有利用内部招聘渠道实施招聘，也没有与固定的人力资源第三方机构建立长期持久的合作等，这些缺失的渠道，我们全部开始尝试应用，并且制订了详细的计划。

招聘渠道也并不是能想到的全部都能用。比如当时原本也准备谈当地电视台的电视广告，但电视广告影片制作加审核上线的周期比较长，我们的招聘期比较短，等电视广告上线了招聘期就过了，所以最后没采用电视广告这种形式。

我曾经在一个大型零售企业工作，全企业大大小小的岗位加起来，一年的招聘量能达到 1 万人次以上。我们全年的招聘满足率稳定保持在 92% 以上，靠的也是这个原理，即在平衡成本的前提下，最大化招聘渠道。

1.1.2 招聘管理心法的应用

对于实际操作招聘工作的招聘专员、招聘主管或者招聘经理来说，仅粗浅地理解这个招聘管理心法还是不够的。在操作的层面，还需要把招聘心法分解成四个关键步骤，让这个方法真正实现落地。

1. 明确当前要招什么类型的人

这一步，是明确企业需求的人才究竟是什么类型。当有招聘需求产生的时候，首先要明确当前要招聘的岗位是属于高层管理岗位、中层管理岗位还是基层岗位，是技术研发岗位、销售岗位还是行政岗位。这些问题都指向了企业当前要招聘什么样的人。

2.明确需求人才的画像

这一步，是明确企业需求的人才究竟是什么样子。这里的样子，不是长相，而是从素质、知识、能力、经验四个维度来定义人才应该是什么样。比如，岗位需要男性还是女性？多大年龄？要什么学历？要什么学位？要具备什么样的能力？需要5年经验、2年经验还是可以没有经验？

3.明确到哪里可以找到这类人才

这一步是明确通过哪种渠道招聘到这类人才的可能性更大。比如：如果要招聘大学应届生，校园招聘可能是最好的选择；如果要招聘高端人才，利用猎头或者一些高端人才的招聘网站可能是比较好的选择。

4.明确如何能够吸引到这类人才

这一步是当明确了前面三点之后，明确用什么具体方法吸引候选人来参加面试。吸引候选人的方法有很多，通常要具体问题具体分析。有时候可以通过企业本身的优势，吸引候选人；有时候可以结合候选人的特点，提供一些他喜欢的内容；还有的时候可以通过一些搞笑的文案和吸引人的创意吸引候选人。

举例

某互联网企业现在非常缺少基层的程序员岗位。按照招聘的四个关键步骤，第一步，已经明确了要招聘什么类型的人才。

第二步，这些人才具体是什么样的呢？这个问题可以转化成：从事基层程序员岗位的人才都有哪些特点呢？可能的特点包括如下内容。

1. 男性占比居多。

2. 一般年龄在24～32岁之间。

3. 一般拥有本科以上学历。

4. 拥有基本的编程能力，做过一两个大型项目的更好。

5. 最好具备2年以上的工作经验。

…………

第三步，到哪里寻找这些人才呢？这个问题也可以先转化成：基层的程序员都有什么样的特质？可能的特质包括如下内容。

1. 一般不太喜欢现实生活的社交。

2. 他们的社交，很大一部分是通过网络来完成的。

3. 他们中的大部分人是通过网络找工作。

4. 他们中的大部分人是宅男。

5. 他们中的大部分人比较喜欢玩网络游戏。

6. 他们在线的时间很长，大部分时间都待在网上。

…………

再进一步，可以把问题转化成：他们可能会关注什么？

1. 他们很可能会关注比较红的网络游戏比赛的直播平台。

2. 他们可能会关注程序员的论坛或者社群。

3. 他们可能会关注电子产品的新品发布会。

4. 他们可能会关注编程相关的网站。

………………

第四步，如何吸引到这些人呢？

这时候，可以了解一下，能不能在刚才分析的这些论坛、社群、网站、直播平台上发布或者是植入一些企业的招聘广告。当然，这个时候的招聘广告需要保证有一定的吸引力，如果只是平淡地说企业要招聘程序员，没有其他的吸引力，这类人才又为什么要选择这个企业呢？这里可以加入各种新奇的福利，比如好玩的规则、高薪的承诺。

1.2 如何建立招聘管理体系

招聘管理体系是以企业战略为指导，承接人力资源管理战略和人力资源规划，与组织管理、绩效管理、薪酬管理、员工关系管理等管理模块相连接，以岗位管理、能力管理等为基础，形成的包含招聘环境、招聘渠道、招聘流程、招聘方法、招聘技能和人才管理等项目的整套人才引进和选拔管理体系。招聘管理体系如图 1-1 所示。

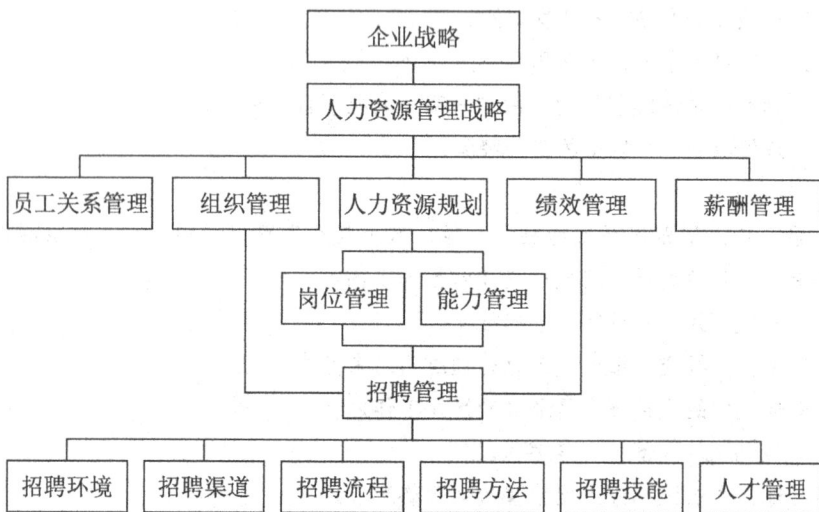

图 1-1 招聘管理体系示意图

1.2.1　招聘管理体系建设内容

要建设招聘管理体系，除了要做好人力资源管理其他模块的相应工作之外，在招聘管理工作操作层面，应做好如下管理系统的建设内容。

1. 招聘环境

招聘环境指的是对企业人才的招聘选拔工作能够造成影响的一切因素的总和，通常包括外部招聘环境和内部招聘环境两部分。

外部招聘环境指的是能够影响企业招聘工作的外部环境因素。一般包括宏观环境状况、行业或产业发展状况、当地劳动力市场状况、同类企业用工状况等。内部招聘环境指的是能够影响企业人才招聘工作的内部的管理机制、用工规范、招聘政策、企业文化等因素。

2. **招聘渠道**

招聘渠道是人才招聘的方式，通过对招聘渠道的管理和建设，企业能够快速传播自身的岗位招聘需求，能够让更多的人获得企业的招聘信息，从而达到人才招聘的目的。招聘渠道不仅包括外部人才的招聘渠道，还包括内部人才的招聘渠道。

3. **招聘流程**

通过科学的招聘流程、规范的人才入职流程，企业在人才选拔和招聘的过程中就能够做到合法合规、合情合理，在满足企业人才需求的同时，形成较强的人才选拔规范。

4. **招聘方法**

招聘的方法和技巧是提高招聘效率的关键手段，常见的招聘方法技巧包括招聘 JD 的编写技巧、简历筛选的技巧、面试邀约的技巧、人才测评的方法和技巧、面试实施的技巧、背景调查的技巧以及薪酬谈判的技巧等。

5. **招聘技能**

招聘人员的招聘知识、技能、技巧的掌握程度影响着招聘的成功与否，招聘技能的管理和提升，能够有效地提升企业整体的人才招聘选拔效能。

6. **人才管理**

人才的选拔和招聘不仅限于招聘上，对内部、外部、现有和外来人才的管理同样是满足企业人才需要的重要环节。

1.2.2　招聘管理实施基本原则

企业实施招聘管理的基本原则应当包括如下内容。

1. **因岗设人**

企业的招聘应当因岗设人，而不是因人设岗。人才招聘不论招聘过多还是过少对企业都将造成用人成本的增高和管理效率的降低。所以企业在实施招聘管理之前，一定要坚持因事设岗、因岗设人。

2. 人岗匹配

企业对人才的招聘和选拔应当具备一定的标准。通常情况应当根据岗位的胜任素质模型得出人力资源规划的储备人才标准，然后再按照招聘计划和需求，根据企业文化招聘，合理控制人才数量。

3. 公开选拔

企业的招聘信息、招聘渠道和应聘方法应当公之于众，公开进行。一方面是为了把人才的录用工作置于公开监督之下，以防不正之风；另一方面，可以吸引大量的求职者，有利于招到一流人才。

4. 公平公正

企业对所有的候选人要做到一视同仁，不可以人为地制造各种不平等的限制。通过公平、公正的测试选拔人才。为企业创造公平竞争的环境，这样既可以选出真正优秀的人才，又可以激励其他人员积极向上。

5. 用人所长

没有不能用的人才，只有放错了位置的人才。人才各有所长，用人所长，人人都是人才；用人所短，再好的人才也不能发挥作用。企业在选拔人才的过程中，必须考虑人才的长处，量才擢用，做到人尽其才。

1.3 招聘流程与制度

招聘流程与招聘制度的规范性决定了企业人才招聘与选拔工作的科学性与严谨性。因此，企业在编制招聘流程和招聘制度的时候，要保持十分谨慎的态度。

1.3.1 招聘工作流程

招聘工作分为如下几大环节：提出人力资源需求、制订招聘计划、人员招聘、招聘工作评估。用人部门提出人员需求，人力资源部门根据人员需求和人员供给状况做招聘需求的分析，制订招聘计划，发布招聘信息，收集筛选简历，并协助用人部门进行人员选拔，经过录用程序，再安排人才培训和实习，然后对入职人员进行跟踪评估，最后对招聘工作效果进行评估，如图1-2所示。

招聘流程中的重点内容、操作方法和注意事项将会在本书接下来的章节中做具体介绍。

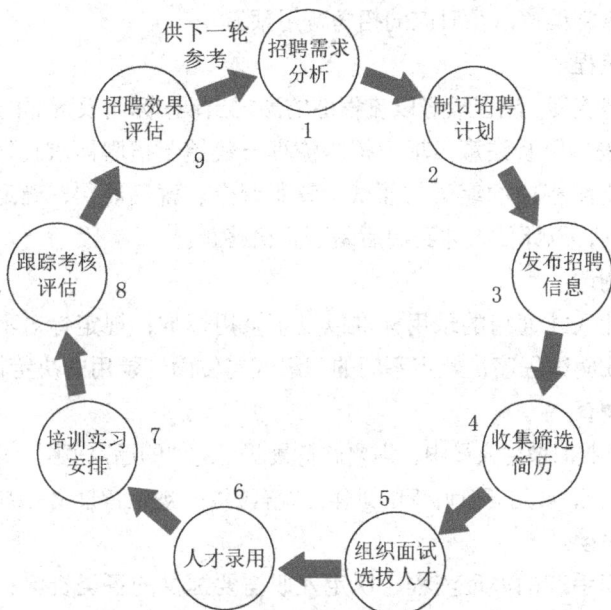

图 1-2 招聘工作流程图

1.3.2 招聘管理制度

招聘管理制度是人力资源部门开展招聘管理工作的原则和依据。人力资源部门需要在每年的 12 月底前编制更新一次该制度，以备明年参照使用。一份完整的招聘管理制度至少需要包含以下内容。

1. 定岗定编

根据过去一年的整体经营状况及当前的人员状况，规定出企业整体及各岗位的定岗定编原则。一般在每年的 9 月底之前，制订出第二年的编制计划，由总经理审批通过后执行。编制计划具有严肃性，确定后人力资源部应当严格执行，过程中若有临时用工需求，需先调整编制，由总经理审批通过后执行。

2. 招聘计划

一般在每年的 10 月底之前，各职能部门根据本部门的架构、定岗定编、岗位职责等制订人才招聘计划提交人力资源部。人力资源部门根据企业的发展战略规划、组织结构调整、人力资源管理规划、人才供求关系、现有人员素质结构等给出意见，并报总经理审批。

3. 渠道费用

人力资源部门是对企业所有招聘渠道进行统一寻找、开发、管理和评估的部门，其他部门应予以配合，不自行管理招聘渠道。每年 11 月底前，人力资源部门评估当年度各招聘渠道的招聘效率和费用情况，并根据招聘计划制定下一年的招聘渠道以及对应的招聘费用预算。

4. 招聘流程

规定招聘流程，流程最好以流程图的形式出现，标明权责部门、作业时限、作业需要的表单以及注意事项。招聘流程一般始于招聘需求，到信息发布、简历筛选、组织相应的笔试与面试、背景调查、薪酬谈判、确定是否录用、上岗手续办理，以评估人才到岗后是否合格终止。

5. 招聘测评

规定企业人才通用的录用标准以及不录用标准；规定针对不同岗位需要的具体笔试或面试程序；规定不同的职级或岗位面试录用的决定权。

6. 背景调查

规定本企业拟录用人员中，需要做背景调查岗位的涵盖范围；规定背景调查的内容包括哪些；规定背景调查的具体方式有哪些；规定背景调查的原则是什么。

7. 入职手续

规定入职手续的办理流程；规定入职需要提供的各类资料；规定入职需要签署的各类合同或协议；规定入职后的相关培训。

8. 试用评估

规定不同岗位的试用期限有多长；规定试用期过后的转正流程是什么；规定候选人是否能够通过试用期考核的标准及判断方式；规定人才转正一段时间后，如何评估其是否能达到招聘预期。

1.4 如何测算岗位编制

岗位定编是采取一定的程序和科学的方法，对确定的岗位进行各类人员的数量及素质配备。它要求根据组织的业务方向和规模，在一定的时间内和一定的技术条件下，本着精简机构、节约用人、提高工作效率的原则，规定各类人员必须配备的数量。

编制管理与岗位的分析、设计是密切相关的，岗位确定过程本身就包括工作量的确定，也包括了对基本的上岗人员数量和素质要求的确定。

定编的原则是以组织的经营目标为中心，科学、合理、专业地进行定编。

1. 科学

要符合人力资源管理的一般规律，做到"精简有效"，在保证工作需要的前提下，与同行业标准或条件相同的企业所确立的标准相比较，要能体现出组织机构精练、用人相对较少、劳动生产率相对较高的特点。

2. 合理

要从组织的实际出发,结合本组织的业务类型、专业化程度、自动化程度、员工素质、组织文化等,考虑到提高劳动生产率和员工潜力的可能性来确定定编数。正确处理企业直接与非直接经营人员的比例关系;正确安排管理人员与全部员工的比例关系等。

3. 专业

定编是一项专业性和技术性很强的工作,它涉及业务技术和经营管理的方方面面,它的准确与否直接影响着组织业务的运行。所以,参与这项工作的人,应具备相关领域内比较高的理论水平和丰富的业务经验。

不同企业、不同部门、不同岗位,定编的方法各有不同。有时候组织文化不同,选择的定编方法也不同,有的组织比较偏重科学计算,有的组织比较偏重经验。本书介绍常用的六种方法。

1.4.1 如何用劳动效率定编

应用劳动效率进行定编的方法是根据生产任务和员工的劳动效率以及出勤等因素来计算岗位人数的方法,或者说是根据工作量和劳动定额来计算员工数量的方法。因此,凡是实行劳动定额的人员,特别是以手工操作为主的岗位,都适合用这种方法。劳动效率定编法的公式如下。

定编人数 = 计划期生产任务总量 ÷(员工劳动效率 × 出勤率)。

举例

某企业明年计划生产的产品总任务量是 100 万件,工人平均的生产效率为每天生产 10 件(或劳动产量定额),工人的年平均出勤率为 90%,该企业工人的定编人数应是多少?计算过程如下。

工人定编人数 $=1 \times 10^6 \div [10 \times (365-2 \times 52-11) \times 90\%]=445$(人)(向上取整)。

其中:

"1×10^6"是计划期内生产任务总量。

"10"是员工每天的劳动效率。

"365"是一年的天数。

"2×52"是每周六和周日两天的公休天数。

"11"是每年国家法定节假日的天数。

"90%"是出勤率。

劳动定额的基本形式有产量定额和时间定额两种。如果采用时间定额,则计算公式如下。

定编人数 = 生产任务 × 时间定额 ÷（工作时间 × 出勤率）。

以上例来说，如单位产品的时间定额为 1 小时，则计算过程如下。

工人定编人数 $=1 \times 10^{6} \times 1 \div [8 \times (365-2 \times 52-11) \times 90\%]=556$（人）（向上取整）。

其中：

"1×10^{6}"是计划期内生产任务总量。

"1"是生产每件产品需要的小时数。

"8"是每名工人每天工作的小时数。

"365"是一年的天数。

"2×52"是每周六和周日两天的公休天数。

"11"是每年国家法定节假日的天数。

"90%"是出勤率。

1.4.2　如何用业务数据定编

应用业务数据进行定编的方法是根据企业业务数据变化来确定员工人数的方法，通常适用于员工人数与业务数据关联性较大的岗位。这里的业务数据可以包括销售收入、销售量、利润额、市场占有率等。

根据企业的历史数据和战略目标，确定企业在未来一定时期内的岗位人数。根据企业的历史业务数据及企业发展目标，确定企业短期、中期、长期的员工编制；根据企业的历史数据，对员工数与业务数据进行回归分析，得到回归分析方程；根据企业短期、中期、长期业务发展目标数据，确定人员编制。

举例

某品牌计算机销售企业去年每月的平均销售额为 1 亿元，预计明年销量将增长 20%。通过回归分析，每月销售额与销售人员数量的回归分析方程得数为 4.286×10^{-6}。该企业需要的销售人员定编数量应是多少？计算过程如下。

明年销售人员定编数量 = 明年全国月平均销售额 × 回归分析方程得数 = $1 \times 10^{8} \times 1.2 \times 4.286 \times 10^{-6}=514$（人）（向上取整）。

业务数据分析定编法中用到的回归分析方法是建立在对未来预测的基础上的。要保证计算结果的准确性，首先要保证预测的准确性，其次要加强数据管理，保留真实的历史数据，便于用统计的方法建立回归分析方程。

1.4.3　如何用行业对标定编

应用行业对标企业的情况进行定编的方法是用某一特定行业中，组织中某类岗位人数与另一类岗位人数的比例来确定该岗位人数的方法。在组织中，由于专业化分工和协作的要求，某一类人员与另一类人员之间总是存在一定的比例关系，并且两者同时变化。该方法比较适合人力资源管理、行政管理、后勤管理等各种辅助支持类岗位的定员。行业对标比例法的计算公式如下。

A 岗位定编人数 =B 岗位人员总数 × 对标企业 A、B 岗位定员比例。

举例

某连锁餐饮服务业现有一线服务人员 1 万人，在该行业的其他对标企业中，人力资源管理人员与企业一线服务人员之间的比例一般为 1 ：100，该企业应配置多少名人力资源管理人员？计算过程如下。

该企业人力资源管理人员人数 $=1 \times 10^4 \times 1/100=100$（人）。

1.4.4 如何用预算控制定编

应用预算控制进行定编是财务管控型企业中最常使用的定编方法，它通过人力成本预算的金额或比率控制在岗人数，而不对某一部门或某类岗位的具体人数做硬性规定。部门负责人对本部门的业务目标、岗位设置和员工人数负责，在获得批准的预算范围内，自行决定各岗位的具体人数。由于企业的资源是有限的，且与产出是密切相关的，因此，预算控制对企业各部门人数的扩展有着严格的约束。

举例

某集团企业给 A 子企业设定的明年的销售预算额为 10 亿元，预算人力费用率为 10%，A 子企业平均每人每年的人力成本（非工资）为 8 万元，该子企业应配置多少人？计算过程如下。

A 子企业定编人数 $=10 \times 10^8 \times 10\% \div（8 \times 10^4）=1250$（人）。

其中："$10 \times 10^8 \times 10\%$"是明年的预算人力费用额。

若组织战略调整或市场环境发生较大变化，预算相应发生了重大变化，则定编人数也应相应调整。以上例来说，假如市场形势较好，A 子企业明年的销售预算额调整为 12 亿元，则按照预算控制定编法，该子企业的定编人数算法如下。

A 子企业定编人数 $=12 \times 10^8 \times 10\% \div（8 \times 10^4）=1500$（人）。

其中："$12 \times 10^8 \times 10\%$"是明年的预算人力费用额。

1.4.5 如何用业务流程定编

应用业务流程进行定编的方法是根据岗位的工作量，确定各岗位每名员工单位时间的工作量，比如，单位时间的产量、单位时间处理业务数量等。根据业务流程衔接，确定各岗位编制人员比例。根据企业总的业务目标，确定单位时间流程中的总工作量，从而确定各岗位人员编制。

举例

某部门每天全部的工作流程一共分5个步骤,每个步骤需要的工作量(换算成数值)以及平均每名员工每小时能完成的工作量见表1-1,假设员工出勤率为80%,该部门应配备多少名员工?

表1-1 某部门流程与工作量案例

流程环节	1	2	3	4	5
每天需要的工作量/小时	72	64	160	40	80
每名员工每小时工作量	3	4	5	5	1

计算过程如下。

该部门定编人数 =[72÷(3×8)+64÷(4×8)+160÷(5×8)+40÷(5×8)+80÷(1×8)]÷80%=25(人)。

1.4.6 如何用专家访谈定编

制定岗位定编还可以应用管理层或专家访谈的方法。这种定编方法更偏重经验,通过与管理层访谈获得下属员工工作量、流程的饱满性,得到员工编制调整的建议,预测各岗位员工一定时间之后的去向,确定部门内或跨部门的提拔、轮岗、离职方案。

通过专家访谈可以获取到国内外同类行业、同类企业的各种岗位类型人员的信息结构、管理层次、管理幅度等信息。通过对这些信息进行加工处理,直接设计组织内部各部门、各岗位的人员结构。

对于很多创业企业或者集团企业内新成立的部门来说,因为运营模式还没有完全形成,业务还处在持续的摸索和调整的阶段,许多做法并不稳定。这时候企业的定编没有现成可参考的流程或数据,在这种情况下,应用专家访谈法进行定编是比较合适的。

1.5 如何制订招聘计划

招聘计划是HR实施招聘工作的行动纲领。完善的招聘计划是招聘工作顺利开展的依据和保障。通过对人力资源需求的预测和岗位编制的测算,HR可以有效地实施招聘计划。

1.5.1 人力资源规划程序

人力资源规划的目的是为了承接和满足企业总体的战略发展要求,促进企业人力资源管理工作更好地开展，协调人力资源管理各模块的工作计划，提高企业人力资源的工作效率，让企业的目标和员工个人发展的目标达成一致。

人力资源规划有狭义和广义之分。狭义的人力资源规划指的是人员的配置计划、补充计划和晋升计划。广义的人力资源规划除了以上三项外，还有员工的培训与发展计划、薪酬与激励计划、绩效管理计划、员工福利计划、员工职业生涯规划、员工援助计划等与人力资源管理相关的一系列计划的总和。本节主要介绍狭义的人力资源规划。

人力资源规划的程序可以分成五步，如图1-3所示。

（1）信息收集，调查、整理企业的战略规划、内部经营状况以及内外部的人力资源情况等各类相关信息。收集的信息应全面、真实、有效。企业的战略规划应包含市场、产品、技术、扩张等经营管理层面的全部规划。

（2）现状分析，对所有收集到的信息材料进行整理分析，包括对需求的分析和对供给的分析。做供给分析时需注意，供给分析可以分为内部供给和外部供给，应本着先内部再外部的原则，而不能只关注外部供给。

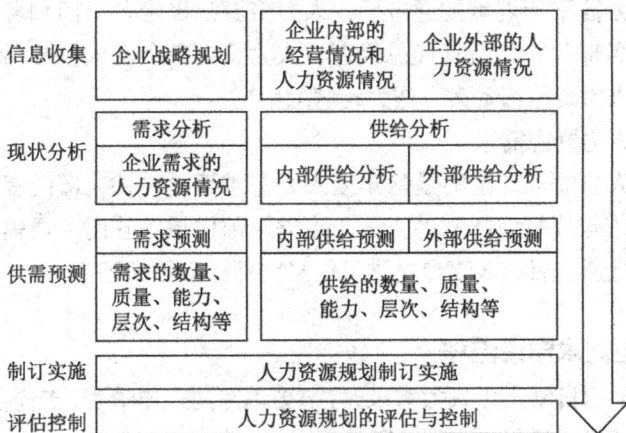

信息收集	企业战略规划	企业内部的经营情况和人力资源情况	企业外部的人力资源情况
现状分析	需求分析	供给分析	
	企业需求的人力资源情况	内部供给分析	外部供给分析
供需预测	需求预测	内部供给预测	外部供给预测
	需求的数量、质量、能力、层次、结构等	供给的数量、质量、能力、层次、结构等	
制订实施	人力资源规划制订实施		
评估控制	人力资源规划的评估与控制		

图1-3 人力资源规划程序图

（3）供需预测，通过定量和定性方法，对人力资源的供需状况进行预测。在预测前，需要对当前的人力资源情况进行盘点，包括人力资源的数量、质量、能力、层次、结构、离职率等，掌握当前的存量情况，在盘活存量的基础上，预测未来的增量情况。

（4）制订实施，根据前三步的分析和预测，制订人力资源规划并开始实施。需要注意的是，在编制人力资源计划时，既要充分考虑企业的短期需求，也要充分考虑企业的长期需求，既要促进企业现有人力资源价值的实现，又要为员工的长期发展提供机会。

（5）评估控制，对人力资源规划实施的过程进行有效的评估和控制。由于内外部环境的变化、企业战略的调整和人力资源规划本身的欠缺，人力资源规划在实施过程中常出现不适宜的问题，为此，人力资源部应及时修改和调整人力资源规划策略。

1.5.2　人力需求预测程序

各部门每年根据企业发展战略和年度经营目标编制本部门年度计划的同时，应制定本部门年度的人力需求预测，填写人力需求计划表，人力资源部负责收集、审核各部门的人员需求。

1.企业年度人力需求预测

人力资源部根据各部门上报需求，综合考虑企业战略、组织机构调整、部门编制、员工内部流动、员工流失、竞争对手的人才政策等因素，对各部门人员需求预测进行综合平衡，分别制订年度人力需求计划，确定各部门人员编制，上报集团总经理审批。

2.招聘指标确定

年度人力需求计划审批通过后，人力资源部确定各部门和各职位的招聘指标并通知各部门，然后将经总经理、人力资源部负责人批准后的人员需求计划表留在人力资源部备案，作为招聘的依据。

3.临时人力资源需求

临时的人力需求，指的是除年度人力需求预测之外，部门因人员离职或临时业务需求需要临时招聘的人才。由需求部门填写临时人员需求申请表，相关领导审批通过后，人事专员进行信息整理，开始招聘。

1.5.3　岗位需求申请流程

当用人部门日常产生人力需求时，需要填写用工申请表，走岗位申请流程，用工申请单的格式模板如表 1-2 所示。

表 1-2　用工申请表

编号：			
需求部门		部门编制	
申请日期		拟到岗日期	
部门现有人数		定编人数	
拟招聘人数		拟招聘岗位	
是否为增编岗位		若是增编岗位写明原因	
岗位职责			
学历要求		专业要求	

续表

外语水平		计算机水平	
工作技能		其他要求	
部门负责人签字		人力资源管理者签字	
分管副总签字		总经理签字	

人力资源部汇总各部门的岗位需求、岗位职责及岗位要求后，形成岗位需求汇总表，报相关领导审批。岗位需求汇总表的模板如表1-3所示。

表1-3　岗位需求汇总表

序号	企业	部门	岗位	专业要求	学历要求	人数	岗位要求	其他要求	需求原因
1									
2									
3									

1.5.4　招聘计划编制方法

人力资源部负责根据企业人力资源的需求和供给预测，制订出年度招聘计划和具体行动计划，如表1-4所示。

表1-4　招聘计划样表

需求企业	需求部门	需求岗位	岗位描述	招聘要求	需求数量	需求原因	拟招聘渠道	预算费用	需求资源	计划开始时间	计划结束时间	笔试面试部门	预计人才到岗时间

招聘计划中的岗位招聘要求，要包括年龄、性别、学历、工作经验、工作能力、个性品质等方面的要求。招聘预算费用包括招聘广告费、交通费、场地费、住宿费、招待费、出差津贴及其他费用。

对于招聘计划的行动方案，HR可以制定具体的实施行动细则，如表1-5所示。

表1-5　招聘行动计划样表

招聘项目	计划开始时间	计划结束时间	行动计划	预期结果	需要的资源和支持	预计费用	负责人	评估人	备注

【疑难问题】招聘人员应具备哪些能力

招聘管理人员除了需要具备人力资源管理其他模块的基本知识和相关能力之外，还需要具备如下素质和能力。

1. 真诚服务

招聘管理工作不仅是一项管理工作，也是一项服务工作，从事招聘的 HR 需要有高度的责任心和诚实敬业的工作态度，才能公正客观地介绍企业和人选的情况，做到对企业和人选双方都负责。负责招聘的 HR 因为需要经常跟人打交道，所以需要态度真诚。

2. 沟通热情

愿意和别人沟通交流是一种性格，更是做好招聘管理工作的一种潜在要件。如果招聘人员怕与人交往，或者把与人交往当成任务，那么平时工作中将很难与用人单位或专业人才做深入的交流，从而降低交流的质量，错失有用信息，影响业务的开展。

3. 语言表达

人才招聘选拔的过程，需要与候选人进行大量的沟通和协调，因此，招聘人员需要具备良好的语言表达能力和沟通技巧。能不能吸引到候选人，候选人会不会选择企业，这些都和招聘人员的语言表达能力和沟通能力强弱有关。

4. 学习能力

招聘人员需要招聘企业各个岗位和专业的人才，这需要招聘人员具备一定的专业知识和广泛的见闻。但是很多岗位的关键知识招聘人员不可能全部了解，这就需要招聘人员具备较强的学习能力和学习意愿。

5. 市场意识

人才市场是一个特殊的市场，招聘人员很像是企业的营销人员，对人才市场的理解和掌控是招聘人员必备的能力。所以招聘人员需要适当学习一些营销相关的知识，提升市场意识将有利于招聘工作的开展和顺利进行。

6. 抗压能力

招聘工作是努力并不一定就会有成效的工作，有时候招聘人员可能花费了大量的时间和精力却得不到好的结果，这是很正常的。招聘人员要有耐心和决心，不要操之过急，不要被压力打倒，具备一定的抗压能力，才能成为一位优秀的招聘人员。

【实战案例】企业雇主品牌建设案例

企业进行雇主品牌建设能够提升企业人力资源管理的能力，降低企业人力成本，提升企业对人才的吸引力，给企业带来丰富的财务回报，从而提升企业整体的竞争优势。

英特尔公司（Intel Corporation）曾经连续三年入围美国《财富》杂志组织的全球最佳雇主评选。在中国，英特尔公司是最受欢迎的外企之一。根据任仕达（randstad）2016 年的一项调查显示，有超过 83% 的被调查者愿意到英特尔公司工作。

为什么英特尔公司能够受到雇员的欢迎？原因是英特尔公司在雇主品牌方面的成功建设。英特尔公司除了给员工行业内比较有竞争力的薪酬之外，还通过创新型的企业文化和打造具备社会责任感的企业形象建设自己的雇主品牌。

（1）英特尔公司设立了专门的雇主品牌建设团队，负责自身雇主品牌的战略定位、咨询和指导工作。

（2）英特尔公司通过许多具有社会责任感的活动，基于"创新、催化、共享价值"的战略思考，着手于解决一些社会问题，从而扩大自身雇主品牌的影响力，包括支持环境的可持续发展、支持教育事业、赞助公益组织等。

（3）英特尔公司对自身雇主品牌的建设还来源于它对自身员工的关爱。它一直遵循着可持续的人才管理策略，对办公环境的打造、对员工工作和生活方式的关怀、对沟通机制的建设以及对员工价值的认可等处处体现着对员工的关爱。

英特尔公司内设有足球场、网球场、健身房、咖啡厅、阅览室、美发沙龙等，让员工工作的同时保持健康的体质和愉悦的心情。

员工俱乐部下设运动俱乐部和兴趣俱乐部，通过组织各种活动，为员工发展兴趣、培养爱好、学习技能提供广阔的空间。

英特尔公司提倡灵活的工作方式，员工可以自行制定能够同时满足企业和个人需求的工作方案。企业在办公楼专门设立了哺乳室，解决刚刚成为母亲的女员工的困扰。英特尔公司还会为员工举行"家庭日"活动，促进员工与家人和谐相处。

英特尔公司为员工和其家庭成员提供 EAP（employee assistance program，员工帮助计划）服务，提供 24 小时免费电话预约咨询，也会定期开展心理讲座、组织培训和减压活动，帮助员工提高工作绩效和生活质量。

英特尔公司鼓励员工发表自己的不同意见，建立平等的沟通文化，从而激发员工的创新精神。沟通渠道可以是季度业务会议、总经理信箱、社交媒体、英特尔员工平台等。

英特尔公司对于项目中表现优秀、有突出贡献的部门、团队和员工个人，会及时给予表彰、鼓励和认可。

【前沿认知】有一种 HR 的境界叫"目中无人"

我们常听到许多人力资源管理者张口闭口讲着关于"人"的道理，质量体系中的"人、机、料、法、环"五大因素中排第一的就是"人"，企业经营层面的"人、财、物、事"四大因素中排第一的还是"人"。所以，"人"是最重要的。大家都特别喜欢关注"人"，每天想怎么更好地招人、怎么培训人、怎么用人、怎么留人。

可是，老板却往往不这么想，老板是以事为先，老板思考问题逻辑的第一层是我要做什么事情；第二层是要做成这件事情我需要哪些资源；第三层是要得到这些资源，我需要付出什么成本，做事的难度和可能性怎么样；第四层是这些资源之间有没有可能通过替代或转化提高效益或效率；第五层才是在当前既定的这些资源中什么是最重要的，应该怎么对待这个资源。

你看，许多 HR 和老板的思维逻辑至少差了 4 个层次。这也是为什么许多 HR 跟不上老板思维的原因。他们太关注"人"这个资源层面的问题却看不清楚全局，太把对人的管理当回事却不去想组织所在的整个行业和市场，太多研究该怎么"选训用留"却不想有没有"不用人"的可能性。

其实，在人力资源管理领域，有一个更高的境界，叫"目中无人"。

所谓"目中无人"，就是不要仅关注人力这个资源或资本层面的问题，还要看到其他资源或资本，要看到各类资源或资本之间转化的可能性，要看到从整体到局部的关联性，要看到如何才能更好地服务于组织目标。比如，随着科技的进步、自动化程度的提高，扩大经营规模带来的结果不一定是人力资源数量的扩大，反而可能是越来越少。

富士康（Foxconn）是全球性规模巨大的代工厂，它的 PC（个人计算机）、平板电脑、手机的生产总量居世界前列，员工数量也极为庞大。但富士康的许多工作岗位是无技术含量的重复性工作岗位，对这类技术附加值偏低且枯燥乏味的重复性工作，用机器人来取代人显然是更好的方法。

早在 2011 年，富士康创始人兼董事长郭台铭就向外界透露过要用机器取代人工的计划。到了 2016 年，有富士康高管在接受采访时表示，富士康每年可以打造 1 万台机器人，未来它们还将继续利用自己生产的"富士康机器人"（Foxbots），而仅是昆山工厂最近就裁掉了 6 万名员工。

富士康为什么要用机器人？

一是在工作效率上，一台机器人的效率相当于 3 个工人总的工作效率。工人手工生产的产品会产生大量的次品，而机器人的工作稳定性更好，生产过程产生的损耗额更低。

二是机器人成本更低。3个工人一年的人力费用在20万元左右，而一台工业机器人的成本在10万元，一台机器人使用不超过一年，成本就都能收回来。而且机器人的使用寿命在3~4年，上岗后只需要很少的维护费。

三是工人越来越难招，招工成本逐渐增加，缺工率逐渐上升。年轻人逐渐厌恶枯燥的生产线工作，离职率大幅增加。工人多了管理困难，管理成本也高。机器人则不存在这些问题，它们可以日夜兼程、不休不眠地持续工作，而富士康也不需要考虑它们"心里是怎么想的"。

四是机器人对于处理一些时间短、数量大、要求高的订单至关重要。类似苹果企业这种大客户，订制化的要求非常高，例如，某些微细螺丝的规格，被要求精确到1%毫米，唯有机器可以兼顾这种规模化和精细化的要求。因此，使用机器人也是富士康提高产能和技术含量、能接到大单的必要条件。

据统计，韩国是全球工业机器人使用密度最高的国家，每一万名工人中拥有机器人数量约430台；日本次之，320台；德国位居第三，280台。

美国的亚马逊（Amazon）所生产的机器人正在全面推动美国仓储市场的运作。亚马逊在2012年收购Kiva企业后，聘请了许多科学家投入到生产研究中。到2015年，亚马逊将其改名为Locus Robotics。后来，Locus企业生产的机器人LocusBot首次运用到亚马逊自己的仓储管理系统中，从家庭用品到汽车配件的仓储运送都是由这些机器人完成。

Locus企业生产的机器人软件可以让机器人在仓库中将每一件货物精准放送至特定位置。工作人员只需要拿着iPad（苹果旗下平板电脑），让机器人去把自己的想法完成即可，他们只需要负责巡视就可以了。

研究企业Forrester的数据显示，在未来10年内，全球经济中因为自动化将会失去2500万个就业岗位，而新技术将创造1500万个就业岗位。在物流业务中，智能仓库机器人的发展，也必然会减少原本仓库所需要的工作人数。

西雅图一家企业FlexE的首席执行官Karl Siebrecht表示："我不认为人们是因为短期劳动力短缺而去投资自动化的，而是因为提高生产率、降低成本。所以这意味着人力劳动终将被取代！"

顺应时代、利用科技、多做一些利用其他资源或资本的尝试，人力资源管理者有时候要学会"目中无人"。

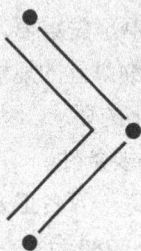

第 2 章

岗位管理和能力管理

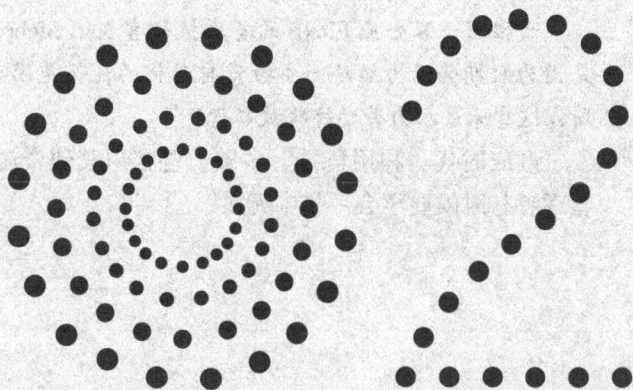

岗位管理与能力管理是人力资源管理工作的基础，是区分传统的人事管理与人力资源管理的分界线。如果没有岗位管理与能力管理，人才的招聘、培训、绩效、薪酬、评估、晋升等人力资源管理工作都如无源之水、无本之木，没有参照和依据。本章将重点介绍岗位管理和能力管理的操作和实施方法。

2.1 如何进行岗位管理

岗位是组织中最小的基本单位。它属于组织，而非任何组织成员，它承接了组织战略的分解目标，以结果为导向，动态而稳定地存在。岗位就像是一把椅子，当一个员工离开组织时，他带走了他的工作风格、知识技能和业绩表现，但他的岗位依然存在。

2.1.1 如何应用岗位体系

岗位体系是人力资源管理体系的基础，它直接与薪酬管理体系、绩效管理体系、职业发展体系等形成关联，相互作用，保证企业能够持续不断地吸引、激励、保留优秀人才。比如，有了岗位体系就可以根据职等、职级确定薪酬和福利的标准，绩效体系的结果又可以作为个人升职、降职、调薪、激励的依据。岗位管理体系与薪酬、绩效管理体系之间的关系如图 2-1 所示。

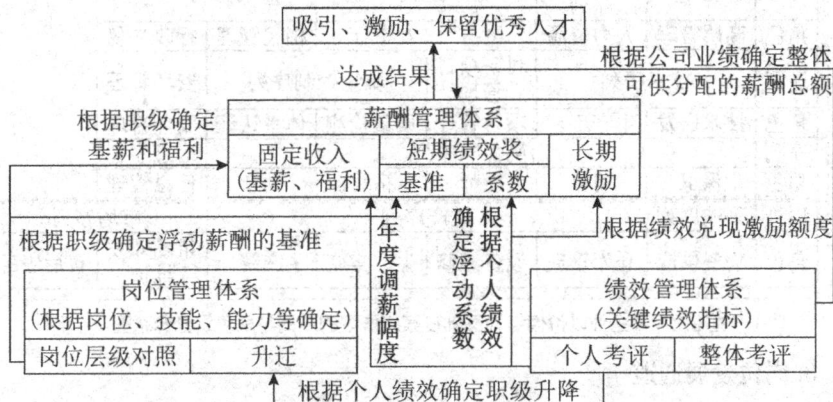

图 2-1 岗位管理体系与薪酬、绩效管理体系关系示意图

岗位管理体系包含的内容有岗位层级、岗位族群/序列/角色、岗位发展

通道、岗位图谱和称谓、岗位管理制度，如图 2-2 所示。

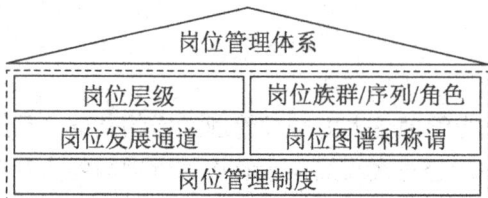

图 2-2　岗位管理体系示意图

1. 岗位层级

岗位的层级划分是组织管理的纵向权限分布，是岗位的汇报层级关系，是岗位的相对价值分布。企业可以从专业知识、岗位能力、贡献大小、业务领域影响力等角度来测量岗位的价值，划分岗位层级。

2. 岗位族群 / 序列 / 角色

岗位族群是由一系列工作内容相近或相似，任职者所需知识、技能相同或相近的岗位组成的岗位集合。对岗位族群做进一步细分，可以形成岗位序列和岗位角色。

建立岗位族群 / 序列 / 角色体系，一是为人力资源调配提供一个新的工具，实现对数量庞大的岗位进行动态管理；二是建立多通道的职业发展路径，拓宽员工在企业的发展空间，增强对核心人员的保留与激励；三是可以针对不同岗位族群，制定个性化的人力资源管理配套方案，包括薪酬激励、培训与发展、人员选拔与流动、绩效管理在内的人力资源管理方案。

岗位族群、序列与角色的逻辑关系如图 2-3 所示。

	序列	管理序列	人力资源序列	财务管理序列		行政序列	
辅助活动	角色	高层管理	人力资源	财务	审计	档案管理	行政文秘
	序列	技术序列		科研项目管理	质量控制序列		安环管理
	角色	技术研发	生产工艺	项目管理	质量检测	体系认证	安环管理
	序列	后勤保障序列					信息序列
	角色	保卫	司机	厨师	宿管	勤杂	信息管理
基本活动	序列	采购序列	生产序列				市场序列
	角色	物资供应	仓库管理	设备维修	生产实施	生产统计	市场开发维护	售后服务

图 2-3　某企业以价值链为基础在某族群下的序列与角色划分示意图

3. 岗位发展通道

（1）横向职业通道

采取工作轮换的方式，通过横向的调动，使工作具有多样性，使员工焕发新的活力、迎接新的挑战。虽然没有加薪或晋升，但可以增加员工的新鲜感和价值。如果组织无法为每个员工提供足够多的高层职位，而长期从事同一项工作使员工倍感枯燥无味，可采用此种模式。

（2）双重职业通道

双重职业通道分成管理通道和技术通道两条通道，沿着管理通道可以通往职级更高的管理职位，沿着技术通道可以通往更高级的技术职位。在组织中，两个通道在同一等级上的地位和利益是平等的。员工可以自由选择两条通道中的任意一条发展。这种模式可以保证组织既拥有高技能的管理者，同时又拥有高技能的专业技术人员。

（3）多重职业通道

这种模式是在双重通道的基础上又分成多个通道，为员工提供更多的机会和发展空间。比如有的企业为在管理通道上发展到一定层级的职工，提供带领团队创业或者成为合伙人的机会；有的企业为在技术通道上发展到一定层级的职工，提供技术带头人通道或技术管理人员通道。这种模式为员工提供了更多的职业发展选择的机会。

这三种类型之间的关系，如图2-4所示。

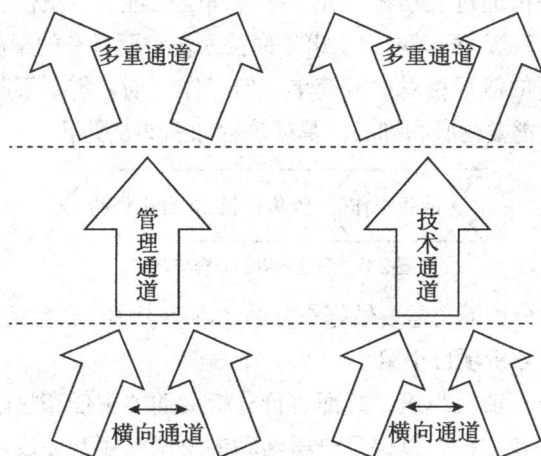

图2-4　岗位发展通道示意图

4. 岗位图谱和称谓

（1）确定图谱中的称谓。根据岗位族群、序列结果和岗位层级确认结果横纵交叉选取图谱中的称谓。

（2）确定岗位角色，根据岗位称谓细分工作角色。

岗位图谱和称谓之间的关系如图2-5所示。

对应等级	管理通道岗位称谓	技术通道岗位称谓
16~18	总监	首席工程师
13~15	高级经理	资深工程师
10~12	经理	高级工程师
7~9	高级主管	中级工程师
4~6	主管	工程师
1~3	专员	助理工程师

图 2-5　某企业岗位图谱和称谓关系示意图

5. 岗位管理制度

完整的岗位管理制度，至少要包括目的、适用范围、原则、定义、支持文件（其他相关的制度或规定）、岗位设置、岗位编制、岗位分类、岗位等级、任职资格、晋升管理（条件、方式、选拔、评定）、降级管理、转岗管理、借调管理、待岗管理、转正管理、离职管理等。

2.1.2　如何进行岗位分析

岗位分析是指通过观察和研究，掌握岗位的性质、责任、任务、目标、组织内部相互关系等，同时确定从事该岗位人员需要具有的素质、知识、技能、经验。岗位分析的流程相对比较简单，但工作烦琐，需要不断重复，工作量也较大，作业时需要耐心和细心。具体流程如图 2-6 所示。

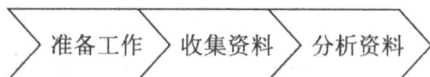

准备工作　收集资料　分析资料

图 2-6　岗位分析的流程与方法

在进行岗位分析前，需要做好充分的"准备工作"，包括以下内容。

1. 建立岗位分析项目小组

建立岗位分析项目小组，分配进行分析活动的责任和权限，明确分析活动的流程、方法及安排，以保证分析活动的协调和顺利完成。分析人员应具有一定的经验，同时要保证他们进行活动的独立性。

2. 了解企业战略、组织、流程

岗位分析源于企业战略、业务流程、管理流程及组织设计，最终把实施战略的责任分解落实到员工个人。因此，参与岗位分析的人员需要对它们有很好的理解。

3. 选择被分析部门及岗位

为了保证分析结果，应选择有代表性、典型性的部门及岗位。在进行收集之前，应向有关这项工作的员工介绍岗位分析意义、目的及过程，希望他们提供怎样的配合。

4. 选择信息来源

可能的信息来源包括组织设计、业务流程说明书、管理流程等书面文件，岗位任职者、管理监督者、内外部客户、岗位分析人员等的反馈，外部成熟企业或者咨询机构提供的岗位分析汇编、职业名称辞典等资料。在收集整理信息时应注意以下问题。

- 不同来源的信息的差别。
- 应从不同角度收集，不要事先抱有偏见。
- 应结合实际，不可照抄照搬。

"收集资料"是岗位分析工作中最重要的一环。需要收集的资料包括岗位名称、工作内容、工作职责、工作环境、任职资格等。判断收集的资料是否齐全，可以看是否能够回答下列问题。

- 岗位的名称、职级、职等是什么？
- 岗位上下级的汇报情况是什么？
- 岗位存在的基本目的是什么？存在的意义和价值是什么？
- 为达到这一目的，该岗位的主要职责是什么？为什么？
- 什么是该岗位独有的职责？（该问题使分析者能够从更宏观的角度看待该岗位）
- 什么是该岗位最关键的职责和负责的核心领域？（该问题能帮分析者清楚企业对该岗位的核心定位是什么）
- 该岗位任职者需要负责并被考核的具体工作成果是什么？
- 该岗位的工作如何与组织的其他工作协调？
- 组织的内部和外部需要有哪些接触？何时接触？怎样接触？为什么？
- 怎样把工作分配给该岗位员工，如何检查和审批工作？
- 该岗位有怎样的决策权？
- 该岗位工作的其他特点（如出差、非社交时间、灵活性要求、特殊的工作环境等）如何？
- 要获得所期望的工作成果，该岗位任职人员需要有什么行为、技能、知识和经验？（该问题能帮分析者找出能胜任该岗位的人员所必需的能力和个人素质。）

2.1.3　如何分析岗位资料

岗位资料分析的方法可以分为以下几种。

1. 工作实践法

工作实践是指岗位分析人员实际从事该项工作,在工作过程中掌握有关工作的第一手资料。采用这种方法可以了解工作的实际任务以及在体力、环境、社会方面的要求。这种方法适用于短期内可以掌握的工作,但是对那些需要进行大量训练才能掌握或有危险的工作,不适宜采用此法。

2. 观察法

通过对特定对象的观察,把有关工作各部分的内容、原因、方法、程序、目的等信息记录下来,最后把取得的职务信息归纳整理为适合的文字资料。这种方法取得的信息比较广泛、客观、准确,但要求观察者有足够的实际操作经验且使用结构性问题清单。这种方法不适宜于循环周期长的工作和主要为脑力的工作。

3. 问卷法

通过结构化问卷来收集并整理信息的方法,具体包括问卷调查法、核对法。该类方法要求企业有较好的人力资源管理基础。问卷调查法即根据职务分析的目的、内容等编写结构性问卷调查表,由岗位任职者填写后回收整理,提取出岗位信息。核对法是根据事先拟定的工作清单对实际工作活动的情况进行核对,从而获得有关工作信息的方法。岗位分析调查问卷如表2-1所示。

表 2-1　岗位分析调查问卷

填表日期:		
工作部门	职务名称	
一、岗位概述		
1.该岗位存在的目的是什么?		
2.该岗位的职责需要负责和被考核的具体成果是什么?		
二、职责内容		
1.什么是该岗位应有的职责?		
2.什么是该岗位最关键、最核心的职责?		
3.还有哪些突发的临时的工作?		
工作项目	处理方式及程序	所占每日工作时数

续表

三、职责程度				
1. 工作复杂性				
2. 所受监督				
3. 对工作结果的负责程度（对自己、部门或整个企业负责）				
4. 与人接触程度（企业内部、外部）				
四、环境是否特殊：噪声、辐射、污染、异味?				
五、需要什么行为、素质、知识、经验?				
填表人签字		所属部门 负责人签字		直接上级签字

2.1.4 如何进行岗位访谈

通过岗位分析人员与任职人员面对面的谈话来收集信息资料，面谈形式包括单独面谈和团体面谈。此方法较适于行政管理、专业技术等难以从外部直接获取到信息的岗位。此方法需要岗位分析人员掌握较好的面谈技巧。访谈法的流程如图2-7所示。

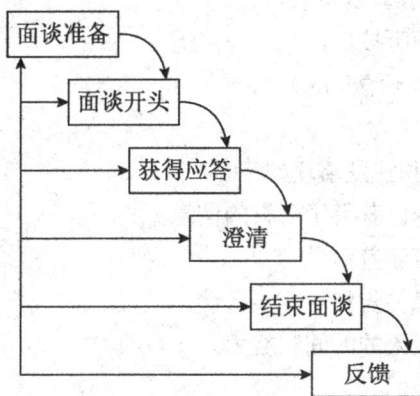

图 2-7　访谈法的基本步骤

面谈准备的重点和注意事项如下。

- 明确规定面谈目标。
- 事先准备有关资料。
- 让面谈者做好准备。

- 事先做好时间约定。
- 地点选择不受干扰之处。

面谈开头的重点和注意事项如下。
- 解释面谈的目的。
- 告诉对方你要记一些笔记。
- 获得对该工作的总体认知。
- 采用较友好的方式。
- 营造一个较为宽松的环境。
- 去除偏见。
- 保持目光接触。

获得应答的重点和注意事项如下。
- 工作分析面谈是一种事实挖掘的面谈，切记其目的是获得事实而非观点或偏见。
- 要引导整个面谈过程。
- 把对方带回主题。
- 让对方有时间思考。

澄清的重点和注意事项如下。
- 使用提问和倾听技巧。
- 及时澄清任何不清楚的方面。

结束面谈的重点和注意事项如下。
- 核查一下是否已获得了所有的信息。
- 询问对方是否还有话说。
- 总结关键信息并告知下一步行动。
- 感谢对方所投入的时间和努力。

反馈的重点和注意事项如下。
- 趁自己还比较清楚记得细节时写出岗位说明书。
- 如果有什么还不够清楚再去询问。
- 向该岗位任职人员或其上级领导反馈。
- 讨论和修改。

根据要求的不同访谈可以分成如下两种方式。

（1）提问式：提出问题并要求回答。比如，在什么样的情况下你需要去获得上级的批准？

（2）陈述式：直接要求被访人就某一方面问题进行陈述。比如，请告诉我……

根据提问问题的性质不同，访谈可以分为如下两种方式。

（1）开放式：对回答内容完全不限制，给被访者自由发挥的空间。比如，你的日常工作主要包括哪些内容？

（2）封闭式：回答通常是"是"或"否"，或者其他给定的选项。比如，你是否负有人员管理职责？

根据提问内容和时机的不同，访谈可以分成如下四种方式。

（1）探究式：对同一个问题进行追问，以获得全面、透彻的了解。比如，组织用户活动具体包括哪几个环节？

（2）连接式：对一个问题上下游的或有关联的其他问题进行追问。比如，在完成了用户小站现场安装后，还需要做什么后续工作吗？

（3）澄清式：对有疑问的问题进行复述以确认自己准确地理解了被访者想表达的意思。比如，你的意思是你只有权审批 500 元以下的费用报销单，是吗？

（4）总结式：在被访人基本完成陈述后，总结其陈述内容，予以确认并追问是否有遗漏。比如，你刚才介绍了这个岗位的主要工作包括……还有其他需要补充的吗？

在访谈时应注意避免如下四种提问方式。

（1）诱导性问题。比如，我觉得你不喜欢督导你的员工，是吧？

（2）连珠炮式问题。比如，你的日常工作是哪些？你每周要接触多少客户？下多少个订单？有没有权限审批费用？

（3）偏见式陈述。比如，库管人员常常没什么事干。

（4）多选式问题。比如，你是每周、每月、每两个月还是每季度与客户见一次面？

"分析资料"是对获得的资料进行汇总、整理、分类、总结，并进行必要的判断，从而得出对岗位的全面、准确和有条理性的认识。

（1）岗位名称分析，是岗位名称标准化，便于了解工作性质和内容。

（2）工作职责分析，包括工作内容、工作职责、工作关系等内容。

（3）工作环境分析，包括物理环境、安全与健康环境、社会环境等内容。

（4）任职资格分析，包括素质、知识、技能、经验、体能等内容。

2.1.5 如何编写岗位说明书

根据岗位分析的结果，可以编写岗位说明书，编写流程如图 2-8 所示。

| 确定岗位说明书格式 | 逐项进行职责描述 | 小组讨论 | 反馈和确认 |

图 2-8 岗位说明书的编写流程

1.岗位说明书的格式

岗位说明书的格式因企业发展阶段不同、需求不同、岗位分析的目的不同等因素不尽相同，可繁可简。标准岗位说明书的模板如表 2-2 所示。

表 2-2 岗位说明书模板

岗位编码		岗位名称		所属单位	
所属部门		直接上级		直接下级	
下属人数		文件原件		文件副本	
岗位设置目的：					
工作关系：					
	上级 内部关系 ↔ 本岗位 ↔ 外部关系 下级				
内部关系联系的内容					
外部关系联系的内容					
工作权限					
1					
2					
3					
工作职责					
职责 1					
主要任务	1. 2.				
职责 2					
主要任务	1. 2.				

职责3		
主要任务	1. 2.	
工作时间、地点、设备与环境		
工作时间		
工作地点		
工作设备		
工作环境		
关键业绩指标		
任职要求	教育背景：	
	从业经验：	
	知识结构：	
	工作能力：	
	个性特征：	
本岗位说明书有效期限：　　　年　　月　　日至　　　年　　月　　日		
编制人员		审核人员　　　　　批准人员
编制日期		审核日期　　　　　批准日期

2. 职责描述

岗位设置目的栏需用简练而准确的语言来描述本岗位在单位及部门中存在的目的和作用。编写前，需要做如下考虑。

- 该岗位实现了企业及部门的哪些目的？
- 如果该岗位不存在，会对企业或部门造成哪些影响？
- 格式为工作依据＋工作内容＋工作成果。

注意：岗位设置目的陈述不包括如何达到结果的过程。

在编写职责描述时，需注意以下问题。

- 代表了岗位的主要产出。
- 描述了工作的成果而非过程。
- 每一说明描述了单独的、不同的最终结果。
- 不是广义的、含糊的说明。
- 每一个说明都是没有时限的，如果岗位没有改变，职责不会改变。
- 岗位任职者所负有的职责以及工作所要求的最终结果。
- 是岗位长期及经常性的工作，而不是短期或临时性的工作。
- 按照岗位职责的重要性顺序填写，重要的职责填写在前面。
- 每条职责描述不超过50字。

除非是特别重要的职责，每项职责占用的时间一般大于所有职责的 5%。未被逐条详细描述的其他职责所占用的时间一般不超过该岗位完成所有职责工作时间的 10%。紧密相关的（如用于完成一项任务的几个步骤）或类似的职责可以归为一条职责来描述，除此之外，尽量避免把几个职责合并在一个小标题下做概要描述。

一份好的岗位说明书包含了准确描述"需要做什么"的以动词开头的语句。可用"起草""审核""执行""指导"等具体动词的，尽量避免用"负责"等笼统的词。

举例

"每季度起草报告"。

"倾听客户的买卖指令"。

"比较部门实际费用与预算费用的差别"。

用动词描述岗位的具体职责时，对每一项职责尽可能提供具体的例子来描述，避免只使用"管理""监控"等字眼，要描述出管理监督的具体事项。职责描述语句通常包含的内容有动词、宾语、目的描述，如表 2-3 所示。

表 2-3 职责描述语句包含内容举例

动词	宾语	目的描述
收集	财务数据	审核各部门提出的预算费用需求
执行	财务预算	支持企业下年度财务规划
统计	客户数据	向企业管理层汇报老客户的流失率
清洁	机器设备	保证机器能够正常操作
驾驶	员工班车	保证工作日接送员工上下班

3. 小组谈论

岗位说明书的起草人在初步起草岗位说明书后，应经过岗位分析项目小组讨论确定。在讨论过程中如果有不明确的问题，还可以向相关人员进一步了解情况。小组讨论的意义在于：小组各成员对同一岗位有不同视角，他们的意见可保证该岗位说明书内容更加确切、完整，文字表达更加准确。

4. 反馈和确认

经岗位分析小组讨论确定后的岗位说明书可返回岗位现任职人员或其直接上级，征求反馈意见并进行必要的修改。岗位说明书最终由人力资源部负责人审核批准，并进行编号，成为正式的岗位说明书。

2.2　如何构建胜任模型

能力管理是人力资源管理人员识别各岗位能力要求、保证各岗位能力达标的过程，是对各岗位能力的培养、使用、学习和贡献的管理过程。组织的战略规划、经营目标和使命实现层层分解之后，都将转化为每个岗位需要的能力。各岗位的能力水平，直接影响着组织的经营业绩。

2.2.1　人才选拔四个维度

人才选拔四个维度分别是素质、知识、能力、经验，如表2-4所示。

表2-4　人才选拔的四个维度

类别	内容
素质	人格、素养、智商、价值观、自我定位、性别、年龄等
知识	专业学历、社会培训、证书、认证、专利、岗位需要的知识等
能力	通用能力、专业能力等
经验	持续运用某项能力的时间

1. 素质

素质维度一般指那些由个人自身特质决定的，比较根深蒂固、不太容易改变的东西，包括性别、年龄、性格、人格、智商、自我定位、忠诚度、人生观、世界观、价值观等。

2. 知识

知识维度一般指的是那些通过学习，查阅资料等后天学习得到的信息。一般包含专业、学历、学位、社会培训、证书、认证、专利以及岗位需要的知识等。

3. 能力

能力一般是指在一定知识的基础上，能够完成某个目标或者任务的可能性，是知识的转化。知识和能力是不同的，光有知识没有能力就是纸上谈兵。

举例

掌握游泳的相关知识和掌握游泳的能力完全是两个不同的概念。如果只掌握游泳的知识，也就是知道应该怎么游，但是不具备游泳的技能，也就是从来没游过。

开车也是一个道理。我们考驾照的时候，一般都有一门理论，那个理论就是驾驶知识。但是光有驾驶知识就能开车么？肯定是不行的，如果只掌握开车的知识、不掌握开车的能力，那么，也一定开不好车。

能力可以分成通用能力和专业能力。

通用能力指的是几乎每一个岗位都要用到的能力。比如沟通能力、组织能力、协调能力、理解能力、分析能力。几乎所有的岗位，或多或少都要用到这些能力。

专业能力指的是专属于某一类岗位特有的、其他的岗位基本不需要的能力。比如，开飞机的能力，开挖掘机的能力，或者是造型师、美容师等这类岗位需要具备的能力，都属于岗位特有的能力。

4. 经验

经验一般是指某人从事一项工作的时间长短。能力一般和经验有一定的相关性，但并非持续相关。一般来说，随着时间的增加、经验的增长，能力的提升会趋于平缓。

举例

某人开车，一般人开3年左右的车，开车的能力基本就练成了。再开3年，在能力上一般不会有特别大的提升。这时候提升的，主要是经验。而经验的体现，主要是对一些事情的熟练程度和处理一些异常状况的能力。

总结下来，素质维度，反映了候选人"能不能"做；知识维度，反映了候选人"知不知道"怎么做；能力维度，反映了候选人"会不会"做；经验维度，反映了候选人"做了多久"或者"熟练程度"。

利用这四个维度，HR可以很容易定义出岗位需要人才的"人才画像"。

举例

某企业现在要招聘一位能处理事务性工作的普通行政文员。其在这个岗位如果工作优秀，未来可能工资会提高，但是基本没有太多晋升和发展的空间。

这类岗位的素质要求一般是：性格比较温和，最好与世无争；智力水平不需要太高，平均水平就可以；价值观不需要有成就导向；对自我的定位不需要太高，最好求平稳。

这类岗位的知识要求一般是：不需要太高的学历（考虑到稳定性）；专业最好是行政管理、文秘类、管理类、经济类等，专业限制不需要那么大，也可以考虑不限；最好接受过一些专业的办公软件培训，或者具备办公软件操作的基本知识。

这类岗位的能力要求一般是：沟通能力、组织协调能力、解决问题的能力等通用能力，办公软件应用的能力、文字速录的能力等专业能力。

这类岗位的经验一般是有连续的 1 年以上 5 年以下的其他企业的工作经验。因为行政文员的工作性质各个企业都差不多，有一点经验的比完全没经验的更容易适应岗位。

当某岗位的四个维度要求全部确定之后，照着这四个维度招聘，不仅有方向，而且招来的人跟岗位的匹配度会非常好，稳定性会比较高，敬业度也会比较高，最后个人和企业都满意。

利用这四个维度做人岗匹配时，素质维度占到 50% 的比重，因为这个层面一般很难改变。

比如性格，每个人的性格特征，过了 24 岁以后，基本就比较固定了。有时候外界的环境变化会造成人们性格的变化，但这种变化对大部分个体来说是相对较小的。人生观、世界观和价值观，每个人都不一样，但一般人 30 岁以后，如果不发生比较大的刺激，基本不会改变。

而知识、能力、经验三个维度都是可以通过后天的努力获得的。只要某人的素质达标、三观正，这三项都是可以培养的。但如果某人的基本素质不行，三观不正，性格有问题，再怎么培养，也是没办法培养出结果的。

这也是为什么要培养一头大象爬树不如一开始就找一只猴子。猴子可能一开始并不会爬树，但是经过培养，很容易就学会了。而大象因为自身的素质条件决定了再怎么培养，也很难学得会爬树。

2.2.2 胜任模型组成要素

狭义的胜任模型仅指达到岗位要求、完成岗位目标需要的"能力"，而广义的胜任模型可以包含岗位所需的素质、知识、能力、经验等各项任职资格。

为明确管理，胜任模型类目下的每项特质要区分成不同的等级，并配有详细的文字描述。比如，素质层面中团队精神的特质，通常是指在团队目标下，对团队利益和协作的共同认知。将其分级后如表 2-5 所示。

表 2-5　团队精神分级样表

级别	定义
一级	能在团队中配合其他成员，有合作精神，态度端正，能考虑团队目标与利益
二级	尊重团队中的每一位成员，能在团队中积极配合其他成员，有较好的合作精神，态度端正，当团队利益与个人利益冲突时，以团队为先
三级	经常为团队提出有意义、建设性的意见，当团队利益与个人利益冲突时，总是以团队为先
四级	有主动加强与团队中其他成员合作的意识，当团队利益与个人利益冲突时，总是以团队为先，并愿意牺牲个人利益

教育背景，按学历可以分为初中、高中（包括中专和中等技术学校）、大专、本科、硕士、博士。企业可以将教育背景划分成四级，如表2-6所示。

表2-6　教育背景分级样表

级别	定义
一级	初中、高中
二级	大专
三级	本科
四级	硕士及以上

企业知识可以包括行业知识、产品知识、企业文化（发展历史、理念、价值观等）、组织结构、基本规章制度和流程等，也可以分成四个等级，每级的描述如表2-7所示。

表2-7　企业知识分级样表

级别	定义
一级	熟悉员工手册
二级	了解企业发展历史、相关产品知识，熟悉本岗位相关管理制度、流程
三级	全面了解企业的历史、现状、未来发展方向、目标、全部产品知识以及相关管理制度、流程
四级	熟悉企业整体运作流程、制度，了解企业整体战略规划以及战略步骤

对某一专项知识，也需要用此方式分类，比如财务知识，包括A类（会计学原理、统计学原理、税收）；B类（工业企业财务管理、工业企业会计、会计电算化）；C类（管理会计、成本会计）；D类（审计学）；F类（金融证券、投融资管理）。对财务知识的分级如表2-8所示。

表2-8　财务知识分级样表

级别	定义
一级	了解某一类所包含的基本知识
二级	掌握A、B类知识； 掌握A类知识，了解C类知识
三级	精通A、B、C类知识，掌握D、F类知识
四级	精通A、B、C、D、F类知识

能力维度中的"沟通能力"通常是指"通过口头和书面方式表达、交流思想"。将其分级后如表2-9所示。

表 2-9 沟通能力分级样表

级别	定义
一级	能够为工作事项进行联系或相互简单交流
二级	能够与他人进行较清晰的思想交流，书面沟通文字规范、能够抓住重点，让别人易于理解
三级	沟通技巧较高，具有较强的说服力和影响力，书面沟通时有较强的感染力
四级	沟通时有较强的个人魅力，影响力极强，书面沟通时有很强的感召力

经验维度同样也可以分级，将其分级后如表 2-10 所示。

表 2-10 经验分级样表

级别	定义
一级	2 年以下相关经验
二级	2~7 年相关经验
三级	7~15 年相关经验
四级	15 年以上相关经验

2.2.3 胜任模型构建方法

构建胜任模型的方法一般分为三种。

1. 总结归纳法

这种方法适用于成熟稳定、具备一定规模、管理水平相对较高的企业，是通过研究同类岗位上高绩效员工与低绩效员工的差异来建立胜任模型。它以行为访谈评估为依据，开发出的胜任模型最符合企业的现实，效果最好。缺点是开发的过程耗费的时间和精力很大，需要行为事件访谈能力，操作难度很高。

2. 战略推导法

这种方法适用于变化较快、管理水平相对较弱的企业，是通过企业的核心价值观以及战略规划对企业能力的要求推导并建立胜任力模型。战略推导法的本质是逻辑推理的过程，它的步骤为：首先，澄清组织的战略、愿景、使命和核心价值观；其次，了解组织内各岗位的角色和职责；最后，推导胜任模型。这种方法的优点是胜任模型与组织的战略、价值观密切相关，逻辑清晰，缺点是缺乏具体的行为作为依据，胜任模型可能会空泛、抽象，脱离现实。

3. 引用修订法

这种方法适用于需要快速建立胜任模型的企业，是通过直接引用专业咨询企业、同行业内优秀企业或者对标企业的岗位胜任模型，根据本企业实际情况稍做修改后，作为本企业的胜任模型直接使用。

如果有专业的顾问，可以让其列出通用的胜任项目，由相关人员选择、筛选出胜任模型。这种方法的优点是省时省力，对于初步引进胜任模型概念又没有能力在胜任模型开发上做大量投资的组织不失为一种有效的方法，缺点是通用的成分较多，具体的企业文化、战略的关联性不一定紧密。

【实战案例】某上市企业胜任模型构建案例

J企业是一家国内大型零售连锁上市企业，企业战略及主营业务是中小型的综合超市。店长作为企业的中层管理者以及上传下达的战略执行者，其能力和素质水平对企业的发展、战略的实现起着至关重要的作用。所以，搞清楚店长的胜任模型显得十分必要。

J企业的店长岗位分为两种，一种是管理门店经营的店长，另一种是管理整个区域所有门店经营的区域店长。通过总结归纳法中的行为事件访谈，同时考虑到企业对胜任模型管理方式的把握以及实际运用的方便性，将区域店长与门店店长的胜任要素整体分为两大类：能力类和态度品质类。

能力类要素指的是岗位所需要的核心的、稳定的、对工作绩效起关键作用的能力，是一个人出色完成本岗位工作应该具备的能力。态度品质类要素指的是该岗位所需要的个人特质，是一个人出色完成本岗位工作的内在品质与动机。

1. 胜任要素概况

能力类和态度品质类要素的名称和定义如表2-11所示。

表2-11 J企业店长胜任要素分类及定义

类别	要素名称	要素定义
能力类	组织领导力	在企业发展战略指导下，设定科学合理的工作目标，通过合理组织调度人、财、物资源，带领团队及时、高质量地完成业绩目标
	执行力	坚决贯彻企业规章制度、经营标准、管理规范与业绩目标，细化与规范业务流程，保质、保量、及时完成绩效目标
	团队建设与凝聚	促进冲突的有效解决，营造高效、合作、和谐的工作氛围，培养员工的合作精神与团队精神
	培训与发展他人	发现员工工作中的不足，并及时给予培训与指导，帮助员工学习与进步

续表

类别	要素名称	要素定义
能力类	沟通协调能力	积极主动与顾客、员工、集团进行沟通，发现问题并追溯源头予以解决
	销售能力	做好周边市场以及竞争对手的分析，挖掘顾客需求，采取差异化策略，进行产品促销与销售
	业务能力	熟悉业务，掌握与职责有关的知识与技能
	数据分析与应用能力	精通数据统计与分析，挖掘有价值的信息，发现潜在问题，并将分析结论运用到实际工作过程之中，提升门店经营业绩
态度品质类	诚信自律	对待顾客、员工、企业诚实守信，不弄虚作假，不侵占企业财产，不接受不正当的好处与利益
	责任感	工作勤奋、主动、尽职尽责，面对困难勇于承担责任
	成就导向	保持不满足于现状的心态，不断学习，寻求个人与工作的进一步发展，甚至超越优秀标准

2. 胜任模型等级

区域店长和门店店长在各个胜任要素的等级上的要求也存在差异，如表2-12所示。

表2-12　J企业店长胜任模型等级（1~4级）

类别	要素名称	区域店长		门店店长	
		是/否	等级要求	是/否	等级要求
能力类	组织领导力	是	4	是	3
	执行力	是	3	是	3
	团队建设与凝聚	是	3	是	3
	培训与发展他人	是	3	是	3
	沟通协调能力	是	4	是	3
	销售能力	是	3	是	2
	业务能力	是	4	是	4
	数据分析与应用能力	是	4	是	3
态度品质类	诚信自律	是	3	是	2
	责任感	是	3	是	3
	成就导向	是	2		

区域店长胜任模型等级如图2-9所示。

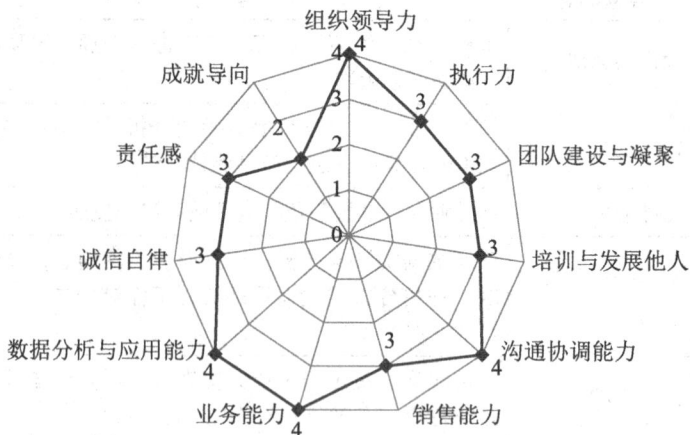

图2-9　区域店长胜任模型等级示意图

门店店长胜任模型等级如图2-10所示。

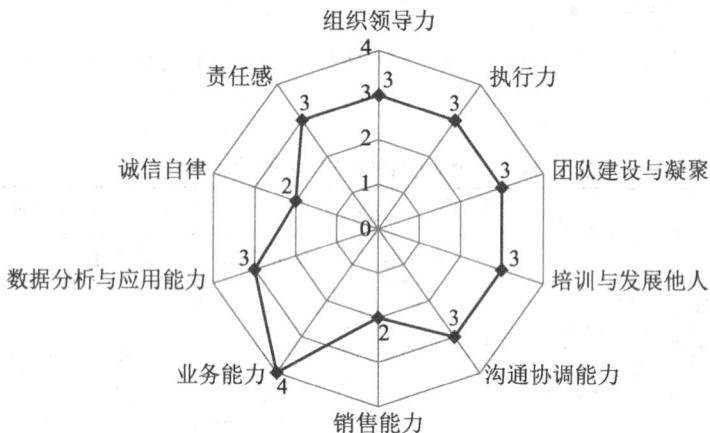

图2-10　门店店长胜任模型等级示意图

3.胜任模型等级要素描述

组织领导力，要素定义：在企业发展战略指导下，设定科学合理的工作目标，通过合理组织调度人、财、物资源，带领团队及时、高质量完成业绩目标。具体等级及行为描述如表2-13所示。

表2-13 组织领导力行为描述

等级	等级描述	行为描述
1	比较合理分解目标、调度资源	● 根据企业年度经营计划与发展战略,确定门店年度业绩目标,并对业绩目标进行自上而下,按照季度、月度比较合理的分解; ● 基本能合理分配门店工作任务,明确每个阶段每个岗位的工作目标以及完成时间; ● 以目标责任与制度的方式督促员工完成预定目标; ● 预估每项工作所需时间与其他资源,明确每一步的时间节点和物资要求; ● 能够根据已有的信息做出初步的判断、决策,但可行性一般
2	持续跟踪,合理利用资源	● 能够制定与实现自己的工作目标; ● 制订计划以及进行门店目标分解时,考虑门店人员配置、实际营运能力等要素; ● 善于利用挖掘出的潜在信息做出判断、决策,比较周全,但决策的灵活性有待提高; ● 做好各个阶段工作的跟踪与指导工作,对落后计划的班组与个人予以指导与帮助,并分析实际落后于计划的原因,解决存在的问题; ● 在完成工作目标的过程中,合理调度资源,确保工作有序进行; ● 以公平激励、奖惩等多种方式来督促员工完成工作
3	带领团队成员积极主动完成目标	● 辨别可能遇到的障碍和变化,调整执行的优先顺序; ● 根据外部环境变化,调整完成工作目标的方式方法; ● 关怀与教育员工,激发员工工作热情,树立店长权威,带领团队成员克服困难完成工作目标; ● 鼓励员工提出建议,参与目标的设定以及任务完成计划的编制,对目标达成一致意见; ● 能够把握全局信息,做出果断决策,灵活变通,决策的可行性、周全性强
4	彰显个人魅力、领导团队高效超前完成目标	● 加强个人品德修养,培养个人魅力; ● 对完成目标充满信心,当没有方法或经验可循时尝试各种可能性,不轻言放弃; ● 运用各种资源强化个人与团队对高挑战目标的信心; ● 合理部署各方面资源,设定紧急预案,确保重大变故下资源的迅速反应与及时调配

执行力,要素定义:严格贯彻企业规章制度,细化与规范业务流程,保质、保量完成绩效目标。具体等级及行为描述如表2-14所示。

表 2-14　执行力行为描述

等级	等级描述	行为描述
1	落实制度、流程，基本完成业绩目标	● 将企业的规章制度及时传达给下属员工； ● 能执行企业的决定，不拖拖拉拉； ● 将企业规章制度与标准业务流程基本贯彻落实到员工具体工作过程中； ● 基本完成业绩目标，业绩目标达成率达到80%
2	崇尚效率，落实比较坚决	● 向员工强调标准化业务流程、工作规范； ● 对于违反工作流程、企业规范的行为坚决予以反对，并明确指出； ● 积极调度资源，完成总部与区域促销、销售等活动； ● 业绩目标达成率达到90%
3	流程细化，提升运营效率	● 完全按照企业标准业务流程来要求员工； ● 进一步细化工作流程，规范员工工作行为； ● 坚决贯彻企业政策、工作标准、经营规范，如有意见通过正当渠道向企业反映，绝不在下属面前表现出对总部决策的不满； ● 及时高质量完成业绩目标，不光关注结果，同时关注完成的过程，业绩目标达成率达到100%或者更高
4	将规范业务流程转化为员工的自发行为	● 在门店内形成遵守工作标准的工作氛围； ● 提倡员工提出改进业务流程的建议； ● 对执行标准业务流程的员工给予适当激励； ● 尝试细化业务流程，并将成熟的流程反映给企业进行推广； ● 业绩目标达成率达到110%或者以上

团队建设与凝聚，要素定义：促进冲突的有效解决，营造高效、合作、互信的工作氛围，培养员工的合作精神与团队精神。具体等级及行为描述如表 2-15 所示。

表 2-15　团队建设与凝聚行为描述

等级	等级描述	行为描述
1	消除不利于团队合作的因素	● 重视团队成员的公平感，选择合适的方式实施奖惩，以避免对其他人产生消极影响； ● 不回避团队的内部冲突与矛盾，及时出面协调，保证工作顺利进行； ● 大部分情况还是以自身的权力来要求员工工作； ● 对于员工的意见没有主动询问； ● 向团队成员宣讲企业的制度和工作方式，获取他们的理解和支持
2	鼓励团队成员的相互融合	● 对人不是压服，而是感动与说服； ● 在解决矛盾的同时增进团队成员间相互理解； ● 习惯于用积极的语言表达对团队成员的期望； ● 对低绩效员工不轻易否定，帮助员工认识到自己的问题，并给予改进机会

等级	等级描述	行为描述
3	鼓励员工参与团队管理	● 能够确立明确的团队目标，能够及时发现团队中存在的问题并采取有效的措施予以纠正，关注实施的成效； ● 调动下属发言，对不愿发言的人进行鼓励，鼓励员工对店面管理提出合理化建议； ● 用人之长，主动为团队成员创造发挥自身能力的机会； ● 使绩效评价结果客观地体现下属对组织/团队的价值贡献
4	用愿景鼓舞团队，营造互信团队氛围	● 设立清晰的发展目标或愿景，形成统一、明确的团队共同目标，获得团队成员的认可和接纳； ● 在组织/团队处于逆境或危机时，仍能持续地向员工传递信心和勇气，表达乐观积极的信念； ● 在工作中，持续不断地营造积极向上、相互信任、相互支持的组织文化或团队氛围

培训与发展他人，要素定义：发现员工工作中的不足，并及时给予培训与指导，帮助员工学习与进步。具体等级及行为描述如表2-16所示。

表2-16 培训与发展他人行为描述

等级	等级描述	行为描述
1	授权意识弱，指导较少	● 授权意识较弱，很少提供指导性建议； ● 发现下属在工作中存在的问题，并提醒员工下次注意； ● 在员工遇到难题时给予帮助和指导，指导其完成任务
2	授权意识一般，及时指导	● 授权意识一般，授权较为合理，能够根据实际情况提供一些指导性的建议； ● 通过示范和详细讲解操作步骤的方式帮助下属掌握工作技能； ● 定期轮流对各个柜组主管、员工进行培训，了解下属需求，指导下级工作
3	适度授权，协助员工职业成长	● 授权意识较强，能够进行适当、合理的授权，能够根据实际情况提供明确的指导性建议，并给予监督与指导； ● 定期向员工反馈他们的工作表现情况，使员工及时了解自己的长处与短处、问题所在，并不断地激励他们达到最好的业绩； ● 识别根本性的培训需求，提供针对性的培训； ● 让下属承担更多的责任，提供锻炼和发展的机会，鼓励下属不断提升自己，并关注其长期的职业发展
4	完善能力培养机制	● 通过制定能为下属提供发展空间或平台的政策来培养他们； ● 从整体角度即整个门店、整个企业的角度考虑人才培养问题，而不是单个人的角度

沟通协调能力，要素定义：积极主动与顾客、员工、集团进行沟通，发

现问题并追溯源头予以解决。具体等级及行为描述如表2-17所示。

表2-17　沟通协调能力行为描述

等级	等级描述	行为描述
1	表达清楚、减少纠纷	● 沟通能力一般，基本能准确地表达个人想法； ● 能够维持较为简单的工作关系； ● 基本能够清晰流利地表达自己的观点，并被顾客、员工所理解； ● 在沟通过程中一般能够把握关键信息，注意对方的事实与信息； ● 基本能够将复杂的问题用简单的语言表达出来； ● 与顾客有效沟通，在发生顾客投诉纠纷时，能够减少冲突的发生与防止事态扩大
2	善于沟通，有效解决纠纷（让顾客满意）	● 沟通能力较好，基本能简洁、准确地表达个人想法，逻辑性一般； ● 能利用各种技巧建立并维持工作关系网络； ● 能较好地表达自己的观点与看法，并对他人产生正面影响； ● 能够选择比较合适的沟通渠道与员工、顾客进行沟通； ● 大多数情况下能够总结顾客、员工表达出来的零散的意见； ● 在遇到顾客投诉或者纠纷时，能够与顾客进行有效沟通，及时有效地解决纠纷
3	良好沟通，以最小经济代价解决纠纷（低成本）	● 沟通能力很好，能简洁表达个人想法，语言表达准确，逻辑性强； ● 能够运用各种技巧建立、维持并扩大自己的人际关系网络，掌握人际交往的原则； ● 具备较强的人际沟通意识和公关意识，能够运用各种技巧促进沟通； ● 先聆听然后总结对方的谈话要点，之后才发表自己的独立见解； ● 能够很有逻辑地用别人可以理解的方式表达自己的想法； ● 倾听各种不同的意见，用具有说服力的论据清晰阐述自己的观点，力求让别人接受，以便达成共识； ● 当发生顾客投诉等突发事件时，能够站在企业的角度处理问题，在不影响企业形象的基础上，使企业利益损失最小
4	精于沟通，创造性解决纠纷（让顾客满意＋低成本）	● 通过观察感知对方的情绪、语调、面部表情等，能够领会别人没有直接表达出来的意思； ● 针对沟通对象的不同，对需要沟通的信息进行筛选； ● 恰当地引用例子与论据，能够就敏感问题（如薪酬）与各个层次的对象进行有效沟通； ● 巧妙地借助第三方或者专家表达自己的意思； ● 在企业建立正式的双向沟通渠道，并监督其运行效果； ● 创造性地解决顾客纠纷、突发事件，避免对企业形象与利益造成影响，同时做到保持甚至提升顾客忠诚度

销售能力，要素定义：做好周边市场以及竞争对手分析，挖掘顾客需求，采取差异化策略，进行有效的产品促销与销售。具体等级及行为描述如表2-18所示。

表2-18　销售能力行为描述

等级	等级描述	行为描述
1	对周边市场进行分析，贯彻企业营销活动	<ul><li>定期与周边顾客进行沟通，了解顾客的需求；</li><li>听取顾客的建议与要求，改进门店工作；</li><li>理解企业自主品牌、代销品牌产品的价格、质量、功能等信息；</li><li>在区域与企业的统一要求下做好节假日和平时的促销活动以及促销活动的宣传工作</li></ul>
2	把握顾客消费趋势，调整产品销售策略	<ul><li>经常与不同类型的顾客进行沟通，把握消费者的消费趋向；</li><li>根据顾客需求，进行合理的商品排列、价格调整（门店能够自主调整的商品）、商品组合；</li><li>对区域竞争对手进行调查与分析，采取针对性的策略；</li><li>在工作中贯彻并向员工反复强调"用户至上，用心服务"；</li><li>处理好与顾客的关系，获得顾客的尊重与信任</li></ul>
3	深入挖掘顾客需求信息，满足顾客潜在需求	<ul><li>进行深入的市场调查研究，分析顾客潜在需求，主动激发顾客潜在需求和消费欲望；</li><li>全员营销，做好对周边市场、顾客的产品宣传工作，提升门店的知名度；</li><li>分析新顾客、年轻顾客的特点，创新工作方法、营销手段，吸引新顾客；</li><li>针对不同的顾客群体选择不同的宣传广告与促销方案；</li><li>进行充分的竞争对手调研，通过产品、价格、渠道、品牌对比，调整门店销售策略，吸引竞争对手的顾客</li></ul>
4	发现别人未发现的市场规律，提高销售业绩	<ul><li>持续关注顾客需求变化，尝试营销手段的创新；</li><li>形成门店产品营销独有的竞争力，并将这种竞争力传递给企业其他店面；</li><li>发掘市场、顾客消费规律，实现销售业绩的不断提升；</li><li>与顾客形成战略合作关系</li></ul>

业务能力，要素定义：熟悉业务、掌握与职责有关的知识与技能。具体等级及行为描述如表2-19所示。

表2-19　业务能力行为描述

等级	等级描述	行为描述
1	掌握基本的知识与技能	<ul><li>了解零售行业、零售企业的动向与知识；</li><li>观察能力弱，不能发现较为明显的细节或错误；</li><li>基本具备零售企业店面经营管理知识与技能以及基本的财务知识；</li><li>基本具有销售管理方面的知识与技能；</li><li>基本熟悉各个柜组的业务流程与操作规范；</li></ul>

续表

等级	等级描述	行为描述
1	掌握基本的知识与技能	● 基本掌握信息、财务、物流配送、排班、商品陈列等超市基本门店业务
2	业务能力较高，能学习业务知识与技能	● 比较熟练地掌握各个柜组的工作标准与规范； ● 观察力一般，能够发现明显的细节或错误； ● 比较注重精细化管理，减少损耗，降低成本； ● 偶尔学习先进的门店管理与运营的知识与技能，与企业发展、行业发展同步
3	熟练业务流程，不断学习知识与技能	● 熟练掌握各个柜组的工作标准与规范，并能够模范实施； ● 观察力较强，能够发现80%以上的错误细节； ● 精通各个业务知识与技能，能够发现门店运作过程中存在的问题，并将问题分门别类整理，进行指导； ● 虚心向先进门店学习，将先进的做法与门店现有做法进行有效整合，提升门店的运作效率与赢利能力
4	业务知识与技能精通	● 创新流程与方法，注重每一个环节，损耗率明显低于其他门店； ● 将业务知识与经验进行总结，实现团队分享； ● 观察力很强，能够发现90%以上的错误细节； ● 在对门店各种业务知识与技能精通的基础上，能够对各种业务进行梳理与整合，分清主次，实现各种业务之间的有效衔接与运作

数据分析与应用能力，要素定义：精通数据统计与分析，挖掘有价值的信息，发现潜在问题，并将分析结论运用到实际工作过程中。具体等级及行为描述如表2-20所示。

表2-20　数据分析与应用能力行为描述

等级	等级描述	行为描述
1	简单计算机操作，会看报表	● 能简单操作计算机，使用Excel等基础工具； ● 对数据比较敏感，例如，销售总额、柜组销售比重、商品销售排行、毛利率等，基本能够看懂各种报表
2	比较熟练操作计算机，会分析报表	● 能够操作计算机，掌握一些基本的操作常识； ● 通过报表分析，能够发现数据的趋势与特征，发现问题并查找出原因； ● 通过数据结论，一般能把握事物的发展趋势与特征
3	报表分析准确，并将结论运用到实际工作中	● 通过数据分析，发现事物之间的内在联系与因果关系； ● 通过数据分析，得到可靠的结论与建议； ● 能够将数据的结论运用到实际的工作过程中，对改进工作与提升销售起到一定作用

等级	等级描述	行为描述
4	总结先进数据分析思维,并在企业内传递、共享,提升企业整体数据分析能力	● 善于把结论运用到实际工作过程中,并取得极大的工作改进与提升; ● 总结数据分析的经验与技巧,形成有效的方法与分析思路; ● 实现数据分析结果与实际工作应用的无缝衔接,有效提升团队工作质量与业绩; ● 定期将数据分析的先进思维与应用经验进行总结、团队分享,为企业数据分析能力的提高做出突出贡献

诚信自律,要素定义:对待顾客、员工、企业诚实守信,不弄虚作假,不侵占企业财产、不接受不正当好处与利益。具体等级及行为描述如表 2-21 所示。

表 2-21　诚信自律行为描述

等级	等级描述	行为描述
1	自我约束能力一般,偶尔需要监督	● 自我约束能力一般,偶尔也会偷懒; ● 对企业诚实,各种信息、报表不弄虚作假; ● 基本不接受供应商、顾客等给的不正当利益; ● 对顾客诚实守信,承诺的一般都能做到,不欺瞒顾客; ● 一般能提供事件的正确信息,不夸大或者缩小事实
2	自我约束能力较强,无须监督	● 自我约束能力较强,无须监督; ● 对企业诚信,各种信息、报表,从不弄虚作假; ● 从不接受供应商、顾客的不正当利益; ● 对顾客诚信,承诺的总能做到,不欺瞒顾客; ● 工作主动,即使是在没人监视的情况下依然兢兢业业; ● 遵守企业的规章制度,揭露企业中他人不诚信、违规收取非正当利益的行为,即使是私人感情较好的人
3	自我约束能力很强,完全不需要监督	● 主动向领导、企业反映工作中存在的问题,即使是在问题不可能被发现或者没有被要求反映的情况下; ● 在与员工或顾客交流的过程中,除了宣传会带来的好处外,也要告诉别人要付出的代价或可能带来的影响; ● 诚信自律,影响他人,形成诚信自律的工作氛围; ● 建立自我约束的制度与机制,接受员工的监督; ● 透明化工作与业务流程

责任感,要素定义:工作勤奋、主动、尽职尽责,面对困难勇于承担责任。具体等级及行为描述如表 2-22 所示。

表 2-22　责任感行为描述

等级	等级描述	行为描述
1	工作态度一般，承担分内事务	● 工作态度一般，一般能按时审核库存盘点情况，巡视商品陈列、质量、损耗情况，做好资金管理工作； ● 工作效率一般、一般上班时间能按规定完成任务； ● 一般能承担分内的责任与工作职责； ● 重要任务准备工作一般比较充分
2	工作态度较好，主动承担任务	● 工作态度较好，总能按时审核库存盘点情况，巡视商品陈列、质量、损耗情况，做好资金保管工作； ● 工作态度较好，主动承担分内的工作职责； ● 重视与他人职责有交叉的工作，大部分情况能考虑到个人的工作结果对他人的影响，做好相关的铺垫与准备； ● 当个人利益与企业利益出现矛盾时，大部分情况能调整个人行为或牺牲个人利益，以保证企业利益
3	工作积极、勇于承担责任	● 工作积极主动，主动承担职责不清的任务； ● 工作效率高； ● 在完成本职工作的同时，关注团队工作效率的提升，主动采取行动帮助团队成员提高工作质量或工作效率； ● 察觉到不利于团队工作开展的问题时，主动思考并采取行动促进团队工作效率的提升； ● 在高压力情况下，能够不受外界因素的影响，坚持有利于组织与团队的选择； ● 面对权威，敢于表达不同意见，提醒其可能忽略的风险； ● 分享自己的成功经验与工作方法，将其变成企业的能力

成就导向，要素定义：保持不满足于现状的心态，不断学习，寻求个人与工作的进一步发展，甚至超越优秀标准。具体等级及行为描述如表 2-23 所示。

表 2-23　成就导向行为描述

等级	等级描述	行为描述
1	积极投入，不止步于已有的成绩	● 不满足于达到基本的工作标准，主动提高对自己和团队工作的目标及绩效要求； ● 不止步于达到上级制定的目标，主动提高自己的工作标准与要求； ● 不满足于已有的成绩，对比绩优者水平主动改进不足之处； ● 在承受压力的情况下，保持正常工作水准，确保完成工作

等级	等级描述	行为描述
2	突破自身的现有水平	● 提出高于自身能力的工作或发展目标，并付出额外的努力予以实现； ● 根据目标/要求努力调整个人状态，采取具有突破性（改变习惯/现状）的行动； ● 主动尝试新的方法或思路，促进能力的提升或效率的提高，努力让绩效水平达到更高
3	保持永不满足的心态，不断超越目标与标杆	● 以目标与理想的要求作为行为标准，持续付出努力，不断改进与突破自己以接近理想的要求； ● 保持超越自我的心态，不断设定高于目前水平的目标并努力超越； ● 始终以自己所知的最高水准为目标，并采取行动努力超越； ● 做事力求完美，即使在他人认为不可能时，仍能尽力争取达成目标

【实战案例】胜任模型在招聘选拔中的应用

以 J 企业为例，在完成店长岗位的胜任模型后，招聘和选拔中对胜任模型的应用主要发生在笔试和面试两个环节。各胜任要素的评价方式如表 2-24 所示。

表 2-24　J 企业店长岗位各胜任要素对应评价方式

胜任要素	评价方式	备注
组织领导力	半结构化面试	每年根据企业基础访谈记录、绩效沟通与反馈记录及时对题库进行更新
执行力	半结构化面试	
团队建设与凝聚	半结构化面试	
培训与发展他人	半结构化面试	
沟通协调能力	半结构化面试	
销售能力	半结构化面试	
业务能力	笔试	企业自编考试题库（数据分析案例，每年更新与补充题目）
数据分析应用能力	笔试	
诚信自律	16PF 个性特征测试 + 面试	
责任感	16PF 个性特征测试 + 面试	

1. 店长个性测试题

关于"诚信自律"和"责任感"两项要素测试方式的测试题如表 2-25 所示。

表2-25　J企业店长岗位个性特征测试题

本测验包括一些有关个人兴趣、爱好的问题，每个人对这些问题会有不同的看法，答案没有对错之分，请不要有任何的顾虑，也不必对题目花费过多的时间斟酌，看清题意后就立即回答，尽量不要选择中间答案，你有5分钟的时间作答。

题目	阅读下列选项 在答案一列选择
1. 我很了解本测验说明	A 是的 B 不一定 C 不是的
2. 我对本测验的每道题目都能做到如实作答	A 是的 B 不一定 C 不同意
3. 我有能力应付各种困难	A 是的 B 不一定 C 不是的
4. 即使是关在铁笼里的猛兽，也会使我惴惴不安	A 是的 B 不一定 C 不是的
5. 如果到了一个新环境，我要把生活安排得	A 和从前不一样 B 不确定 C 和从前相仿
6. 在一生中我觉得自己能达到所预期的目标	A 是的 B 不一定 C 不是的
7. 我在小学时敬佩的老师到现在我依然敬佩	A 是的 B 不一定 C 不是的
8. 不知道为什么，有些人总是回避或冷落我	A 是的 B 不一定 C 不是的
9. 我虽然与人为善，但常常得不到好报	A 是的 B 不一定 C 不是的
10. 我在大街上常常避开我不愿意打招呼的人	A 是的 B 不一定 C 不是的

续表

题目	阅读下列选项 在答案一列选择
11. 当我聚精会神地听音乐时，假如有人在我旁边高谈阔论	A 我仍能专心听音乐 B 介于 A 与 C 之间 C 我不能专心并感到恼怒
12. 我无论在什么地方，都能清楚地知道方向	A 是的 B 介于 A 与 C 之间 C 不是的
13. 我热爱我所学的专业和从事的工作	A 是的 B 介于 A 与 C 之间 C 不是的
14. 生动的梦境，经常打扰我的睡眠	A 经常如此 B 偶尔如此 C 从不如此
15. 气候的变化，不会影响我的情绪	A 是的 B 介于 A 与 B 之间 C 不是的
16. 当我见到亲朋好友或邻居吵架时	A 我总是任其自己解决 B 介于 A 与 C C 我总是予以劝解
17. 如果别人知道我内心的成见，他们会大吃一惊	A 是的 B 不一定 C 不是的
18. 我喜欢从事需要精密技术的工作	A 是的 B 介于 A 与 C 之间 C 不是的
19. 我认为对领导逢迎得当比工作表现更重要	A 是的 B 介于 A 与 C 之间 C 不是的
20. 每当做一件困难工作时，我	A 总是预先做好准备 B 介于 A 与 C 之间 C 相信到时候总会有办法解决
21. 业余时间，我总是做好安排，不浪费时间	A 是的 B 介于 A 与 C 之间 C 不是的
22. 我明知自己的优缺点，但不愿接受别人的批评	A 偶然如此 B 不太确定 C 不是的

题目	阅读下列选项 在答案一列选择
23. 我总是把"是非善恶"作为处理问题的原则	A 是的 B 介于 A 与 C 之间 C 不是的
24. 我做事严格，力求把事情做得尽善尽美	A 是的 B 介于 A 与 C 之间 C 不是的
25. 在取回或归还借的东西时，我总是仔细检查，看是否保持原样	A 是的 B 介于 A 与 C 之间 C 不是的
26. 我常常会无缘无故地自言自语	A 常常如此 B 偶然如此 C 从不如此
27. 无论是工作、饮食或外出旅游	A 我总是匆匆忙忙，不能尽兴 B 介于 A 与 C 之间 C 我总是从容不迫
28. 在外出时，我宁愿参观一个画家的写生，也不愿听人家辩论	A 是的 B 不一定 C 不是的
29. 在需要当机立断时，我总是	A 镇静地运用理智 B 介于 A 与 C 之间 C 非常紧张与兴奋
30. 在人声嘈杂中，我仍能不受干扰，专心工作	A 是的 B 介于 A 与 C 之间 C 不是的
31. 当朋友声明他要在家休息时，我总是设法怂恿他同我到外面游玩	A 是的 B 不一定 C 不是的
32. 尽管一些同事与我意见不合，但我仍然能跟他们团结	A 是的 B 不一定 C 不是的
33. 我在工作和学习上总是设法使自己不粗心大意、忽略细节	A 是的 B 介于 A 与 C 之间 C 不是的
34. 我宁愿选择一个工资高的工作，不在乎是否有保障，也不愿意做工资低的固定工作	A 是的 B 不确定 C 不是的

续表

题目	阅读下列选项 在答案一列选择
35. 在参加讨论时，我总是能把握住自己的立场	A 经常如此 B 一般如此 C 必要时才会如此
36. 如果有机会的话	A 我愿意到一个繁华的城市去旅行 B 介于 A 与 C 之间 C 我愿意游览清净的山区
37. 如果我在工厂工作，我愿意做	A 技术性的工作 B 介于 A 与 C 之间 C 宣传科工作
38. 在阅读时，我愿阅读有关	A 太空旅行书 B 不确定 C 家庭教育书
39. 如果待遇相同，我愿做	A 森林管理员 B 不一定 C 中小学教员
40. 每逢过节或亲友结婚时，我	A 喜欢赠送礼品 B 不确定 C 不愿互送礼品
41. 如果待遇相同	A 我愿做一个化学研究工作者 B 不确定 C 我愿做一个旅行社经理
42. 如果让我选择，我宁愿做	A 列车员 B 不确定 C 描图员
43. 如果待遇相同，我愿做一个	A 律师 B 不确定 C 航海员
44. 根据我的兴趣爱好，我愿参加	A 摄影活动 B 不确定 C 文娱活动
45. 下列工作如果任我选择的话，我愿做	A 少先队辅导员 B 不太确定 C 修表工作

本测试为国内外比较成熟的卡特尔 16 种性格因素测评量表（16PF 量表）中抽取的一部测试题目，题目涉及四个大的测评维度，分别是稳定性（3～15题）、有恒性（16～25题）、自律性（26～35题）与乐群性（36～45题），

具体说明及答案如表 2-26 和表 2-27 所示。

表 2-26　16PF 量表测试题说明

测评维度	作用	高分者特征	对应题目	记分方式
稳定性	情绪控制能力	情绪稳定而成熟,能够面对现实	3 ~ 15 题	选 A 加 1 分,否则为 0 分
有恒性	做事是敷衍还是负责	做事负责、做事尽职尽责	16 ~ 25 题	选 A 加 2 分,选 B 加 1 分,其他为 0 分
自律性	被测者的自律情况	识大体、自律严谨	26 ~ 35 题	选 A 加 2 分,选 B 加 1 分,其他为 0 分
乐群性	与外部环境的适应、交流情况	外向、热情、乐群,适合做管理、营销与销售工作	36 ~ 45 题	选 A 加 2 分,选 B 加 1 分,其他为 0 分

表 2-27　16PF 量表测试题答案

情绪控制能力	3	4	5	6	7	8	9	10	11	12	13	14	15
	B	B	B	C	B	B	C	B	B	B	C	A	A
责任心	16	17	18	19	20	21	22	23	24	25			
	C	C	A	C	A	A	C	A	A	A			
自律	26	27	28	29	30	31	32	33	34	35			
	C	C	A	A	A	C	A	A	C	A			
外向性	36	37	38	39	40	41	42	43	44	45			
	A	C	C	C	A	C	A	A	C	A			

　　比照答案,将应聘者各个维度的得分进行计算,每个维度分别统计,并对应聘者进行各个维度的排序,把那些各项得分明显偏低(明显低于平均分)的应聘者列入可考虑淘汰人选,并对其他人员各个维度成绩进行统计,同时将成绩转化为百分制,并在表中列出。结合笔试成绩排名,对初试者进行筛选,按照招聘人数 3:1 的比例进入下轮面试,应聘者较少时可考虑直接进入下轮面试。

　　2.店长面试问题

　　店长面试采用半结构化面试,根据岗位胜任要素分别设计题目,并针对每项评价要素让各面试官独立打分。对于得分第一名应聘者可以适度讨论。面试问题如表 2-28 所示。

表 2-28　店长面试问题样表

评价要素	权重	对应问题	其他问题	评价要点
沟通协调能力	15%	请简单进行自我介绍。之前你在自己的工作岗位上都取得了哪些令你自豪的业绩？	针对候选人工作经历灵活提问，提问过程坚持 STAR 原则（事件发生的情景、当时的想法、采取的措施、结果）	礼貌，表达流利，沟通有效，有目光交流，反应迅速，论点有说服力等
销售能力	10%	在搬运货架的过程中，货架上的一个钉子把一名顾客刚买的价格不菲的裤子给刮破了，你作为店长应该怎么办？		之前工作业绩，销售基本知识，顾客导向等
组织领导力	15%	你在以往的工作中是如何约束下属的，是如何调动他们的积极性的？		激励他人，合理分配目标，跟踪进度，影响他人
执行力	10%	举个例子来说明一下你曾经做过的一个成功计划及实施过程		任务分配合理，遵守企业规章制度，工作有效率等
团队建设与凝聚力	15%	刚到一个新店，店里的员工不服从你的管理，作为店长你会怎么办？		团队合作，同事关系和谐，公平激励等
培训与发展他人	10%	你认为上司应通过什么方式来帮助下属成长？		给别人指导，适度授权，鼓励他人等
诚信自律	5%	你认为现代社会中一个人最重要的品质是什么？为什么？		诚实，严格要求自己
责任感	5%	被委任的工作任务完不成时，你会如何处理？		敢于承担，负责到底，协助他人等
专业知识	10%	笔试		
数据分析	5%			

面试评价如表 2-29 所示。

表 2-29　面试评价表

类别	要素名称	优秀 （90~100 分）	良好 （80~90分）	中等 （70~80分）	一般 （60~70分）	不具备 （60 分以下）	备注
能力类	组织领导力						
	执行力						
	团队建设与凝聚						
	培训与发展他人						
	沟通协调能力						
	销售能力						
态度品质类	诚信自律						
	责任感						

　　甄选结果统计：由招聘专员对面试结果进行统计，确定初步人选，将统计结果提交给招聘经理，招聘经理审核无误后，交人力资源总监确认。

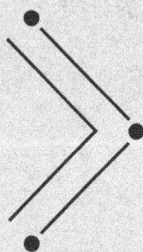

第 3 章

招聘渠道分类与应用

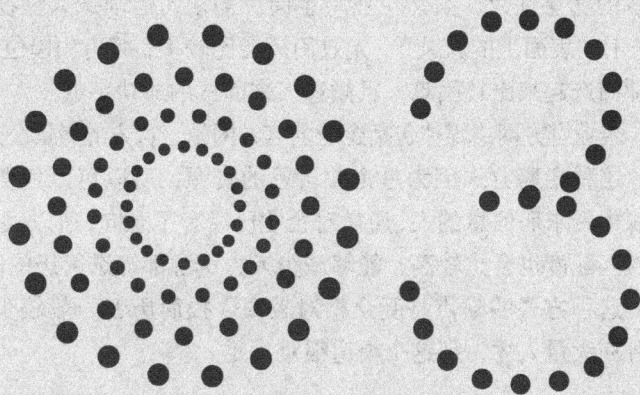

人才招聘要发挥作用，首先要让自己企业的招聘信息被尽可能多的人看到。那么，通过什么方式能够让企业的招聘信息被更多的人看到呢？最直接的方法就是熟练地掌握和运用各种招聘渠道，并对招聘渠道进行宏观划分。招聘渠道一共可以分成七个大类，分别是网络招聘、校园招聘、社会招聘、内部招聘、传媒招聘、外部合作和政府协助。本章重点介绍招聘渠道的分类、应用和适用条件。

3.1 网络招聘渠道

网络招聘是目前各家企业最常用的招聘渠道。企业所有需求的岗位都可以通过网络招聘的渠道发布招聘信息，实施招聘。网络招聘又可以细分成外部的招聘网站、企业官方的网络媒体、外部社群、自媒体平台招聘等方式。

3.1.1 网络招聘操作方法

外部的招聘网站有高端、中端、低端之分，有全国、地区和行业之分。比如常用的比较适合招聘高端人才的全国性网站是猎聘网，比较适合中端人才招聘的全国性网站有智联招聘、前程无忧、中华英才，比较适合中低端人才招聘的全国性网站比如赶集网等。

因为招聘网站的受众面很广，利用外部网站招聘只需花费较低的成本，就能带来比较好的推广效果。但招聘网站也不是没有缺点，它的缺点是投简历者的随意性大。虽然企业写了岗位需求，但候选人往往不仔细看，结果造成一种"表面上的繁荣"，无效简历会比较多，简历和岗位之间的针对性较差，企业筛选起来比较困难，且候选人来面试的成功率低。

企业官方网络媒体包括企业的官方网站、官方的微信公众号、微博等。

这种招聘方式因为是企业自己的资源，所以可以免费。而且登录企业官方媒体看求职信息的人，通常对企业已经有了意向，所以候选人的针对性较强，一般匹配度也会比较高，能够减少人力资源部筛选简历的时间。

这种方式的缺点是受众相对较窄，投简历者一般较少，如果是需要短时间补充大量人才，那这个渠道很难满足。

　　我曾经接到过这样的电话，候选人说我在你们官方网站上投了简历，请你们看看我合不合适。我一问招聘专员，他说官方网站上的招聘信息他忘了更新了，不是最新的，现在那些岗位已经招满了。这就等于向那些原本了解和关注我们企业的候选人关闭了一扇门。

　　社群和自媒体是近几年新兴起的招聘形式。这种方式的针对性往往更强，因为都是这个行业内的或者有同好的人在一起。比如机械行业有机械行业相关的社群，化工行业有化工行业的社群。如果人力资源部要重点招聘的人才就在这个行业内，不妨通过这种方式宣传，往往有奇效。

　　而且人力资源部还可以在社群和自媒体中发软文，不仅可以传递招聘信息，还可以有效宣传企业，提升企业的品牌形象。

　　我之前招聘人力资源专员的时候，就是在当地的一个人力资源社群里发了一条信息。那个社群里有 1 500 多人，全都是 HR。我的信息发布 3 天后，人就招上来了。

　　社群不仅可以被动地加入别人的，也可以自己主动地建设。现在很多 HR 会自建微信群，通过发布一两个免费资料或者免费的演示文稿吸引大家入群，然后迅速把一群有岗位需求的人才或者有专业能力的人才吸引到一起，以便于自己在这个微信群里定向地发布招聘广告。

3.1.2　新兴网络形式招聘

　　利用新兴的各类基于互联网 App 做招聘的方法也逐渐兴起。这些新兴的网络形式依然是不断扩大招聘信息的传播广度，扩大受众面，从而强化招聘效果。

　　1. 美篇

　　美篇是一款图文创作分享应用手机软件，产品覆盖网页及客户端。美篇解决了微博、微信朋友圈只能上传 9 张图片的痛点，为用户创造了流畅的创作体验。所以，美篇在记录旅游或者美食方面的用途挺多，用在招聘上也是可以的。

　　2. 互动吧

　　现在做招聘、做培训等各类宣传，用互动吧的也不在少数。互动吧是一个活动平台，是能够将活动主办方与参与者连接起来的一个桥梁，可以更简单、高效地创建活动、管理活动和传播活动。

　　而且那里面的活动品类包罗万象，除培训、招聘等活动外，亲子、户外、教育、创业、交友、公益、大型论坛、行业峰会等都可以在其中宣传，据说每天有近 20 万人次通过互动吧报名参加各种活动。

　　3. 千聊语音直播

　　现在很多企业、团队或者个人都会在千聊上开设语音课程或者视频课程，还有很多人通过千聊语音直播做课程分享。如果招聘专员有这方面的渠道和影响力，可以顺便为自己的企业做招聘。

4. 短视频

2017 年麦当劳在校园招聘时，就在手机软件抖音上投入了大量的招聘广告。手机软件抖音是一款音乐创意短视频社交软件。抖音的用户群体比较年轻、活泼、热情的特点与麦当劳的员工需求比较匹配，因此，麦当劳从抖音收获了大量的新生代员工。

在麦当劳之后，万科等各大企业也都开始在抖音上招聘。随着这些大型企业招聘信息登录抖音，有一些人看到了商机，在抖音开始发布面试的攻略，也因此一炮而红。

因为迎合了当下年轻人的喜好，一个原本是拍短视频的社交网络平台，竟然也逐渐发展成为一个人才市场上的招聘平台。对于负责招聘工作的 HR 来说，人才招聘真是无处不在。

在信息快速发展的时代，互联网必定还会出现更多传播的手段。对待这些新的传播形式，招聘人员要认清本质，合理规划，勇于尝试，但在运用之前也要考虑这个渠道是否有足够的求职者值得企业这么做。

3.1.3 网络招聘操作流程

选择招聘网站的原则是"先放后收"，即刚开始时要抱着开放的心态，广撒网、多尝试，使用一段时间后，根据不同招聘网站的实际效果，聚焦到招聘效率排名最高的前几个网站，常用的全国性招聘网站有猎聘网、智联招聘、前程无忧、中华英才网等。

网络招聘的通用操作流程如下。

1. 网站开通

开通招聘网站需要填写企业的基本信息，一般包括企业规模、所属行业、主营业务、员工人数，同时需要提前准备营业执照副本、企业标识等电子版资料。注册招聘网站时留的电话最好是招聘专员办公用的座机号。

2. 发布招聘信息

提前准备招聘岗位的相关信息，发布招聘职位时，需要填写职位名称、职位类型、招聘人数、工作职责、任职要求等信息，选择发布时间和截止时间，确认后发布。发布的岗位最好每天刷新以保持信息及时更新，达到"置顶"效果。

3. 简历收集汇总

登录招聘网站筛选简历的时间最好是每天 9:00 和 14:00。招聘专员将筛选后符合基本任职要求的简历打印出来，按照职位类型对简历进行分类汇总，定期将整理好的简历发给各部门负责人。简历收集过程中如果发现个别候选人在线交流或咨询问题，最好在线解答。

4. 简历筛选

各部门负责人筛选简历后，将符合要求的简历交还到人力资源部。人力资源部根据各部门负责人提交的候选人简历确定面试人员。由招聘专员先进行电话面试，初步了解对方情况后，确认面试的时间和地点。

5. 面试

面试人员到企业后，前台根据面试人员登记表确定来访者是否为面试人员，并通知人力资源部。有需要笔试的岗位，先进行笔试，再进行面试。面试的初试与复试最好安排在一天之内，避免让候选人跑两趟。

6. 入职准备

笔试面试全部通过后，在候选人才录用前，找具备审批权的领导做最后审批。提前筹划出应聘者入职前后的培训计划和入职后的考核计划，确定培训的时间和内容，确定考核的内容和标准。

7. 招聘网站评估

对网络招聘用到的网站的效果和效率进行统计、分类和评估，根据网站对不同类型岗位的招聘效果划分优先级，作为未来相关岗位的重点招聘渠道。

3.2 校园招聘渠道

对于要求具备一定知识文化背景、较少经验的岗位，比如管理培训生、储备干部等岗位,校园招聘是个较好的选择。校园招聘常见的形式有校企合作、校园宣讲会和校园双选会等三类。

校企合作是学校和企业实施项目合作，对还没有毕业的学生实行联合培养。通过企业安排学生实习、在校学生接受企业方教育的形式，让学生在还没有毕业的时候就提前了解企业，以便企业能够在学生还没有毕业的时候，就能提前和学生接触，更有针对性地选拔和培养出优秀的学生。

校园宣讲会和校园双选会是每年大学毕业季用人单位和学生之间建立起联络的最常见的招聘形式。这种方式可以在一定程度上宣传企业的形象，能在短时间收到大量简历，人才的可筛选性较高。

3.2.1 校企合作实施方法

提起校园招聘,很多HR第一时间想到的就是校园宣讲会或者校园双选会，很少有HR能够第一时间想到校企合作，很多企业在实际运行过程中也确实没有实行过校企合作。

比较简单、易操作的校企合作形式是将高校学生的实习和就业与企业结合。合作方式多种多样，比如对大一学生可以成立培养专班，大三学生在找实习单位的时候可以到企业实习。总之，原则是在学生正式就业之前就与其建立广泛深入的联系。

学生顶岗实习的规划也有助于 HR 做人才招聘计划，能够缓解 HR 在某些岗位上的招聘压力。而且在这个过程中，HR 可以考虑学生的态度和积极性，学生也能够进一步了解企业。在学生毕业前，HR 可以有针对性地对他们进行培养，培养成本更低；学生毕业后，招聘期更短，这能够减少新入职人员的适应过程。

要想采取校企合作，HR 不能觉得这种形式好就跟风似地随便实施、随便上线。如果对学生实习的接待、安排与管理不到位，可能会对企业的口碑和雇主品牌产生负面的影响，或者学生实习后如果大部分最终不选择本企业，则存在成本浪费的风险。

举例

我曾工作的企业刚开始做校企合作的时候，给学生安排的住宿是一个宿舍住 10 个人，而且宿舍环境比较差。学生在学校一般一个宿舍住 4~6 个人，而且宿舍楼里都有人专门打扫卫生，宿舍设施设备有问题学校也会及时修缮。但是该企业当时做不到这一点。这样的住宿条件，对学生来说是接受不了的。

刚开始做校企合作的时候，用人部门对学生是排斥的。觉得学生对于企业的工作什么也不懂，还要占部门的费用，这些学生被教会了以后也不一定会留在部门工作，还得浪费部门熟练员工的时间成本去教他们技能。

用人部门一开始不仅不愿意教学生，而且不愿意给学生提供工作岗位。后来在人力资源部的努力沟通下，勉强给学生提供了岗位。学生入职以后，在教授技能方面用人部门非常不情愿，只让学生做一些打下手的工作。学生每天的主要工作内容都是一些打杂、跑腿、打扫卫生等在岗职工不愿意做的非常基础的事务性工作。

结果学生对企业非常不满意，第一批学生来企业轮流实习以后，毕业愿意留在企业工作的只有不到 5%。

实际上我所在的企业在当地的规模和知名度都让人仰慕。我们以前到这个校企合作的学校招聘，简历能收五六百份，这个学校一年一个专业的毕业生大约为 2 000 人，也就是原来没做校企合作的时候有大约 25% 的人会选择来企业应聘。而开展校企合作后，却只有 5% 的学生会选择我们。

经过评估分析，我们发现主要原因就是学生在企业实习期间，企业对他们的态度和对待他们的方式有问题，让他们心理上对企业产生了深深的反感，而且这种反感还延续到了这个专业的下一级学生。来企业实习的这批学生回学校后，因为心里委屈，开始大肆宣传企业的负面消息。

在了解到这些具体情况以后，我成立了一个工作小组来专门改善校企合作中企业存在的不足。

第一是改善学生实习的住宿环境，把所有的宿舍重新进行了整修和布置，一个宿舍最多住4个人。保证宿舍能够提供24小时的热水和Wi-Fi，同时雇了专人负责管理和打扫宿舍的卫生和环境。

第二是对接收实习学生的部门领导和管理层进行宣导、教育和培训，把校企合作的利弊分析给他们听，教他们如何帮带学生。学生来了以后，实行师徒制，签师徒帮带协议，规定了帮带师傅必须为徒弟做哪些事情，同时建立了学生实习以后的反馈机制。

第三是成立校企合作工作检查小组，专门到现场询问、检查和评估校企合作中学生实习的质量。在实习的过程中对于学生反映的企业管理者或者帮带师傅有不按照企业规定执行的，我们会考核到部门，实施一定的惩罚措施。

通过全企业上下的努力，后来企业和14所高校建立了长期稳定的合作关系，同时在谈合作的也有十几家。而且，企业把校企合作不仅落在了人才的培养方面，还扩展到了项目和研发方面，形成了项目、研发和人才三个方面联系在一起的深度校企合作。

如何实施校企合作呢？实施校企合作，可以分成六步。

1. 和学校洽谈具体的合作形式

校企合作的形式其实非常多样，针对不同的目的可以是有关项目的、人才的和研发的。HR可以根据企业自身和洽谈学校的实际情况，以及具体的目的，选择一个或多个洽谈的项目或方向。

2. 形成一套完整的，可操作、可实施的行动方案

企业和学校洽谈之后，HR要形成一个具体的行动方案。做行动方案的时候，HR就要计划好，要有效地实施行动方案，企业需要准备什么，需要谁来做，需要做什么，需要花费多少时间和成本，对企业有哪些益处，运行过程中可能出现什么问题，如果出现了这些问题企业要采取什么行动……要把这些全部想清楚并且写进行动方案。

3. 根据行动方案，做设施、设备、物资或其他事项的筹备

需要修缮的宿舍、购置的物资和引进的设备等这些硬件本身就需要花费一些时间，所以HR需要提前准备。

4. 内外宣导

这里的"内"指的是企业内部的各部门管理者及帮带师傅，"外"指的是实习的学生。

对内的宣传是要把整个方案对企业的意义和实施中的注意事项向内部员工交代清楚，包括需要各方做什么，怎么做，做到什么程度，怎么检查，等等。

对外的宣导是指要对实习生做一些基本的职业教育课。因为大学生没有社会经验，刚进社会的时候难免会有一些不适应。HR 要提前对他们做好宣传教育，让他们在到企业实习之前有心理预期，当遇到一些工作中常见问题的时候要理智客观地对待。

5. 检查评估

即使 HR 把之前的工作都做足了，在实际操作的时候也难免会有一些部门或者管理者不重视，所以 HR 在整个过程中还要持续实施检查和评估。在检查的时候，HR 要多征求实习生的感受和意见。必要的时候，HR 也可以定期组织实习生的交流座谈会，让实习生说一下各自内心的感受。

6. 反馈改进

对于实习生做得好的地方，或者做得不好的地方，HR 都要有一定的反馈和改进的意见，也可以据此改进未来校企合作的方案。

总之，HR 在实施校企合作方案的时候，要在开始前充分做好规划和准备，在实施过程中应不断跟踪实习生的近况，之后要及时地改进和评估。

3.2.2 校园宣讲会实施方法

每年的校园双选会和校园宣讲会一般是在春节之后开始筹备，9 月正式开始实施，到年后的 1 月秋季校园招聘就基本结束了。年后的 2 月或 3 月开始，到同年 6 月或 7 月是春季校园招聘的时间。

校园宣讲会的实施步骤如下。

1. 提前做好和校方的沟通，确定时间、地点和场次

校园宣讲会的安排和校园双选会不一样，校园宣讲会是企业方需要主动联络学校的，企业如果不主动联络学校，学校通常不会主动为企业安排宣讲会。所以，有时候企业能不能在学校举办宣讲会，或者学校给企业安排的教室和时间好不好，与企业和学校就业办联络的及时性、频繁性和技巧性也有关系。

很多 HR 平时不知道早做计划和打算，到了马上要举办宣讲会的时候才联络学校。结果，很可能其他早做联络的企业已经被安排到更好的时间或者教室。如果与就业办老师沟通不及时，也可能会产生许多问题。

举例

有一次我所在的企业分管招聘的经理因家庭原因离职了，离职前把工作交接给了她手底下的一个新来不久的小姑娘负责。当时正好要开始定宣讲会的行程，有个学校原本

已经合作多年了，结果新来的小姑娘预订完了以后，地点和以前不一样。我看过后还特别问了她一句：怎么学校的地址和以前的不一样？她说这个地址是学校的新校区。

校园宣讲会的时间定在了晚上7:00。按理说，这个时间点学生已经吃过晚饭了，应该人比较多才对，结果我们去了学校以后，只来了十几名学生。宣讲结束后，我问了一位来听宣讲的学生为什么来的人这么少。这位学生说我公司要招的专业全部都在原来的老校区，新校区根本没有我们要的这些工科专业，全都是文科类的专业。

他们这十几个过来听宣讲的学生都是从老校区过来的。从老校区过来坐公交车需要2个多小时，那个城市的地铁线还没有修好，学生只能坐公交车。晚上7:00开始，意味着他们下午4:30就要出发。他们很多人为了听宣讲没有吃晚饭就过来了。宣讲会晚上8:30结束，意味着他们回到学校宿舍可能要到11:00。

也就是说，这个宣讲会应该安排在老校区而不是新校区。安排在新校区，能有十几位学生从老校区过来真的已经很不错了，这种情况下很多学生根本就不会特地赶过来。这里的主要问题是在预订的时候没有充分地了解好情况。

回企业后，我把这个情况和新来的小姑娘说了。她也感到挺惭愧，后来她找学校核实了一下，发现学校安排宣讲会的那位老师也是新来的。所以，在校园宣讲会的沟通上，也需要HR熟悉学校的情况，与学校就业老师之间保持紧密联系。

2. 做好企业的宣传和广告

宣传的效果直接影响着宣讲会的效果。企业要准备好相关的宣传文案和宣传渠道。一般来说，学校的官方网站和就业的相关网站上会显示本校宣讲会的时间安排，但是为了增加宣传的效果，HR最好不要只利用学校的宣传。

学校网站上的信息本质上还是一种被动的宣传，是被动地等着学生点进来才能看见，HR应当做一些主动的宣传。这里可以利用自媒体或者社群的方式帮助企业做宣传。比如找到目标专业的学生群，在群里转发宣讲会信息；或者查找企业里是否有该校的校友；或者找到该校相关的老师帮忙转发。通过这种主动的信息推送和宣传，能让大学生快速获得企业的宣讲会信息。

3. 针对宣讲会成立筹备团队，准备宣讲会需要的一切资料和材料

HR要组建校园宣讲会筹备团队，确定企业宣讲的主讲人员和宣讲的主题。组织宣讲人、相关领导或者再请一部分新录用的大学生对校园招聘的演示文稿进行修订。必要的时候，HR可以召开校园宣讲内容的评审会，最终定稿。

在正式宣讲之前，HR要组织宣讲人试讲。有条件的企业，应该找一个备选的宣讲人，万一宣讲人当天有特殊情况，备选的宣讲人也可以顶上。试讲的时候，宣讲人也要提前预设学生可能会问到的问题，以及要怎么回答，形成企业校园招聘会答疑的标准话术。

对于宣讲会可能用到的必要的设备或招聘材料，HR应当提前筹备好。在筹备环节，HR应该注意宣讲会的时间安排，还可以和校园双选会的计划一起考量。要考虑因为学校或者地域的不同，宣讲的开场、过程或者结尾是否需设置一些不同的内容，或者设置一些互动的环节。

所有与筹备相关的工作完成之后，至少要模拟运行一遍，再次查找可能出问题的点。

苹果公司在乔布斯（Steve Jobs）时代，每一次的产品发布会就好像一场科技的盛宴。这不仅是乔布斯的个人魅力，更是因为乔布斯在每一次苹果产品发布会上用的演示文稿都会改上百遍，乔布斯会不断模拟讲上百遍。有时候，乔布斯只为了改一个演示文稿的底部颜色，就能改上几十遍；有时候为了选一张图片，会让设计师做几百张。HR不一定要完全照着乔布斯那么做，但他这种做事的精神和态度是值得所有人学习的。

4. 宣讲会之前再次确定宣讲的时间和地点

有时候学校会因为有临时的安排而修改宣讲会的时间和地点，所以HR在校园宣讲会的前一天要反复与校方确认校园宣讲会开始的时间和地点。

举例

我有一次参加一个学校的宣讲会，明明安排的是A教室，我们去了以后，学校临时改成了B教室。可是，A教室和B教室之间的距离还是挺远的。虽然现场有学生在A教室那里等着引导，但是这种情况在学生中造成了很不好的影响。不知道的学生会认为企业活动组织不力，从而质疑企业的经营管理能力。

5. 在宣讲会进行的过程中，有效组织和控制宣讲会的各个环节

在校园宣讲会进行的过程中，除了宣讲人之外，企业应该有专人维护现场秩序。此人也可以在必要的时候提醒宣讲人注意宣讲的进度和时间。

举例

我曾经参加过一种学校的宣讲会：把学生聚集到一所教室，一上午的时间排了八家企业一个接一个地宣讲。我们企业排在了中间的位置。可是排在前面的企业没有控制好时间，到我的企业开始宣讲的时候，时间已经晚了将近2小时。

根据我在现场的观察，前面几家企业宣讲人讲的很多内容是冗余和拖沓的，但是他们企业没有安排一个在台下提醒或者统筹安排的人。

6. 评估改进

每次宣讲会结束之后，校园宣讲会的组织团队要开一个评估改进的总结会。查找每一次宣讲会当中存在的问题，做好备忘录，下次可以进行相应的改进。只有持续进行评估改进，企业宣讲会的组织和实施效果才会一年比一年好。

3.2.3　校园双选会实施方法

校园的双选会一般是学校统一组织的，一所学校一年一般组织 1~3 次。校园双选会一般可以和校园宣讲会一起举行，但有的企业因为招聘规模不大，也可以只参加校园双选会。

校园双选会的实施流程如下。

1. 制订校园双选会计划

一般每年 7 月底之前，要制订当年的秋季校园双选会计划。这个校园双选会计划，一般来源于年初企业制订的人力资源规划，以及企业临时增加的人员需求。招聘计划要包括招聘方案，确定招聘高校、专业、毕业生人数。

过程中，HR 要和双选会的主办单位洽谈，联系场地，预定展位。

整理招聘岗位相关信息，发送电子版至招聘会主办单位，以便提前在招聘现场 LED 屏或展示厅等进行发布。

确定招聘会的时间、地点，确定大会的环境和摊位的位置。

2. 组建校园双选会团队

每年的 8 月底前，组建校园招聘的团队。校园双选会的团队组成一般包括 HR、面试官、企业相关领导等。

校园双选会的招聘团队有不同的分工，HR 负责的是整体的计划、筹备、实施，现场的筛选、面试邀约以及复试的安排等一系列工作。

学生到企业或者在学校某个教室统一面试的时候，通常要有一些引导人员，这些人员可以是 HR，也可以是 HR 提前找的企业其他部门的人。

通常，面试官是用人部门的人和企业的相关领导。

3. 筹备校园双选会物品

一般在每年的 8 月底之前，需要筹备校园双选会的用品。校园双选会的用品一般包括宣传用品（校园招聘宣传手册、宣传单页、易拉宝、展架、校园招聘海报、校园招聘纪念品等）和常规用品（校园应聘申请表、评估表、文具等）两种，如表 3-1 所示。

表 3-1　校园招聘需准备宣传用品（部分）

序号	项目	包含内容	用途备注
1	招聘简章	招聘岗位、简介	专场前期、招聘现场、校园发放
2	招聘海报	主题、简介、岗位、要求、待遇、福利、联系方式	校园宣传栏张贴
3	企业宣传册	标识、证书、企业文化、晋升通道	双选会、面试等候、企业介绍时翻看使用，可少量留在学校进行宣传
4	企业宣传片	企业发展、5 年规划等	宣讲会

序号	项目	包含内容	用途备注
5	横幅	××企业高薪诚聘	双选会、专场会现场
6	展架 易拉宝	企业简介、招聘岗位	双选会、专场会现场

企业在做准备的时候还需要注意，校园双选会的密闭空间有时会聚集大量的人，可能会有个别人身体不舒服，企业可以适当准备一些药品。

个别学校缺乏举办双选会的经验，有时候冬天还会把双选会安排在室外，或者即使安排在室内但没有取暖设施，室内外的温度差不多，可能会令招聘人员着凉。企业可以提前准备一些暖宝宝或者其他保暖的物品，以备寒冷天气的校园招聘使用。

4. 组织相关培训

在正式的双选会开始之前，组织面试官参加培训。企业要提前组织面试官参加与面试相关的基本流程、知识的培训。另外，企业要组织招聘团参加与校园招聘相关的流程和应知应会的培训。

5. 发布招聘信息

一般每年的 9 月底前，企业应利用各种招聘方式，发布校园招聘信息。一般情况下，学校会主动进行校园双选会的宣传，因为很多双选会都是高校统一组织的，学校对双选会的宣传比企业的专场校园宣讲会要更主动。

但企业也不能因此就对宣传掉以轻心，HR 应参考校园宣讲会的信息传播方法和途径去做信息发布工作。除此之外，HR 要建立高校的通讯录，提前一周在目标高校及其周边院校就业网、企业招聘网站上发布招聘信息，或者可以联系专业的招聘网站发布招聘信息。

6. 实施校园双选会

在实施校园双选会前，HR 要确定参会人员名单，明确现场的招聘流程及参会人员的任务，召开参会人员的动员沟通会，沟通招聘会的安排、工作分工、作业流程、培训招聘会现场的话术、突发状况处置等相关内容；召开企业管理层会议，与企业总部的相关领导层沟通，推动分（子）公司及相关人员对招聘会的关注和协助。

一般在每年的 9 月到次年 1 月、次年 3 月到 7 月之间，实施校园双选会。HR 在双选会当天应根据会议规模提前 30 分钟到 1 小时入场，进行会场布置和准备工作。根据招聘场地的条件和招聘岗位的情况进行场地布置。

在双选会现场，HR 要根据所在摊位的地形特点，制定造势方案。造势方案的原则是：最大限度地吸引所有应聘者的目光，达到收取简历数量最大化。

但是造势不等于哗众取宠，不能影响到其他招聘单位。

我曾经看到有的企业在双选会上为了吸引人们的眼球，找了一帮小伙子和小姑娘在企业的展位前拍手叫喊。这种场景极像商业街上招揽生意的方式，影响很不好，会显得企业档次很低。

有的企业会找一个人穿着本企业吉祥物玩偶的衣服，看起来很可爱，这样就相对比较好。因为至少这种方式没有影响到其他企业，而且也不主动吆喝，是人群中自然看到的。有的同学觉得吉祥物可爱，还会主动合照，这也起到了宣传的作用。

为了方便现场通知初试合格的候选人到企业面试，HR可以现场给候选人发面试通知单，让候选人在固定的时间凭通知单到企业面试。

这样的好处是不用HR单独和每一个候选人说一遍面试的时间和地点，而且候选人很可能记不住，或者候选人现场问怎么坐车之类的问题，可能会浪费HR在双选会现场大量的时间。

校园双选会用的面试通知单模板如下。

_____同学：

您好！您应聘本企业的_____岗位，经初步面试后，我们认为您基本符合要求。请您于_____年____月____日　□上午　□下午____时携带身份证及相关证件到_____大学_____校区_____教学楼_____教室进行复试。

联系人：×××

联系电话：×××

7.评估总结

一般每年的六七月，是大学生集中入职的时间，招聘人员除了协助学生办理入职外，还要开始做校园招聘的总结和评估，进一步完善校园招聘的流程。

3.3　社会招聘渠道

社会招聘是线下面向全社会候选人的一种招聘方式，其主要形式是社会招聘会或供需见面会。对于一线的岗位需求，还可以联合政府和其他企业到偏远地区举办专场招聘会。

3.3.1　社会招聘操作方法

社会招聘会和供需见面会的优点是招聘成本较低、候选人类型多样、选择余地大、可以进行面对面的交流、能够进行即时的初步面试，同时方便进行下一步集中的面试、培训或工作安排等。

缺点是招聘会和供需会有一定的区域局限性，人才通常良莠不齐，由于各企业复试时间较集中，候选人的选择余地大，现场意向明显的候选人，可能并不会参加复试。造成表面收到简历挺多但实际效果并不好的情况。

到偏远地区招聘这种方式的优点是可能会在短期内招聘到大量的劳动力，缺点是成本较高，招来的人可能会拉帮结派，难于管理，如果有了更好的选择可能会集体离职。

我第一次到偏远地区招聘，招聘的效果还不错，给企业带回来三十几个人，但是他们到了当地水土不服，吃饭和生活习惯与当地人不一样，并且很不适应。

为了留住他们，我们在吃和住上都下了功夫。后来只留下十几个人，之后我再进行这种形式的招聘时，会提前摸清楚他们的生活习惯，做好准备工作，并安排人跟踪他们的生活和适应情况。

3.3.2　招聘会操作流程

（1）与招聘会的主办单位洽谈，联系场地，预订展位。整理与招聘岗位相关的信息，发送电子文档至招聘会主办单位，以便提前在招聘现场 LED 屏或展示厅等进行发布。确定招聘会的时间、地点，确定大会的环境与摊位的位置。

（2）根据所在摊位的地形优劣势，制定造势方案。造势方案的原则是：最大限度地吸引所有应聘者的目光，达到收取简历数量最大化的目的。需要注意的是，造势不等于哗众取宠，不可低俗或惹人厌烦，不要影响其他招聘单位。

（3）根据招聘场地的条件和招聘岗位的情况进行场地布置，制作相关的宣传品资料。招聘会的宣传资料如表 3-2 所示。

表 3-2　招聘会宣传资料

项目	内容和规格
展位喷绘海报	尺寸 A×B，C 个
室内广告	室内柱体广告（X 长 Y 宽 Z 高）
易拉宝	规格为 A×B，C 个
宣传册	尺寸 A×B，C 个
宣传简章	××

（4）确定参会人员名单，明确现场招聘流程及参会人员的任务。召开参会人员的动员沟通会，沟通招聘会的安排、工作分工、作业流程、培训招聘会现场的话术、突发状况处置等相关内容。

（5）召开企业管理层会议，与企业总部的相关领导层沟通，推动分公司及相关人员对招聘会的关注和协助。

（6）利用各种宣传渠道，同时进行招聘会的宣传。

（7）招聘会当天根据招聘会规模提前 30 分钟到 1 小时入场，进行会场布置和准备工作。

（8）现场初试合适的人员，直接发放面试通知单，让候选人在固定的时间，凭通知单到企业面试。面试通知单模板如下。

尊敬的_____先生 / 小姐：

您好！您应聘本企业的_____岗位，经初步面试后，我们认为您基本符合要求。请您于_____年____月____日 □上午 □下午_____时携带身份证及相关证件到我们企业进行复试。

企业地址：××××

联系人：×××

联系电话：×××

乘车路线：××××

3.4　内部招聘渠道

内部招聘是最容易被招聘人员遗忘的一种招聘渠道。内部人才往往比外部人才更了解企业，更容易创造价值，而且许多内部人才也希望调整工作岗位，提高自己的工作能力。

3.4.1　内部招聘操作方法

对于管理较成熟的企业，当内部有岗位空缺时，可以优先考虑用内部竞聘、轮岗、调岗、晋升等方式从内部人才中选拔，形成一个内部人才市场。这样既可以促进内部人才的流动，又是人才培养与开发的有效方式。但操作时需要注意内部岗位调整后的工作交接问题，防止这种调整影响企业的正常运营。

对于一些难以招聘的岗位，HR 可以奖励内部员工"以工代工"，鼓励员工通过朋友圈或其他形式传播企业的招聘信息，以吸引外部人才。

这种方式的优点是成本低，能够充分发挥人际关系的作用，员工在传播自己企业的招聘信息的同时，无形之中也增加了对企业品牌的认同感。这种方式招来的人才一般稳定性较高，平时如果在工作生活上遇到什么问题，还可以向推荐人倾诉，推荐人也会很自然地帮忙。

用这种方法时要注意，如果员工推荐来的人不适合企业而导致不予留用，可能会引起推荐人的不满，打击该员工的积极性。而且如果一个人推荐了太多的员工入职，则可能有拉帮结派的风险，管理不当可能会引发群体事件。

3.4.2　以工代工操作流程

如果采用以工代工的招聘方式，需要关注的重点如下。

- 人力资源部发布以工代工岗位需求。
- 被介绍人在岗位工作满 N 个月的，企业将给予介绍人一定的奖励。
- 介绍他人入职前需提前以电话或邮件的方式通知人力资源部备案。
- 符合条件后，奖励将随当月工资打入工资卡。

以工代工的流程如图 3-1 所示。

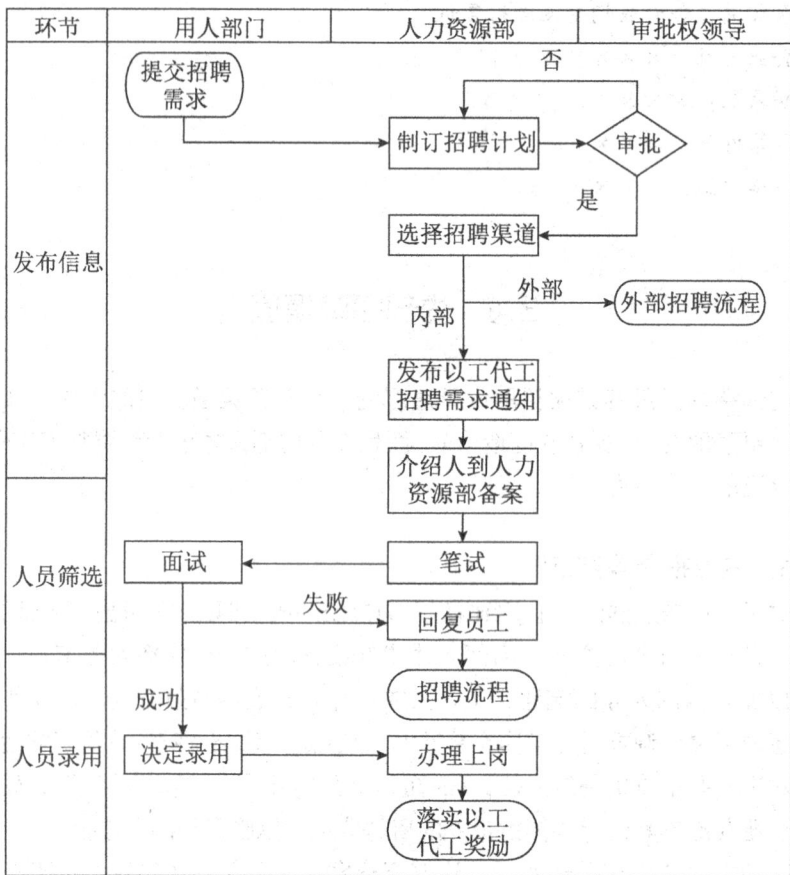

图 3-1　以工代工的招聘流程

3.4.3　内部招聘操作流程

如果采用内部人才补充的招聘方式，需关注的重点内容如下。

- 人力资源部根据用人申请表发布内部招聘通知。
- 若采用推荐法招聘，应征员工填写内部竞聘报名表，和自己的部门负责人做正式的沟通，并提交信息至人力资源部，若采用公告法招聘，员工可以直接向人力资源部提交应聘申请。

- 若采用推荐法招聘，人力资源部接到内部竞聘报名表后，安排和该员工面谈，并签署意见；若采用公告法招聘，员工须首先经过笔试，然后人力资源部根据笔试结果，有选择性地安排与员工面谈，汇总面谈结果。
- 安排应征员工和空缺岗位的部门负责人面谈，必要时进行其他方式的测试。
- 和招聘需求部门沟通应征员工的情况，达成录用的一致意见后，由人力资源部重新核定工资水平。
- 将员工的调动信息通知员工本人、调入/调出部门负责人，同时抄送人力资源部其他成员。在调动信息发出后督促员工交接工作，并给予必要的支持。在员工正式调入新岗位前更新员工档案。
- 如应征未成功，将结果通知应征员工。

内部招聘的流程如图3-2所示。

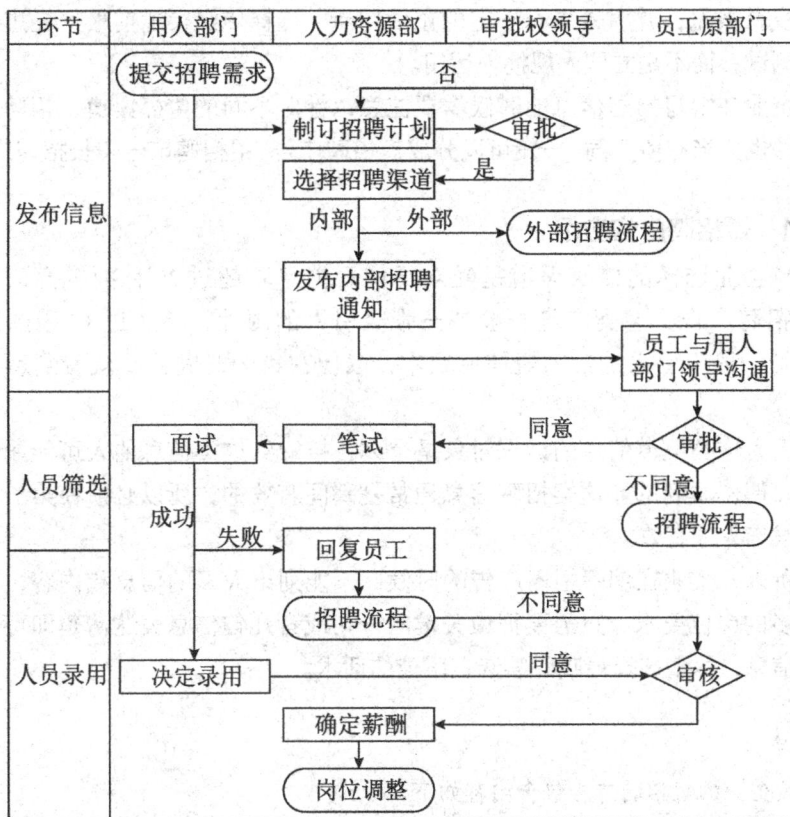

图3-2　内部招聘流程图

3.5　传媒招聘渠道

传媒招聘是一种利用社会传媒,广泛传播招聘信息,获取人才的招聘渠道。传媒招聘的形式包括利用报纸、公交车广告和电视广告等各种传媒方式进行招聘。如果招聘岗位具有一定的通用性,对候选人的专业度和能力要求不高,可以选择这种方式。

这种形式可以和企业的品牌策划部或市场营销部这类负责企业品牌和产品宣传推广的部门一起做,扩大企业品牌和产品知名度的同时,做到招聘信息的有效传达。

传媒招聘的好处是受众较多、关注度高、反馈迅速、有利于扩大企业的知名度。

缺点是这些招聘广告的运营成本较高,时效性较短,受众比较集中,而且传播上可能会有一定的区域局限性。所以在运用这种方式之前,一定要计算好受众数量,并对效果有一定的预估判断。选择传媒渠道前最好先进行小规模测试,而不是立即大规模地运用。

企业在编写招聘信息的时候需要注意,针对不同的传媒渠道,招聘广告的写法也应当有所不同,一般可以分成短招聘广告、中招聘广告和长招聘广告。

3.5.1　短招聘广告应用

当企业选择的传媒渠道是受众平均看消息不超过 30 秒的媒介,适用于短招聘广告。这类广告一般是一张吸引人的图片、不超过 15 秒的短视频或者一段吸引人的话的短信息版本,以便在第一时间让受众看到后产生兴趣。

因为这类渠道信息的诉求对象是个体,接触到这类信息的人可能属于被动的、偶尔看到的。这类招聘信息通常是瞬间有效的,所以必须在第一时间打动候选人才有效。

所以,企业在编写招聘广告的时候,不能列出太多的信息和内容,不能有太多的岗位要求,只需要把最关键的一句或者几句信息表达清楚即可。这里的信息,尽量选择最吸引候选人眼球的话术。

举例

某企业的短招聘广告包含内容如下。

×× 行业内领先企业 ×× 诚聘人力资源经理。薪酬:×××。福利:×××。要求:熟悉并具备薪酬绩效模块相关经验,30~40 岁,本科以上学历,

3 年以上、3 000 人以上企事业单位人力资源管理经验，2 级以上人力资源管理师证书。工作地址：×××。应聘方式：×××。

3.5.2 中招聘广告应用

如果一些传媒方式的受众平均观看时间在 30 秒至 2 分钟之间，企业可以制作一个全面一些的中招聘信息版本，在吸引候选人的同时，也能相对全面地表达信息，且相对长时间地保留信息。这类招聘广告可以是 1 分钟左右的视频广告，也可以是一段内容较完整的文字。

这类招聘广告文案的时效性通常会比招聘海报、图片的时效更长，属于中短期有效的招聘信息。受众一般是主动性接触的群体，针对性更强。在这类媒体发布的时候，必须注明较详细的优势内容，比如企业的优势、岗位的优势。

举例

某企业短招聘广告的内容如下。

×× 企业诚聘人力资源经理。

企业简介：企业是 ×× 行业领先的企业，规模超过 5 000 人，管理层具备较强的人力资源管理理念，重视人力资源管理岗位在企业工作的开展和职业发展。

岗位待遇：

（1）企业提供行业内领先的薪酬待遇；

（2）企业提供 ×× 福利；

（3）企业提供 ××……。

岗位要求：

（1）熟悉并具备薪酬绩效模块相关经验，曾经主持或参与过薪酬绩效体系的建设；

（2）年龄在 30~40 岁，本科以上学历，经营管理类相关专业；

（3）拥有 3 年以上、3 000 人以上企事业单位人力资源管理经验；

（4）拥有 2 级以上人力资源管理师证书或其他相关资质证书。

工作地址：……

应聘方式：……

3.5.3 长招聘广告应用

长招聘广告是企业最全面、最详细的招聘信息，企业可以把这类招聘信息发布在候选人有较长的时间观看招聘信息的传媒渠道。

这类招聘广告的受众，通常都是特定的找工作的群体，企业不仅要写清自己的优势，同时有必要把企业的简介、岗位的优势、岗位的要求以及岗位的详细工作内容等全部详细地列出来，给候选人提供尽可能多的信息。

举例

有的企业在行业的展会上或者企业内部举办的专场招聘会上，会制作一个时长为 5~15 分钟的人才招聘宣传片，详细介绍企业的行业发展情况、竞争优势情况、人才在企业可以获得的成长和福利情况等。在企业内部制作的招聘手册和企业的官方网站上，有关于招聘岗位最详细的介绍。

3.6　外部合作渠道

当 HR 在招聘中遇到困难无法解决，或者招聘的投入和产出比太高的时候，可以考虑将招聘外包给外部的企业。

3.6.1　外部合作操作方法

中高端的招聘岗位可以外包给猎头企业，猎头企业因为有专业的人才筛选和背景调查的经验和方法，有时候能够帮助企业快速招聘到需要的高端人才。虽然成本较高，但是往往人才的针对性更强、吻合度更高。

低端的岗位可以外包给劳务企业做劳务派遣或者委托招工。这种方式的优点是能够在一定程度上降低招聘费用，降低用工风险，减少劳动争议，从整体上减少招聘管理的成本。

这种方式的缺点：一是劳务企业可能为了经济利益只考虑人才数量的补充，不考虑人才质量和匹配度，可能造成人员的离职率变大；二是劳务人员心态上可能不容易融入本企业文化。

不论是猎头企业还是劳务企业，HR 在选择时都要谨慎，要提前考虑好如何管理这些外部企业。外包不等于放任，对外部企业招聘的人员 HR 也要进行严格的审核把关。

曾经有位车间主任找我投诉，说劳务企业委托招工的工人干了 8 个月就离职。为什么干了 8 个月就离职？因为企业谈的委托招工合作方式最长延续到 8 个月，8 个月以后就不再支付费用了。车间主任怀疑这些人走了以后是不是又被劳务企业介绍到其他企业了。

我马上专门调查这件事，后来发现事实并不是这样。不过也给我们企业的管理者敲响了警钟。以后不应等车间主任提醒，在平时也应该关注这种外部合作方式招聘人才的动向。

有HR朋友说自己企业现在的招聘满足率挺高的，根本就不需要和外部企业合作。

我建议不论企业目前的招聘满足率怎么样，和外部企业保持长期稳定的合作关系都是有必要的。因为一旦企业产生比较紧急的招聘需求，靠人力资源部的能力没有办法满足的时候，如果有一个平时关系比较好的外部企业能够快速给企业提供人才选择，可能会帮助企业渡过招人的难关。

3.6.2 猎头合作操作流程

（1）选取合作的猎头企业。猎头企业必须具备相应资质，一般可选取3家以上进行比较。注意，选取合作的猎头企业并不是越大、越有名越好，大的猎头企业往往条件比较苛刻，费用较高。在服务相同的情况下，同一人选，选取中等规模的猎头企业可能费用可节省20%~50%。

（2）确认招聘需求后，将待招聘岗位的岗位说明书发给猎头企业，告知猎头企业本岗位的相关情况，并确定项目跟进人。注意：只与已签约的猎头企业合作。

（3）根据猎头企业提供的人选简历，按照本岗位的要求初步筛选简历。将初筛适合的简历发给相关部门，由相关部门领导审核。

（4）简历审核通过后，向猎头企业索取意向人的联系方式，并协调双方交流的时间和方式。

（5）安排相应人员进行电话或视频面试。需要准备好意向人的简历，以及电话面试的提纲。

（6）将面试结果反馈给猎头企业。如果不合适，能够使猎头企业进一步掌握企业对此岗位的要求、标准以及定位。

（7）如果面试对象合适，向意向人确认见面的时间和地点。安排好意向人的行程，包括票务、接送、住宿等；安排好面试官和面试的时间和地点。

（8）进行相关的面试流程，需要注意的是，通过猎头企业招聘的岗位一般为中高端岗位，全过程要表现出对意向人足够的尊重。

（9）如果人选初步敲定，请猎头企业提供相关的背景调查资料，出具背景调查报告。

（10）向候选人发送录用通知书。根据猎头合同约定，人选到岗一段时间后，同猎头企业进行费用结算，注意付款方式和发票索取。

3.6.3　如何选择合作企业

大多数的企业都面临招工难的问题。有些优秀的企业门槛高、优秀人才不好招，有些企业吸引力低、人才不愿意去。近些年，我国劳动力市场供给和需求的不匹配造成企业招聘成本年年增加。那么，在当下众多的第三方人力资源企业中，应该如何选择？

第三方人力资源企业可以为企业提供哪些服务？

首先，解决企业的人力问题是传统人力资源企业最重要的服务业务，根据企业对用工的不同需求可分为企业直接雇用和第三方雇用（灵活用工）。企业直接雇用的人力资源企业主要提供人才介绍和招聘代理服务，第三方雇用的人力资源企业提供的是派遣、外包、委托的服务。

除此之外，传统的人力资源企业还主要为企业提供人力资源外包服务，比如薪酬福利、社保缴纳的外包以及培训服务，为企业的人力资源部提供渠道支持和补充，帮助企业人力资源部解决最基础、最繁杂同时也是最重要的工作。

随着互联网行业的快速发展，出现了许多新型的人力资源企业，为企业提供信息化、系统化的平台。企业人力资源部需要为员工办理入职、离职以及在职的所有手续，工资福利的计算缴纳，都可以在平台上直接操作，还可以通过各种复杂的系统完成企业内部人员的测评、网上培训，并生成大数据，帮助企业人力资源部大大提高工作效率。

在选择传统人力资源企业合作时，应注意如下几点。

1. 许可证

现在人力资源服务行业有两个基本的许可证——人力资源服务许可证以及劳务派遣许可证，这是人力资源企业必备的。

2. 渠道

选择第三方企业合作要结合企业所在地区的情况，最好根据企业所属行业，选择行业专注度高、有地区优势的企业为合作伙伴。

这几年，人力资源行业越来越细分化，专业度也越来越高，每一家第三方企业都有其擅长的领域和行业，比如有专注于普工的，有专注于技能工的（比如电焊、切割、机器人操作），有专注于财务的，有专注于 IT（互联网技术）的等。所以，明白你的企业缺什么人才，知道你想使用的第三方擅长哪一方面的招聘，才能更有效地合作。

3. 实力

除了基础服务外，还有更重要的一点是保证被雇用员工的利益，因为员工的满意度会直接影响为用工企业提供的服务的质量。工资福利、工伤处理是员工最基本的利益，文化建设、人文关怀、技能 / 礼仪提升培训、兴趣爱好培养，这些都是必不可少的。

除了选择传统人力资源企业的三大标准外，在选择新型人力资源企业时，还应注意以下几点。

1. 背景

如今系统平台的同质化现象比较严重，2017 年，中国仅提供社保缴纳服务的应用软件就有 200 多个。系统平台的费用也有明显差异。在选择系统前，除了考虑系统是否适合企业自身情况之外，一定要清楚系统开发企业的实力背景及其投资者。互联网系统开发投资较大，如果没有雄厚的资金支撑，难以持续。

2. 专业

新型的人力资源企业有一半以上是基于互联网和信息技术的发展而兴起的，对于系统开发、网络编程非常在行，但对人力资源行业的了解程度还需要我们仔细确认。只有了解行业、有一定的人力资源服务经验的第三方企业，才能开发出好的产品，才能为企业人力资源部提供最匹配的系统服务。

3.7 政府协助渠道

除了以上六大类招聘渠道之外，还有一种招聘渠道很容易被 HR 忽略，那就是寻求政府部门的帮助。比如当地组织部门、科技部门、教育部门及人社局、工会甚至残联等这些政府部门经常会有大量的人才资源。我就职的上一家企业和政府部门的联系合作就比较紧密。

我们企业常常从人社局组织的人才项目中获取到与高端人才的合作机会。市人社局会定期组织一些人才的引进项目和见面会，定期参加这些活动，能够获取到大量人才的信息。就算最终无法建立正式的劳动关系，通过交流，也能够建立顾问式或者项目式的合作关系。

从科技部的项目中获得项目合作的同时，也能认识一些业内的中高端人才。通过和这类人才在项目上合作，能够帮助企业攻克和解决大量的技术难题。

通过一些和政府部门联合的公益活动，在宣传企业形象的同时，把我们的招聘信息也放在里面。在扩大我们企业宣传力度的同时，能够获得良好的社会效应。

【疑难问题】春季校园招聘缺少优秀人才吗

有很多 HR 认为，春季校园招聘很"鸡肋"，参与的毕业生质量都不如秋季校园招聘，毕竟大多优秀的人才已经在上一年秋季都被挑选走了。因此，很多企业的 HR 都不愿意参与春季的校园招聘。春节校园招聘真的像 HR 们想象的那样缺少优秀人才吗？

理论上，对于企业来说，春季校园招聘中的人才数量和质量比不上秋季校园招聘，但是究竟要不要开展春季校园招聘？怎么组织春季校园招聘？需要注意什么？这些问题 HR 还是要从专业的角度和需求的角度进行评估和分析。

美国淘金热的年代很多人都去淘金，最后那些想淘金的人 95% 都没有赚到钱，有的人还为此送了命。如果那个时候跟着去淘金就是"鸡肋"。

可是因为淘金这件事还是有很多人赚到钱了，谁呢？那些开旅馆的、卖工具的、卖牛仔裤的、卖盒饭的人。如果有人当时是去做这些周边产业，那就是机会。

淘宝平台在十几年前的中国刚刚开始上线的时候，入驻的商家很少，有的品类甚至连一个卖家都没有。那个时候，谁先在淘宝上开了店，谁就等于找到了风口，那就是机会。

如今的互联网经济已经开始退潮，阿里巴巴已经收购了大润发、宁波三江等一系列线下实体店，也开始提出了新零售的概念。这时候，如果有人在没有任何基础和资源的情况下还想去淘宝开网店卖衣服，那恐怕就是"鸡肋"。

如果参与的企业很少但是学生很多，供大于求，那就是机会。

如果参与的企业很多但是学生很少，供不应求，那就是"鸡肋"。

有人认为春招是"鸡肋"，可是春招的学生中也有研究生这个群体。很多学校的研究生因为有论文课题，没有过早地找工作。这些人才难道就不优秀？就算不是研究生，很多本科生因为专业研究方向问题，也会在春季才开始找工作。

还有些优秀的学生在挑剔企业，不想轻易把自己交给一个组织，而是要多方比较，这从另一个层面也证明了他的优秀。

另外，没考上研的学生也有可能是通过笔试没通过面试等其他原因，但考研说明了人才有上进心，难道企业不希望要有上进心的人？考研失败并不可怕，从人才对失败的态度，更能够看出人才的价值观。失败之后还能积极面对、无怨无悔、还勇往直前的年轻人，不是比没有这种经历的人才更珍贵吗？

所以，春季校园招聘会不一定是"鸡肋"，关键还要看企业有没有能力识别和吸引这其中大量优秀的人才。那么，企业要怎么做，才能够让春季的校园招聘成为机会呢？

1. **实施之前先评估**

HR 可以根据往年校园招聘的情况进行判断。

如果没有往年校园招聘的信息，可以问其他企业往年的招聘情况。

如果没有其他企业的招聘信息，可以直接问学校就业老师相关的情况。
如果还不行，那就先试试吧，起码明年就知道了。

2. 找学生就业率比较低的学校

很多学校从理念、专业、学制等层面，设计安排的就是让学生春季找工作，HR 可以把这种学校作为春季校园招聘的重点。

3. 客观的面试评估

HR 不要对春季校园招聘来应聘的学生有偏见。在整个面试和选拔的过程中要保持客观的态度，不要轻易对他们下主观的判断。

【实战案例】招聘渠道和招聘方法新招、奇招

人才越来越难招，已经成为一个不争的事实。在招聘渠道和招聘方法日新月异的今天，很多人在人才的招聘上，开始尝试用一些新奇的渠道和方法。这些方法不一定能让所有的 HR 拿来就用，但至少能够帮助 HR 开阔眼界，提供适当的参考。

举例

著名的营销人小马宋在暴风影音时，恰逢企业急缺产品经理，想请他设计一个招聘广告。他想，这么久都没找到合适的产品经理，再做一个招聘广告，就能找到吗？于是，他没有做招聘广告，而是和一个肉夹馍连锁企业联合，在所有连锁餐厅推出产品经理套餐。顾客只要拿着产品经理的名片，就可以 1 元吃一个产品经理套餐。结果他收集了大量产品经理的名片，然后让 HR 去打电话。

举例

熊节在组建 Thoughtworks 成都分公司团队的时候，很发愁招聘的问题。于是，他花了好几个晚上写程序，抓取豆瓣上读过他认为的好书的人，然后不断归类，再抓取这些人读过什么其他书，抓了几万人后再分析，最后筛选出几十个技术大牛，然后让 HR 去一一联系。

举例

锤子手机的创始人罗永浩，为了能够与一位优秀的人才见面，连夜坐飞机到候选人所在的城市和候选人见面。当候选人见到罗永浩来见自己的时候，感慨万分，被罗永浩爱才惜才的精神感动。

举例

2015 年 3 月，雅虎宣布关闭北京全球研发中心的时候，有 350 人即将被裁。虽然研发中心关闭，但是这 350 人可都是中国一流的 IT 人才。消息一出来的时候，无数的互联网企业蜂拥而至。

雅虎建立了一个招聘群，二维码公布的 2 小时内，涌入 300 多家互联网企业和猎头。有些企业派人在雅虎的楼下蹲守，另一些企业则在大厦附近"游击式"推广，甚至有人追到地库"抢人"。有人在 1 分钟内收到了 10 多家企业的邀请，还有员工一天内增加了 400 位微信好友。

举例

雷军在 2010 年创立小米时，小米企业其实已经非常有名了。但是在"招人"这件事上，同样遇到了很大的困难。当时的雷军总是被一些高端人才质疑—— 你做的这事靠谱吗？所以，在最初的半年里，雷军恨不得每天拿出 150% 的时间来招人。

他曾经在一周内 5 天、每天花超过 10 小时去说服一位跨国企业高管加入小米，但到最后对方还是拒绝了。他也曾为了说服一位资深硬件工程师加入，让几个合伙人轮流上，终于用 12 个小时说服了对方。对方说："好吧，我已经体力不支了，还是答应你们算了！"

不论是锤子手机的罗永浩还是小米的雷军，这些企业"一把手"上阵参与招聘的案例，也能够给很多 HR 一个启示。一家企业的招聘工作能不能做好，企业"一把手"对这件事情的态度、重视程度和行为非常关键。

如果企业的"一把手"对于人才招聘的态度，只是坐在办公室里面，等着 HR 把一位千里之外的高端人才带到自己面前来面试；如果对于一些高端人才的面试，还要看老板有没有空，而不是人才的时间是不是方便；如果对于人才招聘和选拔，老板根本就不想参与，甚至有的老板忙到说自己没有时间面试……这样的企业，恐怕很难做好人才招聘工作。

不限于本书的案例，相信生活中的你也一定看过或听说过许多招聘的奇招或怪招。对照那些成功的案例，HR 应当认真审视一下，自己当前招聘出现了问题，是不是因为没有用上原本可以用到的招聘渠道，是不是没有尝试过其他可以尝试的招聘方法，是不是没有动员一切能够被动员的力量参与到招聘工作中来。

【实战案例】实用的校园招聘计划方案

实施校园招聘计划前，HR 要制定校园招聘计划方案。

1. **招聘目标**

本年度校园招聘计划的需求如表 3-3 所示。

表 3-3　校园招聘岗位需求

部门	岗位	专业要求	学校要求	学位要求	人数要求	其他要求	负责人	备注
××部门	××岗位	××专业	××类学校	研究生	×人	×××	×××	
××部门	××岗位	不限	不限	不限	×人	×××	×××	

　　根据统计，本次校园招聘一共需要招聘×××、×××、×××等 N 个岗位，它们分别分布在×××、×××、×××等 N 个类型的专业。其中，××地区招聘需求人数最大，为××人，其次是××地区，需求人数为××人。

　　本次校园招聘的主要对象集中在××年×月份的应届毕业学生，××年 1 月春季毕业的学生也在考虑的范围内。

2. **招聘原则**

　　本次校园招聘采取公开招聘的办法，坚持公开公正、择优录用、精干高效、合理配置的原则，根据业务发展及优化人才机构的需要，有计划、分层次地招收新员工充实短缺岗位。本次招聘员工均以品德、学识、能力、经验、身体状况是否适合本岗位需要为原则。

3. **招聘行程**

　　根据招聘需求，本次校园招聘地点分为 N 个城市，分别是××、××、××等。考虑到本次校园招聘的时间，将大学锁定在××城市的××大学、××大学、××大学，××城市的××大学、××大学、××大学……具体行程内容如表 3-4 所示。

表 3-4　校园招聘行程表

城市	学校	招聘类型	开始时间	结束时间	校园地址	交通方式	我方负责人	校园联系人	校园联系人电话	备注
××	××	校园宣讲会								
××	××	校园双选会								

4. 招聘进程

本次校园招聘的启动时间为××××年××月××日，负责人为×××，参与员工×人。本次校园招聘一共分成7个阶段，共计×天完成，如表3-5所示。

表3-5　校园招聘时间进程

序号	招聘流程	开始时间	完成时间	持续时间
1	筹备阶段	××××年××月××日	××××年××月××日	×天
2	校园招聘阶段	××××年××月××日	××××年××月××日	×天
3	面试筛选	××××年××月××日	××××年××月××日	×天
4	人才录用	××××年××月××日	××××年××月××日	×天
5	总结阶段	××××年××月××日	××××年××月××日	×天
6	试用阶段	××××年××月××日	××××年××月××日	×天
7	评估阶段	××××年××月××日	××××年××月××日	×天

5. 所需资源

本次校园招聘资源需求申请表如表3-6所示。

表3-6　校园招聘资源需求申请表

需求类别	具体资源	开始时间	结束时间
人员需求			
物资需求			
费用需求			
资源使用部门：			

6. 工作任务

（1）筹备阶段的主要工作任务如下。

- 确定校园招聘整体方案，并取得相应资源。
- 准备易拉宝、企业介绍册等宣传资料。
- 与各部门管理者确定校园招聘的笔试题目。
- 准备性格测试和职业兴趣测试的题目。
- 准备校园宣讲会用的课件和视频资料。
- 到校园招聘的相关平台发布招聘信息。
- 准备宣讲会发言嘉宾，如领导、校友。

（2）校园招聘阶段的主要工作任务如下。

- 校园招聘正式开始时，与院校就业联系人取得联系。
- 在各大院校的就业信息网上发布校园招聘信息。
- 联系就业指导的老师，有针对性地推荐部分简历。

- 开始按照计划实施校园招聘计划，过程中可修正计划。
- 以校园招聘为载体，配合做一些品牌宣传活动。

（3）面试筛选的主要工作任务如下。

- 进行简历初步筛选，确定参加笔试的人员名单。
- 安排笔试，根据笔试结果确定参加面试的名单。
- 要求用人部门的面试官对校园招聘学生实施面试。
- 根据面试的结果，确定面试通过录用人员名单。

（4）人才录用的主要工作任务如下。

- 与有意向入职的应届生签三方协议。
- 为加入企业的应届生办理入职手续。
- 根据企业安排，提供入职前的培训。

（5）总结阶段的主要工作任务如下。

- 统计本次校园招聘的相关数据（简历数、笔试数、面试数、录取人数等）
- 确认所有需求岗位校园招聘结束后到岗情况。
- 调查各部门管理者对校园招聘工作的满意度。
- 总结校园招聘过程中出现的问题，做好备忘录。
- 总结本次校园招聘费用使用情况，分摊费用。

（6）试用阶段的主要工作任务如下。

- 与各部门负责人沟通试用学生情况。
- 安排到岗应届生到部门试用。
- 为到岗的应届生指派岗位帮带师傅。
- 协助帮带师傅一起安排试用的计划。
- 应届生试用过程中，定期了解情况。

（7）评估阶段的主要工作任务如下。

- 试用结束后，了解应届生的试用情况。
- 评估部门管理者对应届生满意度。
- 评估应届生工作表现以及学习情况。
- 对优秀的应届生给予正式转正录用。
- 对于不合格的应届生采取相应措施。

【实战案例】某企业内部推荐人才奖励办法

本办法是某企业为高效引进优秀人才、鼓励员工为企业发展积极推荐高素质人才、提高企业人力需求满足的及时性和匹配性而制定的办法。本办法适用于企业全体职工。

1. 推荐原则

（1）推荐人必须为本企业员工，推荐人不得隐瞒和被推荐人之间的亲属关系。

（2）人力资源部和用人部门对被推荐人实施公平、公正、公开的评估，择优录取。

（3）有亲属关系的被推荐人不得与推荐人在同一部门担任上下级岗位或关联岗位。

（4）被推荐人的个人经历和资料不得造假。

2. 推荐流程

（1）人力资源部根据当前空缺岗位在企业内公告。公告中必须包含空缺岗位的任职要求。

（2）推荐人根据企业要求向企业推荐人选，将被推荐人简历发送至人力资源部招聘人员处。

（3）人力资源部筛选简历、安排面试，对必要岗位实施背景调查。

（4）若面试合格后，人力资源部发送录用通知；若面试不合格，通知人选不录用。

（5）人力资源部将面试和录用结果反馈给推荐人。

（6）人力资源部根据规定的奖金，落实推荐人奖金。

3. 职责分工

（1）人力资源招聘人员负责推荐的管理工作，负责被推荐人才的选拔工作。

（2）人力资源薪酬人员负责落实推荐人的奖金。

（3）推荐人负有落实被推荐人才经历和相关资料真实性的责任。

4. 推荐奖励

（1）不论企业最终是否录用被推荐人，都给予推荐人通报表扬。

（2）若企业录用被推荐人，被推荐人顺利转正并工作满 6 个月后，给予推荐人一定金额的奖金，奖金计入月工资，于次月发放。奖励金额如表 3-7 所示。

表 3-7　内部推荐人才奖励表　　　　　　　　　　单位：元

人才岗位类别	基层员工	基层管理者	中层管理者	高级管理者
一线岗位	200	400	600	800
管理岗位	200	400	800	1 000
技术岗位	400	800	1 200	1 600
销售岗位	200	400	800	1 000

【实战案例】某企业岗位内部竞聘通知

本通知是某企业内部公开竞聘培训讲师的通知。

为使企业各岗位技能得到提升，整体绩效得到提高，同时让广大基层员工充分发挥个人才智，积极参与企业管理，本着"人是企业的根本，优秀的人才是企业最大的财富"的理念，企业决定公开选拔人力资源部培训讲师，具体要求如下。

1. 需求人数

10人。

2. 岗位职责

（1）完成本岗位的培训任务。

（2）实施培训调研，制订各品类培训计划。

（3）课程的开发、编写、课件制作。

（4）培训档案的整理与保管。

（5）负责对使用的培训设备、设施进行维护和管理。

（6）培训对象的绩效跟踪，保证连续三个月业绩提升。

（7）部门实习人员的安排和跟踪。

3. 岗位要求

（1）为人诚信、有绩效意识、执行力强。

（2）具有良好的表达能力、组织能力和沟通能力，普通话标准。

（3）在本企业任职满一年以上。

（4）能够适应国内每月15天左右的出差。

4. 薪酬待遇

基本工资 ×× 元 / 月，绩效工资 ×× 元 / 月，出差补助……

5. 报名方式

（1）邮件报名，报名表使用附件"内部竞聘报名表"格式，请在主题中写明"人力资源部培训讲师竞聘报名"，邮箱为 ××。

（2）报名时间截止到 20×× 年 ×× 月 ×× 日下午 5:00 前。

（3）竞聘具体时间另行通知。

优秀人才选拔是企业非常重视的事情，是部门负责人平衡计分卡的考核项之一，也是员工职业规划成长的一次提升机会。各部门负责人必须在部门晨会、例会上将企业"公开、公平、公正、透明"的竞聘任用和选拔机制传达到每位员工，鼓励员工积极参加内部竞聘，让有诚信、有绩效意识、执行力强、有思想、有能力的人才积极参与到企业管理中来。

　　参加竞聘的人员要把握好机会，争取在竞聘中脱颖而出。人力资源部为参加竞聘的人员建立人才储备库，今后企业的品类负责人、部门负责人有岗位需求时，将优先考虑参加竞聘的人员。

　　内部竞聘报名表如表 3-8 所示。

表 3-8　内部竞聘报名表

序号	区域	部门/门店	姓名	性别	职务	现岗位	竞聘岗位	入企时间	入企后简历（包括具体截止日期、单位名称及职务）	家庭地址	联系电话	近三年荣誉

第 4 章

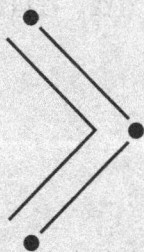

招聘 JD 编写方法与
技巧

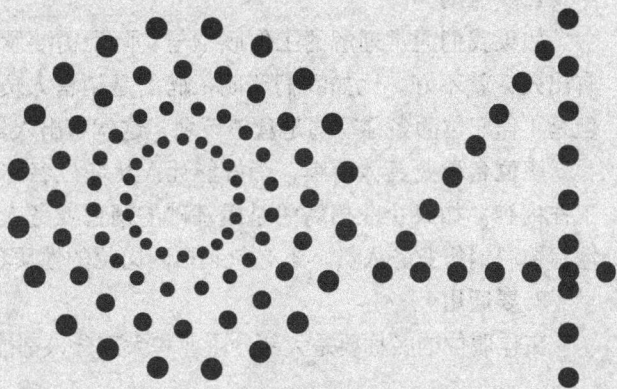

JD 的含义是 job description，指的是职位描述，就是岗位介绍和工作职责描述的意思。因为每天疲于应付永远也招不满的"人才"，似乎并没有多少 HR 会停下来好好考虑怎么把招聘工作做精、做深、做细。其实，招聘广告能不能吸引候选人，招聘 JD 的编写也是一个很重要的环节。怎样编写招聘 JD，才能有效地吸引候选人呢？本章将重点介绍招聘 JD 编写的方法、技巧、注意事项和常见问题。

4.1 招聘 JD 编写关键要素

在招聘 JD 中，最影响候选人选择行为的，主要包括六个部分的内容，分别是职位名称、岗位职责、任职要求、薪酬待遇、工作地点和企业情况。

4.1.1 如何编写职位名称

招聘 JD 中的职位名称编写不是这个岗位在企业叫什么名字就取什么名字。因为工作职位名称是候选人第一眼会看到的内容，所以在给工作职位取名时，要注意对候选人的吸引力。

给招聘 JD 中的工作职位取名就像是给网络媒体中的新闻或者文章写标题一样。我们可以思考一下什么标题的新闻或者文章我们会点开看呢？标题一定要吸引人，同时也不能让人点进来看完以后又觉得是"假大空"或标题党。

招聘 JD 中的工作职位名称的编写可以总结成四个要点。

1. 要准确

如果我们通常理解的工作职位与实际所需要承担的工作职责和工作内容有出入，就不好。比如我们明明招聘的是销售人员，需要跑市场、找客户，但是工作职位的名称写的是营销策划，这就有出入，就不合适。

职位名称要具体清晰，最好能让人从职位名称中就能明白该职位的大概工作内容。如果企业招聘的是最基础的销售业务人员，那么就可以清晰明确地写招聘销售业务人员，不必包装招聘岗位的性质和工作内容。

2. 要通用

工作职位的名称要是大部分企业和大部分人都能理解的岗位名称，比如人力资源经理、财务经理、销售经理、采购专员等这些通用的岗位名称就一目了然。

这样写一是为了候选人进行关键词搜索时，能搜到企业的岗位，二是为了让候选人看到工作职位名称的时候，能判断和自己想找的工作的关联，便于他点进来看。

有的企业招聘的岗位名称写的是"推广精英"，其实就是招销售人员。推广精英是这个企业内部给销售人员起的名字，但是直接拿这个名字到外部招聘，有的人以为是做地面推广，有的人以为是做市场，还有的人以为是做营销的，很不清楚。

3. 要突出

工作职位的名称要吸引人，要学会在众多的职位当中脱颖而出。这时候，要通过简短的语言快速把这个岗位吸引候选人的点展示出来。

如果有个企业招聘人力资源经理，可以这样写。

- 急招人力资源经理，人力资源背景优先考虑！
- 人力资源经理（五险一金 + 免费健身卡）！
- 人力资源经理（大型 A 股上市金融行业急招）！

4. 控制字数

工作职位名称一般最多不要超过 30 个字。字数太多，一是可能网页或者手机上显示不出来，或者平台本身对标题有字数限制，二是字数太多不利于阅读，候选人很难一眼把标题全部看完。

4.1.2 如何编写岗位职责

当候选人点开工作 JD 的时候，他最关心的是这个岗位需要做什么事情，他能不能做这些事情，也就是能不能胜任。清晰的岗位描述既方便候选人决策，也能减少招聘方不必要的麻烦，节省招聘时间和工作量。

1. 充分理解

在写岗位职责之前，首先 HR 自己要充分理解空缺的岗位。有时候，对于相同的一个岗位，企业在不同的发展阶段，对这个岗位的职责要求、工作重点和素质要求都是不一样的。所以，不要简单地只把过去用过的招聘 JD 拿过来复制一下就用，更不能直接拿别的企业的复制过来用。

2. 简化语言

虽然我们在招聘人才时，从情感上都希望候选人是完美的、万能的，但是这显然是不现实的。所以，HR 需要明确待招聘岗位最核心的 3~5 项职责，用准确、易懂的语言把它们简洁地表述出来。

候选人一般只会花 1 分钟左右浏览一个职位，所以，HR 必须在一开始就给他带来一个强有力的印象。如果这个岗位职责开头看起来就不够有吸引力，多数人是不会耐心看完的。因此，招聘 JD 要具备销售导向性，不需要话语太多，甚至有时候不需要 HR 把全部的岗位职责都展示出来，要合并同类项。

好多 HR 在写招聘 JD 的时候，会把自己做部门岗位分析时用到的那些非常专业的岗位分析术语里的每一条细则都列出来。但候选人并不是每天看到那种类型的岗位职责，他看了以后只会一头雾水。

3. 强调价值

对于一些高端的岗位，岗位职责中不要过分关注工作中的细项，而是要侧重这些岗位对企业产生的价值和影响。

比如招聘某产品总监，不需再说要进行分析和过程监控，直接说要负责某类产品的开发就可以了。要开发好一个产品，产品总监必须要做一些分析和调研，必须要做一些过程监控，而且我们日常管理也会兼顾到，不需要在招聘 JD 上写得那么清楚。

4. 强调成长

招聘 JD 中的岗位职责不能只写需要候选人做什么事情，还应该强调这个工作本身能给他带来什么样的挑战和成长。

比如某企业要招聘绩效管理专员，其中一条岗位职责是这么写的：与拥有 20 年经验的全国顶级绩效管理专家一起建立企业的绩效管理体系。既说明了这个岗位要面临的挑战——建立企业的绩效管理体系，又说明了这个岗位的成长空间——与一位拥有 20 年经验的专家共事的机会。

4.1.3 如何编写任职要求

对于岗位任职要求的编写，需要注意如下内容。

1. 精简内容

任职要求不要罗列得太多，只需要列出最关键的 3~5 项即可。人无完人，我们不可能期望候选人和岗位完全符合。有时候候选人欠缺个别的几项能力，我们可以通过上岗以后的培训和指导来补足。HR 在写招聘 JD 的时候，应该把一些首选项、重要项和必备项先列出来。

2. 时间特性

相同的岗位，在不同的时期，对任职要求的侧重点可能是不同的，HR 要深入地了解岗位特性之后再判断这个职位有哪些要求是必需的，候选人具备哪些其他能力，企业会更优先考虑。对于这些确定的技能要求，HR 在编写招聘 JD 的时候，要在招聘 JD 中明确地反映出来。招聘 JD 对这部分描述得越清楚，接下来的招聘工作效率也会越高。

写任职要求的时候，应该更注重技能的层面，而不是经验的层面。最好不要用工作经验来判断某项技能。比如，某经理岗位，我们可以要求 3 年以上管理经验，因为 3 年对于成长比较快的人才来说已经足够锻炼出他在某一个岗位上的能力。可是如果我们觉得 10 年经验才够，那可能只是我们的主观判断。

3. 技能具体

在编写招聘 JD 的时候，岗位需要的技能要求要明确具体。

比如某中层管理岗位需要具备管理技能，可是管理技能是个很宽泛的概念，究竟这个岗位需要具备哪一方面的管理技能？是对计划性有特别的要求，还是对组织协调能力有特别的要求？应该写得再深入一些，比如要求能够编制企业的战略计划，或者能够编写部门的整体规划。

4. 适度放宽

不要过分强调高精专。这种情况适用于招聘人才比较困难的中小企业，因为有的中小企业资源比较匮乏，同样招聘一个岗位，可能不像大企业有那么多候选人可以筛选。大企业可以直接通过精确的招聘 JD 和候选人之间匹配程度，选出一些高精专的人才，但是对于一些人才吸引力比较差的中小企业来说，它们一般是做不到这一点的。

这时候，HR 可以适当地、宽泛地提出需求岗位的最低要求，也就是规定出岗位的下限来。比如这个职位要求候选人最低要有几年的工作经验，这个岗位需要候选人最低的学历水平是什么，把这些内容在招聘 JD 中说清楚。

在对岗位适度放宽要求的时候需要注意，这里的适度指的是把岗位放宽到最低要求，而不是任意地放宽。有的 HR 为了能够收到大量的简历，把招聘 JD 写得过于宽泛的做法是不可取的。

4.1.4　如何编写薪酬待遇

要想吸引人才，在招聘 JD 中对福利政策的体现是十分重要的。HR 要审视企业能为员工提供什么水平的待遇，有没有在招聘广告里说明待招聘岗位的薪酬水平。很多候选人如果没有在招聘 JD 中看到薪酬的相关信息的话，就不会投简历应聘这个职位。

1. 要明确

很多候选人都希望在看岗位介绍的时候看到一个明确的薪酬，这样就有一个明确的标准，能让候选人在做决定的时候减少犹豫的时间。然而，很多中小企业很忌讳在写 JD 的时候写上准确的薪酬待遇，原因是觉得自己企业的薪酬没有吸引力。

很多企业在招聘 JD 上会写"薪酬面议"。其实，写"薪酬面议"是很不可取的，因为有时候薪酬面议会导致前来的候选人不稳定。

2. 莫虚假

有的企业为了吸引人，写的是薪酬范围，比如月薪 3 000~15 000 元，最高值是最低值的 5 倍。而这个岗位的实际薪酬就是 3 000 元，纯粹是为了吸引人才而写的 15 000 元。这种吸引人的手段就是一种短期行为，当候选人面试以后或者上岗以后肯定会知道真实的薪酬水平，到时候他还是可能会选择不来，或者上岗以后也会离职。

3. 全描述

如果企业的薪酬水平确实不具有人才吸引力，怎么办呢？HR 可以通过描述其他的福利政策来加强企业的吸引力。比如有的企业能提供给岗位更多的学习成长机会，有些企业能够提供给员工弹性的工作时间等，这些优势的部分可以用来补足薪酬绝对值上的不足。

4.1.5　如何编写工作地点

有三个名词，HR 在写招聘 JD 的时候一定要介绍清楚，分别是工作地点、企业地点和面试地点。这三个名词代表了完全不同的三个概念。如果 HR 在招聘 JD 中写得不清不楚，很容易给候选人造成误导，浪费面试双方的时间。

1. 工作地点

工作地点指的是待招聘岗位长期工作的地点，或者说需要候选人通过面试后正式工作时长期所处的地点。如果工作地点不固定，也需要写清楚具体有哪些出差的要求，以及出差的具体频率。

【举例】

××企业，诚聘专业培训师岗位，工作地点为每月 10 天在北京，每月 10 天在上海。

2. 企业地点

企业地点指的是岗位所属企业所在地，一般是营业登记地点。企业地点和招聘岗位要求的工作地点可能相同，也可能不一样；企业所在地可能在国内，但所需岗位的工作地点在国外。

【举例】

北京××企业，诚聘常驻美国销售业务代表岗位。企业地点为北京，长期工作地点为美国。提供长期驻外补贴。

3. 面试地点

面试地点指的是需要候选人参加面试活动的具体地点。面试地点、企业地点、工作地点三者可能完全不同。

举例

×× 企业，诚聘储备干部岗位。企业地点为北京，岗位工作地点为上海，本次面试地点为广州市 × 区 × 街 × 号 × 楼。

关于工作地点相关的信息，HR 一定要写得完整且清楚，让候选人能够一目了然。在 HR 的招聘 JD 中，要包括关于面试地点的准确描述和前往面试地点的交通指南。当然，也可以加入企业地点或者工作地点的详细的交通指南。

4.1.6　如何编写企业情况

很多 HR 在写企业简介的时候，是直接复制粘贴企业官方网站上的企业简介。这样做一方面可能是偷懒，另一方面可能是没有真正意识到企业简介对于吸引候选人的重要意义。

官方网站上的企业简介主要是面向客户和投资人的，而招聘 JD 中的企业简介主要是面向找工作的候选人的。这两者面向的群体有着完全不同的特点和定位，所以两者之间有着本质的区别。

候选人在找工作的时候，对于企业情况，更关注的是这个企业是不是适合自己，是不是能够给自己带来职业成长的机会、稳定的工作，是不是有良好的企业文化和价值观，和自己的价值观是不是匹配，能不能让自己达到生活与工作上的平衡。

所以在企业简介中，应当大致描述出企业的情况，准确传达出企业的品牌信息以及现在的发展状况。通过这些描述，候选人在看完了企业情况之后更愿意到这家企业工作。

HR 在编写企业简介时，需要注意两个方面的内容。

1. 企业本身是有前途的

HR 在编写企业简介时，需要介绍企业目前是从事哪方面的业务，在这个行业中的地位是怎么样的。如果不是最好的，那就体现企业在行业内最有优势的那个部分。在企业简介中，至少要有一个元素能让候选人感觉选择这份工作未来可能会更出彩；候选人在向别人介绍自己企业的时候，有闪光点可以形容。

2. 企业是适宜工作的

HR 在编写企业简介的时候，要体现出企业是适宜员工工作的。这主要可以从企业的企业文化、福利政策、职业发展、人文关怀等角度，让候选人能够想象在企业工作的幸福场景。为了加深这一点，HR 也可以在招聘 JD 中插入一些图片，来体现企业的文化氛围。

3. 企业是有差异的

不同的企业有不同的企业文化，互联网企业有互联网企业的风格，传统行业有传统行业的风格。候选人有时候看多了千篇一律的招聘 JD，对于企业的描述可能会更关注到差异性。我们要想到，人才市场上有那么多竞争对手，在企业挑候选人的同时，候选人也在挑企业，候选人凭什么要来我们企业面试？这其中，企业之间的差异性起了很大的作用。

可能企业本身的实力、行业地位、薪酬都不具备吸引力，但是企业可以通过找到差异性来体现吸引力。要让候选人感觉到企业的优势，要突出企业的优势，要从感观上加强这种差异化。

4.2　招聘 JD 编写注意事项

HR 在编写招聘 JD 的时候有三点注意事项：一是对于不同的招聘岗位，招聘 JD 的文字风格应当不同；二是为了吸引候选人，在编写招聘 JD 的时候不要把工作的重心搞错了；三是在发布招聘岗位的时候，候选人申请岗位的方式应当明确。

4.2.1　文字风格

HR 在编写招聘 JD 时，要注意文字风格应该根据不同的岗位有所不同。如果我们要招聘的是一线产业工人，那么和招聘设计师岗位的文风是完全不一样的；如果我们要招聘文案美编岗位，那么和招聘销售经理岗位的文字风格是不一样的。

文字风格可以根据招聘岗位受众的不同做出调整。文字风格调整的原则，主要是根据需求岗位人群的文字偏好来选择。这里提供如下风格作为参考。

1. 清新文艺风格

对于一些本身与设计、艺术、创意等创造性的脑力劳动相关的岗位，HR 在编写招聘 JD 的时候可以采取一种清新文艺的语言风格。

举例

亲爱的，茫茫人海，蓦然回首，你在哪里？

繁华鹏城的一处梦想之地；

高大上的办公环境，同行业内绝对有竞争力的工资；

五险一金，员工生日，佳节福利，各类津贴……一个都不能少！

在这里，我们没有教条主义；

在这里，我们拒绝平庸；

在这里，你可以天马行空，但不能眼高手低；

在这里，你可以有个性，但必须爱企业、爱团队、爱小伙伴；

在这里，你可以不完美不周全，但必须有想法有激情……

我们不仅有善良单纯的妹妹、个性有范的御姐、颜值爆表的暖男，而且小清新、文艺范应有尽有，总有一款适合你！

只能帮你到这了，别问我是谁，请叫我"雷锋"……

如果你是一个有能力、有思想、有理想、有干劲的"四有"好青年，

那么，加入我们，成为我们的小伙伴，

一起创造 ×× 企业的美好未来！

你，敢来挑战吗？

2. 诙谐幽默风格

为了吸引眼球，HR 可以根据一些网络流行词，以诙谐幽默的语言编写招聘 JD，展示企业的优势。

举例

节后生活，想神马有神马。

想工作，来这里！

一个年轻有活力的销售团队，一份高额的收入。

高收入＋低风险＋短平快＝理想工作。

财富自由？不是梦。

这里有高薪的工作岗位，这里有年轻有活力的团队，

这里有你想要的一切！只要敢想，没有什么做不了！

无限的发展空间，我们邀请你一同成长！

3. 激情澎湃风格

对于一些招聘青年人的岗位，HR 在编写招聘 JD 的时候可以采取激情澎湃的风格，点燃年轻人心中开创事业的火焰。

举例

迈出你的第一步！

不惧困难，不怕拒绝！

去相信，去证明，梦想一触即发！

高薪不是幻影，只要你愿意！

还在等什么？

举例

快节奏的生活，需要你加快忙碌的步伐，想要在最短的时间内获得较高的收益吗？

加入我们吧！——××企业，一个为你搭建平台助你成功的企业！

在这里寻找属于你自己的舞台。

举例

不要被生活所捆绑，勇于迈出你的第一步！敢于挑战！敢于奋斗！

只要你想，没有什么做不到！

即刻起，点赞你的生活，从这一份工作开始！

4. 文学创意风格

对于一些文学或者知识水平要求较高的岗位，HR可以采取比较偏文学或创意的风格编写招聘JD。

举例

薪——想要高薪，只要你愿意！

满——满载的不仅是你的钱包，还有你的理想！

益——收益金钱、学识和技能！

足——足够的发展空间！

举例

青春是挽不回的水，转眼消失在指尖，用力地浪费，再用力地后悔；不要沉溺于过去，接受新的生活、新的自己、新的团队！

在这里，你能收获的不仅是高薪，还有技能、知识和家人！

收拾行李，寻找新的自己，加入我们吧！

5. 平实诚恳的风格

如果HR所在企业的特性是比较务实，也希望吸引一些相对比较务实的候选人，那么HR编写招聘JD的时候，在考虑吸引力的同时也可以更偏重于比较务实的内容，采取平实诚恳的风格。

举例

我们要找：掌控大局的策划总监，负责团队建设、文案、策略和创意把控，负责给客户提案和项目执行的跟进。

我们要找：雷厉风行的广告业务副总，建立和培训业务团队，负责业务拓展和维护，完成项目任务。

我们要找：客户经理，协调前期企业的策略创意与客户的要求，负责提案的沟通和客户服务，跟进反馈项目信息。

我们要找：走心的文案策划，具备营销、品牌和广告的相关知识，能够完成文案策略和创意工作，具备提案能力。

我们要找：有创造力的设计师，基本的软件要会一些，有审美，商业创意能力强。

根据具体招聘岗位的不同，HR 可以灵活选择语言风格。但需要注意，在吸引候选人的眼球方面，关于企业的优势部分的文字风格可以灵活多变，但是关于职位具体说明的格式最好相对要正式一些，确保条理清晰，容易阅读。在职位描述中，要保持要点清晰，在关键的方面可以使用精准的、加粗的文字来引起候选人的注意。

4.2.2 工作重心

有的 HR 看到别的企业的招聘海报设计得很有创意，自己企业的招聘海报却设计得朴实无华，就下定决心也要把自己企业的招聘 JD 做得非常有创意。为了追求招聘宣传图片或者文案上的创意或震撼，把大量的时间用在了构想这些创意上，结果却造成了正常的招聘工作没做好。

前面提到的招聘 JD 要有一定的创新和创意、要吸引人，指的是在我们能够驾驭的范围内。如果我们在正常的招聘工作之外没有更多的时间和精力，也不必要过分地追求职位描述的创新。先解决"有没有"的问题，再解决"好不好"的问题。

这有点像商业打广告的道理。企业打广告的初衷是什么？当然是为了卖商品、对品牌进行有效的宣传。这个基本诉求几乎无人不知，可是现在很多广告业主却把工作的重心放错了。

泰国广告的巧妙创意、制作工艺是业内公认的。很多网友说，看完一个泰国的广告，就好像看了一部微电影。泰国的广告常常让人看完之后拍案叫绝。有时候人们看完了一遍，还会想看第二遍。这只能说明泰国的广告业很厉害，但是却不能说它很有效。为什么这么说呢？

可能大多数人都没有意识到，当他们看完了这些广告，很难记住这个广告宣传的品牌是什么，这个广告要宣传的产品是什么。人们被这个广告本身的创意所吸引，就容易忽略这个广告要宣传的品牌和产品。

人们为什么记不住呢？因为广告是一种靠重复播放影响受众的宣传方式。有人做了一个极其精巧的、让观众拍案叫绝的广告创意，可是在重复中这个创意的效果是递减的。

广告的目的到底是什么？当然是为商家的利益服务的！广告的最终目的，当然是广告的传播效果！美国著名广告人奥格威说过，要不断地重复品牌的名称，以至于喊到观众都厌烦；这样的广告，才是有效果的广告。

比如中国的"×××，羊羊羊""今年过节不收礼，收礼只收×××"都是这个道理。虽然对这些广告我们不一定喜欢，但是我们都恰到好处地记住了这类广告要推销的产品或品牌。我们不仅记住了，而且我们可能一辈子都很难再忘记。所有成功的广告（这里的成功指的是传播效果的成功而不是创意的成功），靠的都是不断重复。

HR 编写招聘 JD 也是同样的道理。HR 不要把工作的重心放错了。招聘 JD 应当按照前文介绍的原则编写，剩下的工作，是要想怎么让企业的招聘 JD 能够被更多的人看到，而不是把大量的时间放在想出更多的创意。毕竟，接收招聘信息的受众越多，企业岗位招聘的成功率也越高。

4.2.3　申请方式

很多 HR 在编写完招聘 JD 后，虽然招聘 JD 的内容非常全面，也非常吸引人，可是最后却忘了写候选人的应聘方式，造成了候选人对这个岗位虽感兴趣却不知道该怎么应聘的状况。

比如，在许多微信或者 QQ 群里都能看到一些 HR 发布的招聘 JD，内容很好，可是唯独没有写候选人应该怎么申请这个岗位，是要添加发布者的好友单独沟通吗？还是登录这个企业的官方网站？

因为招聘 JD 的发布人没有写具体的应聘方式，很多想应聘这个岗位的候选人最终可能只能加发布者的好友。可是因为发布者不总是保持在线，可能加好友的行为还需要一段时间的延迟响应，造成候选人的不满。

即使通过社交平台发布的招聘 JD 中的岗位申请方式是添加好友咨询，也应当在招聘 JD 的最后写清楚：有意者请添加好友。如果采取这种方式，要保持时刻在线，当对方添加好友并询问的时候，要及时地回复。

一般来说，一个完整的招聘 JD，最后至少要包括以下三项信息中的一项。

- 求职简历可投递的邮箱。

- 岗位详情可关注的网址。
- 如有疑问可拨打的电话。

4.3　如何应对招聘 JD 编写常见问题

招聘 JD 编写过程中的常见问题有三个：一是复制粘贴，二是没有概念，三是文不对题。

4.3.1　如何应对复制粘贴的问题

很多分管招聘的 HR 在编写招聘 JD 的时候，都是简单地复制粘贴。很多相同的岗位名称、不同的企业，招聘 JD 却写得一模一样，使得候选人在看这些招聘 JD 的时候，还以为这些企业都属于一家母公司。

我们可以想象，当候选人看到两家企业的招聘 JD 几乎一模一样的时候的那种心情，就好像学校的老师批卷子，发现两名学生的试卷答案是一模一样时的心情。这会让候选人对企业产生一种反感，会让候选人觉得这样的企业根本不专业，可能还会连带着被复制招聘 JD 的企业一起被认为不专业。

有的 HR 说：那我不复制别的企业的，我复制自己企业的岗位说明书总可以了吧？这其实也是一种懒惰且不负责任的表现。这样做的 HR，完全没有站在候选人的立场，完全没有考虑候选人能不能看懂、就图自己省事。

HR 如果是以这种糊弄的心态做招聘，最后招聘效果肯定也不会好。企业岗位说明书上的职责，内容一般都比较多，而且写法都比较专业；同时，很多企业的岗位说明书上的内容可能连 HR 自己都没有及时确认这些信息的真实性和准确性；也可能企业的岗位说明书很久都没有更新了，早已经不适用了。

结果，候选人找工作时看到的是一大堆详细的岗位职责。由于里面的文字太多或者专业性太强，让候选人不清楚重点，也不清楚自身的能力到底和这个岗位是不是匹配。

4.3.2　如何应对没有概念的问题

编写招聘 JD 的第二个常见问题是企业的核心管理层或企业的 HR 对招聘 JD 没有概念。

有一次我参加一个为期 3 天、主题为"运营管理"的培训，听课的学员中大部分是企业老总。培训最后一天的下午是培训老师和学员的互动问答环节，老师抛出的问题是：在企业经营管理方面，目前最困扰你们的问题是什么？

学员中有一对夫妻，他们是开连锁美容店的，现在已经有几十家分店了。站起来提问的是老板娘，45岁左右，短发配淡妆，很精明干练的样子。她说他们两口子本来做生意只是想赚一点钱，没想到后来生意越做越大，开的分店也越来越多。为了适应企业的快速发展，他们开始到全国各地学习连锁经营的方法。

他们觉得企业已经积累了大量的资金和技术，具备拓展市场的实力，但同时他们也感到企业的发展遇到了瓶颈，最大的问题出在他们自己精力有限，找不到"优秀的人才"来帮他们做好这些分店的经营。她说人才的薪水不是问题，只要人好，钱可以谈。

听到这里，培训老师说："看起来是个关于人力资源管理方面的问题。这方面我不擅长，不过我们现场正好有位人力资源管理方面的专家，要不让我们一起问问他会怎么解决这个问题吧。"说完，这位培训老师指向我，大家的目光随即都看向我，工作人员迅速递来了话筒。

我问这位老板娘："请问您需要的优秀人才，具体是什么样的人？"

她想了想，说道："要有能力、有水平的！"

我接着问："请问具体是要什么样的能力，多高的水平？"

她有些慌乱了："得具体看见人以后再定。"

我问："如果您的HR找到了一位人才，他做过跨国连锁集团的CEO，美国人，不会中文，30年工作经验，上一任服务的企业有几千亿元的体量，有几万家连锁店，年薪要价是税后1 000万元。这样的人才，能力和水平够吗？"

她说："啥？年薪1 000万元？我一年的净利润才几百万元！这种人才太高了，我们肯定用不起啊！"

我接着问："那如果您的HR又找来一位人才，他是自己经营社区小商店的，高中毕业，开了3年店以后就开不下去了，想找个地方上班交保险，要价一个月3 000元。这样的人才怎么样？"

她说："自己家的店都能开黄了，谁还敢用他管店？工资能要这么低，可见他已经给自己定了位。这种人，我们也不想用！"

我接着问："还是当初那个问题，请问您需要的优秀人才具体是什么样的人？"

她很聪明，想了一会儿，说道："我想，应该是有规模比我们大3倍以内的连锁品牌，而且有5年以上的成功运营经验，如果是与连锁美容行业相关的更好。年薪控制在20万~30万元之间吧。"

我说："我想，也许现在您的优秀人才不会像以前那么难找了。"

她笑了笑，说："谢谢！我明白了！"

从这位老板娘的角度，她压根就没有招聘 JD 的概念。这对夫妻老板就是中国许多中小型企业创始人的典型代表。很多中小企业在招聘人才的时候，都不是从人力资源规划和人才需求计划入手的。大部分都是用人部门或是老板自己提出用人需求，然后让 HR 去负责招聘。HR 根据用人部门临时提出的这个需求写招聘 JD，然后利用各种网络渠道发布职位、筛选简历、安排面试环节。

可是，在这些中小企业里，往往 HR 和用人部门之间的关系是脱节的。HR 不深入业务，不了解业务；业务部门也不愿意与人力资源部有过多的沟通和接触，只把人力资源部当成一个内部服务部门。所以，这时候 HR 写出来的招聘 JD 会五花八门，而且很可能和岗位真正的需求是不一致的。

可能这些企业的 HR 在整个面试过程中，初试了 30 个人，复试了 5 个人，结果一个候选人都不合适。这里面很重要的原因，很可能是 HR 不了解真正的业务需求，不了解真正的人才需求，这样写出来的招聘 JD 一定是不到位的。

4.3.3　如何应对文不对题的问题

编写招聘 JD 的第三个常见问题是招聘 JD 写得太宽泛或者文不对题，以致这个岗位谁看了都觉得自己能做。

比如一个企业要招聘前台，招聘 JD 写的是"形象好，气质佳，普通话标准，熟练操作 Office 软件，具有高度的敬业精神，有一定的文字功底，有一定特长优先，沟通能力强，具备一定的礼仪知识"等。

然而这个岗位的实际工作其实就是"接电话，发传真，复印文件，订水，订盒饭，订酒店"等这些事务性的工作，但是 HR 写的招聘 JD 和空姐的招聘 JD 差不多。这就显然是文不对题。来应征的候选人很可能能够达到其在招聘 JD 中写的那些要求，却会因为实际工作内容与预期不符而选择离开。

再如，还有一个移动互联网企业招聘高级运营总监，招聘 JD 写的是"知识面广，有丰富的视频知识，具有敏锐的市场洞察力，熟悉视频相关网站的信息结构和网站卖点，能进行重点的开发策划；具有敏锐的新闻嗅觉；熟练使用互联网搜索，熟练掌握常用文字、图片处理软件的使用，了解网页语言和网页制作"。

看到这样的招聘 JD，候选人的第一个反应还以为这个企业是做视频资讯类网站的，而实际上这个企业是做电子商务的。这个招聘 JD 就是 HR 从网上随便找了一个类似的岗位职责，几乎没有修改就直接拿过来用了。而要招聘的这个岗位，实际要求是之前要做过体育用品等相关产品的电商运营工作，但这个招聘 JD 上反而没有体现这一点，甚至连体育用品的关键字都没有。这位 HR 找人的方向都不对，怎么可能招聘来合适的人才呢？

所以说到底，很多 HR 抱怨招不到合适的人才，其实很多时候并不是人才短缺，而是在做招聘的时候太粗放了，很多细节的处理不到位，而且没有花时间研究"岗位真正的需求"。

【案例分析】招聘 JD 编写失败的案例分析

这个案例发生在我的一位朋友身上。我的朋友也是 HR，有段时间在找工作。他在一个招聘网站上发现这样一个招聘 JD。

职位职责：

1. 了解所支持部门的业务状况和团队运作状况，理解业务战略并促进人力资源战略在业务部门的有效实施；

2. 为团队的发展提供人力资源管理支持；

3. 建立有效和多样化的渠道，保证组织中信息的通畅，推动企业文化建设。

职位要求：

1. 统招本科以上学历，3 年以上人力资源工作经验；

2. 具备人力资源两个模块以上的实操经验，熟悉国家相关的人力资源政策、法律法规；

3. 自我驱动能力强，富有亲和力，能适应企业快速发展的工作节奏。

这家企业是一家比较有名气的互联网企业，招聘的岗位是 HRBP（HR business partner，人力资源业务伙伴）。我朋友在看完了这个招聘 JD 之后，他认为自己做这个岗位是没有问题的，原因是这个招聘 JD 本身写的都是些很通用、很宽泛的内容。

我这位朋友正好想起他之前参加一个活动的时候见过这家企业分管招聘的 HR，双方互留了联系方式。于是，他就给这位分管招聘的 HR 打电话，询问这个岗位的招聘情况。

然后，这位 HR 给我朋友讲了这个岗位的实际要求。

1. 要在员工关系方面有比较突出的能力、经验或者比较好的做法。因为最近他们企业的管理层强调员工的保留和员工能力的激发，希望通过一些员工关系管理降低员工流失率，提高员工的工作积极性。

2. 要非常熟悉和擅长互联网企业的招聘，尤其是对于产品经理和程序员的招聘。因为他们企业的招聘满足率一直不高，负责招聘的部门很难兼顾到所有部门的招聘，所以必须要让分布在部门的 HRBP 去协助。

而我这位朋友实际上主要的工作经验都是在制造业，而且主要擅长的是培训管理和绩效管理两个模块，也就是和这个岗位根本不匹配，但是这个招聘 JD 却没有给他提示。

比如，招聘 JD 中写的"理解业务战略并促进人力资源战略在业务部门的有效实施"，具体指的是什么？"提供人力资源管理支持"，是什么样的支持？"建立有效和多样化的渠道，保证组织中的信息通畅"，具体指的是什么？

而且，从整个招聘 JD 中，需要互联网企业经验这个非常重要的特点都完全没有体现出来。明明打个电话简单交流就能完全明白的事情，为什么 HR 不在招聘 JD 里面写清楚呢？关于这个问题我朋友当时就问了那位分管招聘的 HR，那位 HR 说，把招聘 JD 写得通用一点，是为了让更多人投简历。

其实要我说，这就是因为懒，而且还没有懒到点上！因为实际上，招聘 JD 写得宽泛，收到了一大堆简历，最终在简历筛选的时候还是要照着实际的需求情况筛选，总不能收多少简历就让多少人来面试吧？无效的简历筛选、人才沟通，最终还是会浪费企业大量的时间。

所以，企业这么做，最终换来的可能是一个虚假的繁荣。收到的简历非常多，但实际上符合岗位要求的人非常少，浪费了大量的时间，降低了招聘的效率。

这样写招聘 JD，真正符合这个岗位的 HR 可能反而不一定会投简历。因为他会觉得这个岗位写得这么宽泛，根本显不出自己的独有能力。他也可能会觉得这个企业管招聘的 HR 或许不专业，所以才把 JD 写得这么宽泛。如果他这么想，可能更不会选择这家企业，因为将来一起配合工作的同事做出来的事情这么不专业，自己将来的工作可能会很吃力。

所以，为什么不一开始就把招聘 JD 写清楚呢？我们发招聘 JD，管不了那些喜欢海投简历的人，但是我们至少可以让那些真正看 JD 选择应聘的人能够判断自己是不是符合这个岗位。这样也能减少我们在人才筛选和沟通上的时间，提高招聘的效率。

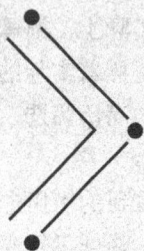

第 5 章

简历筛选方法与技巧

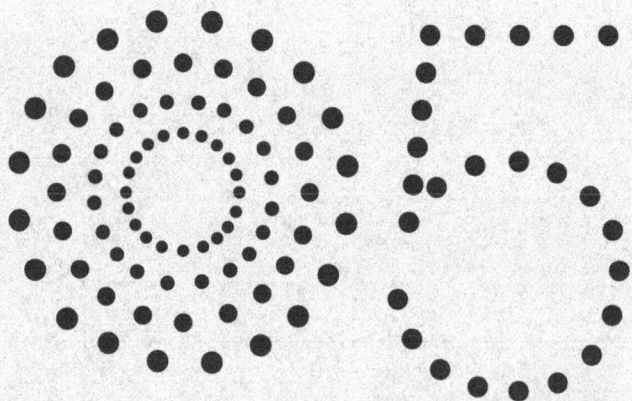

不知道你有没有遇到过这种情况，招聘一个岗位的时候收到了一大堆的简历，简历筛选起来花了很长时间，可是费了好大的力气筛选出来的简历，面试了一圈发现候选人都不合适。结果从被自己筛掉的简历中找了几个人来面试，却发现了很适合岗位的人选。招聘另一个岗位的时候呢，就一份简历也收不到，想筛选简历都不成。

怎样解决有简历的时候不会筛、没有简历的时候又不知道该怎么办的问题呢？本章将重点介绍筛选简历过程中的技巧和注意事项。

5.1 简历中各要素分析

一份关乎自己求职命运的简历制作本身，就是对候选人的一项考察。当HR拿到候选人简历的时候，首先要关注一下简历的整洁性、全面性、排版与美感等这些给人第一印象的工作做得怎么样。通过简历的整体感观，HR也可以初步判断候选人未来工作时可能会有的态度、思维和能力。

我以前复试过一些候选人，在面试的时候我对他们的印象非常好，但是当我看到他们的简历时，觉得非常不舒服。这类简历要么是整体排版布局不美观，要么是字体太小，要么是内容混乱，让人抓不住重点，总之给人一种低端、随意的感觉。

如果这位候选人恰好应聘的是设计类的岗位，即使他面试的时候表现再好，我最后也一定不会录用他。因为这类人就算是不具备美学的基础，也应该具备一些美感的基础，可是，他竟然连自己的简历都设计不好，连简历基本的规整都做不到，我怎么能相信他将来能够认真对待自己的工作呢？

现在，很多招聘网站上已经有现成的简历模板或者在线的简历格式。当候选人找工作的时候，他通常有两个选择：一是可以按照招聘网站提供的简历模板制作自己的简历，然后导出成为一个文件；二是可以根据自己的个性，自己来设计简历。但是不论是哪一种简历，都应该满足一份简历的完整性要求。简历可以简单，但是不应该缺项。

一份完整的简历至少要包括求职意向、个人信息、学习经历、工作经历、在岗学习、自我评价和薪酬期望这七个关键项。

5.1.1 求职意向分析

简历中的求职意向其实对用人单位来说是最重要的，但是这一项却很容易被 HR 忽略。为什么会被忽略呢？因为求职意向这一项，有的简历上会写，有的简历不会写。那些没有写求职意向的简历，HR 可以默认他们可能并没有什么特殊的要求，但是那些写了求职意向的，HR 应当默认他们是有具体的求职要求的。

这时候，HR 一定要尊重并仔细审视这些候选人的具体要求。如果企业招聘的岗位与候选人的个人意向明显不符，那么 HR 就要考虑有没有必要跟候选人进一步沟通。比如候选人在简历上可能会写他期望全职或兼职；他期望的工作地点是哪里，具体到哪个省份还是哪个城市；他期望从事的岗位和职能与用人单位的岗位职能是否一样。

举例

有一次我到天津授课，听一家企业的人力资源总监说起该企业领导的一些不专业的行为。这家企业是一家传统的生产型企业。企业招聘人力资源经理岗位时，有一位候选人比较优秀。这位总监和领导面试完之后，都觉得他很适合自己的企业。于是这位候选人通过了面试，来到这家企业上班。

可是这位候选人上班没多久，企业的领导觉得他工作表现比较出色，而且性格也非常适合做与生产相关的岗位，正好企业缺少生产管理方面的人才，就和这位候选人商量：能不能调岗到生产管理岗位上。这位候选人是不愿意的，但是迫于领导的压力，只能硬着头皮去试试。

当他调岗到生产管理岗位后，发现生产管理岗位确实不适合自己，于是他几次找领导谈这件事；而领导的观点是他来的时间短才不适应，时间长了以后就适应生产管理岗位了。结果他工作了没多久，因为实在不开心，就选择离开了。

这位人力资源总监说，类似这样的事已经发生好多次了。这位领导都是让他们从人力资源管理岗位转到生产管理岗位。候选人有自己的职业规划，想在人力资源管理方面有所成长，可是企业的领导忽略了这些候选人本身的求职意向，一意孤行地把他们安排到并不适合的工作岗位上。在这种情况下，人才最终离职是必然的。

这位领导的想法是，生产管理岗位缺少人才，招聘相对比较困难，但人力资源管理岗位招聘相对比较容易，就用人力资源管理岗位招聘到的人才补充生产管理岗位的人才。结果造成了人力资源管理岗位持续得不到满足，生产管理岗位也持续得不到满足。

5.1.2　个人信息分析

在个人信息的部分，HR 可以把候选人的性别和年龄放在一起看。因为一般来说，不同年龄段、不同性别的候选人，有着不同的社会角色、不同的心态和不同的需求。HR 要考虑这些方面和自己企业的企业文化、发展阶段以及岗位的要求是否吻合。

如果只考虑年龄，一般来说，人们在 28 岁以前处在职业的寻觅期，这个时候人们并不知道自己在职业上有什么诉求，也不知道自己适合做什么职业，所以这个时期的人一般在职业上并是不很稳定，可能会在几年之内换好几份工作。

28 ～ 35 岁之间，是个人的定位和发展时期。在这个时期，一般人都已经知道了自己大概能做什么、擅长做什么；到了这个年龄，职业上基本也不会主动地随意换方向了，但是对发挥自己职业能力的企业平台可能还会有所选择。

在 35 ～ 45 岁的时候，如果人们不创业，一般在职业方向上就已经比较稳定了。如果不是实在不开心，或者追求职业上更好的发展，一般人也不会随便地换企业了。45 岁之后到退休之前，基本上职业会更加稳定。

举例

某企业是一家汽车销售企业，现在要招聘一个销售业务岗位。这时，这家企业收到了两个候选人的简历。一个是 22 岁的男性，是大学刚毕业的应届生；另一个是 33 岁的男性，成家了，有个 3 岁的孩子，之前曾经在 2 家企业的销售岗位工作过，有 10 年的工作经验，但都不是汽车销售。

这时候，这家企业选哪一个比较好呢？如果不考虑其他的因素，单从简历上看。我会比较偏向于选那位 33 岁的男性。因为当一位男性成家，尤其是有了孩子以后，他的生活压力会变大，他会为了自己的生活和家庭而努力奔波。处在这个年龄段的男人，有了生活的经验和阅历，人格也已经开始变得成熟稳重。而且这位 33 岁的候选人，经历过 10 年其他企业的销售工作，他对于销售的技巧、客户的感知是相对比较成熟的。

HR 在筛选简历的时候，候选人的籍贯和居住地同样是应当纳入考虑范围的一项重要因素。很多应届毕业生在毕业找工作的时候，一股脑儿地涌向北京、上海、广州或深圳等大城市。结果工作没几年，发现自己与这些城市格格不入或者根本生存不下去，其中很大一部分人都回自己老家发展了。

一般来说，选择籍贯和居住地都在本城市的候选人对企业来说是地域上最合适的，因为这类人才具备职业上潜在的稳定性，而且他们对于这个城市的生活状况、生活方式、思想观念和行为习惯相对比较熟悉，能够减少适应的时间和成本。

有的人刚到北京或者上海的时候，会觉得北京和上海的生活节奏太快了，地铁里面的人都是行色匆匆，走路很快，会觉得不适应。网上很多人说，觉得自己和所在的城市格格不入，就是这个道理。但是从小就出生和生活在这个城市的人，就不会有这种感觉。

如果候选人当中籍贯和居住地在本城市的人比较少，那么可以选择籍贯或居住地与工作地点比较接近的候选人。比如籍贯或居住地在本省内的其他城市，或者是两个城市之间的交通比较方便、公共交通工具能够保证在3小时左右到达的地点的候选人。

如果是中高层管理者或者一些比较难招聘的、有特殊需求的其他岗位人才，因为这类人才比较稀缺，一般不仅不需要对人才在地域上有过多的要求，而且HR还应考虑帮助这类候选人解决其本人以及家庭在工作地点所在城市的问题。

5.1.3 学习经历分析

HR筛选简历时，在判断申请人的学习经历时，除了专业是否对口、学位是否符合要求之外，还要特别注意候选人的学历是普通高等教育，还是自考、成人教育或网络教育。

普通高学本科教育一般是4年。如果HR发现候选人简历中的学历只有3年或更短的时间，很可能不是普通高等教育。这一点我们也可以从候选人的年龄和受教育的时间做侧面的判断。

对于一些异常的状况，HR要特别留意。比如有的候选人年龄不到20岁，简历却显示已经大学本科毕业；或者有的候选人年龄已经超过35岁，简历却显示去年大学本科刚毕业。这些异常信息有可能是候选人的简历出现错误，也可能确实是一种异常。

如果候选人与岗位的匹配度比较高，可以考虑给候选人面试机会的话，那么在面试之前，HR需要注意验证一下候选人面试时提供的毕业证书是否真实有效。验证的方法是登录中国高等教育学生信息网或国家23456大学生就业服务平台，进行学历查询。

HR在查询学历真伪时需注意，不要通过候选人提供的毕业证上印的查询网址登录。因为制作虚假毕业证书的人可能会用假服务器制作虚假的学籍查询网址，这个网址和真实的网址可能只差一个字母或一个数字，不仔细观察的话很难辨认出来。

5.1.4 工作经历分析

简历中的工作经历有三部分重要的信息需要HR特别注意，分别是工作时间、工作岗位和工作绩效。

1. 工作时间

HR 在筛选简历的时候，要注意候选人每段工作经历的时间长短、工作经历之间时间的衔接程度，是否存在频繁跳槽、频繁转换岗位的情况。

一般工作年限可以根据企业招聘的岗位不同而有不同的要求。如果 HR 招聘的是专员的岗位，那么一般 1~3 年的工作经验就可以了。如果 HR 招聘的是管理岗位，那么一般需要在管理岗位上有 3 年以上的经验。

HR 在看一些招聘网站上的应聘者的工作时间时，要注意这些网站上有时候简历模板里面带的"经验"都是一个范围，比如 5 年以上、8 年以上、10 年以上这样的约数。这时候 HR 要仔细看确切的数字到底是多少。

有时候，一些应届生或者工作年限不长的候选人，因为知道用人单位喜欢有工作经验的人，所以会把实习的时间当成工作时间体现在简历上。HR 在筛选简历的时候也应当注意这种情况。对于候选人确切的工作时间，一般可以通过出生年月和最后一次毕业的年份来推导。

对换工作过于频繁的候选人，HR 要特别注意。有的候选人为了避免用人单位发现自己频繁换工作，可能会隐去自己某段时间的工作经历，这时候 HR 要注意面试以后的情况核查、验证或背景调查。

2. 工作岗位

HR 要关注候选人原来的工作岗位是否与自己单位招聘的岗位有一定的相关性。这里需要注意的是，并不一定岗位名称相同，职责、工作内容就相同；也不一定岗位名称不同，职责、工作内容就不同。

比如某韩国企业中的"社长"岗位，实际上相当于"总裁"或"CEO"的位置，而有些规模较大的民营企业，因岗位名称设置的惯性，"经理"已经是该企业的最高职务。相比工作岗位的名称，重点需要关注的是实际的工作内容。

在工作内容方面，HR 要注意如下内容。

- 原来工作单位的行业、规模、性质和自己单位要招聘岗位的相关性。
- 原来工作岗位的职责与招聘岗位的相关性。
- 原工作岗位的上下级关系、汇报链与招聘岗位的相关性。
- 管理的幅度、管人的数量与招聘岗位的相关性。
- 工作内容的复杂程度与招聘岗位的相关性。
- 如果是中高层管理岗位，要关注原就职企业的背景、规模与本企业的相关性。

3. 工作绩效

HR 要关注候选人在原工作岗位上做出过哪些成绩。曾经做出过的成绩代表着未来可能创造绩效的能力。许多候选人的简历只写经历，不写成绩；或者自己从没有想过，也无法总结出工作的成绩。这往往是由于候选人并不理解自己所做工作对企业的核心意义在哪里。

HR 关注的工作绩效最好是那些能够用数字量化的内容，而不要被"取得了很好的效果""业务增长迅速""用户数量大幅增长"等这类不可量化的描述性语言所误导。

5.1.5　在岗学习分析

候选人继续学习的意愿和主动性决定了他未来的成长性。HR 首先要关注候选人简历中的培训经历或取得证书的情况。通过关注候选人参与培训的内容，判断他对未来工作的帮助程度；通过关注候选人个人的学习成长、考证情况，判断候选人的学习能力。据此，HR 能够大体判断候选人能力成长的阶段、水平，以及候选人学习的主动性。

这里需要注意，在岗的学习、培训经历和证书情况有和岗位相关的，也有无关的。有的候选人有一大堆证书、一大堆培训，但其实仔细看后，会发现这一堆证书和培训其实和招聘岗位的工作几乎没有相关性。这时候，HR 需要客观考虑这些学习、培训和证书的价值。

在互联网时代，出现了很多在线的学习网站和应用程序，有很多在线的学习课程，还有很多社群性质的打卡学习活动。通过这些网站或应用程序中候选人真实的学习记录，HR 能够很快观察到候选人的知识广度。

举例

有的企业在员工入职面试的时候会问候选人的手机上都安装了哪些学习类的应用软件。比如，有的候选人说手机上安装了喜马拉雅 App 或者得到 App。这时候面试官会问候选人都订阅学习了哪些栏目，并要求候选人打开手机展示自己的学习进度。

5.1.6　自我评价分析

虽然简历中的自我评价大多是比较主观的，内容大多是有利于候选人自己的正面评价，但是 HR 也可以根据这些内容大体判断候选人可能的优势所在。这项内容其实相当于 HR 面试的时候问候选人"你如何评价自己"。

HR 可以通过候选人在自我评价部分的条理性、逻辑性，判断候选人思维的缜密性和严谨性。通过这项内容，HR 可以看出候选人自认为最突出的能力是什么，最重要的工作经历是什么，哪方面的性格最适合这个工作岗位，以及对自己的定位，包括目前角色的定位以及未来期望的角色定位。

这里需要注意，候选人的自我评价可以供 HR 参考，但是不能成为 HR 做判断的依据。对于候选人简历中自我评价有疑问的内容，HR 应当在面试中进一步与候选人核实。

5.1.7　薪酬期望分析

一般来说，候选人的薪酬期望与 HR 要招聘岗位的薪酬标准差异不应过大。候选人期望的薪酬过高或过低同样都有问题。

如果候选人的薪酬期望比岗位薪酬水平高 50% 以上，而且候选人与岗位的匹配程度也并不高，那么 HR 可以果断地筛掉这份简历。

从某种角度上说，薪酬水平是一种社会价值的体现。如果候选人的期望薪酬比企业岗位的薪酬水平低，HR 也先别急着高兴，需要清楚这种差异的原因。一般来说，达到一定的年龄、一定的职位，薪酬应该达到一定的水平；如果没有达到，HR 要清楚这其中的原因。

这种情况可能是候选人原本企业整体的薪酬水平都比较低，比如金融行业、保险行业的薪酬水平整体都比较高，而零售行业的薪酬水平可能整体都比较低；也可能是候选人并没有达到这样薪酬水平的能力。这时候 HR 也可以从候选人的工作经历中判断他和企业哪一个级别岗位的情况比较接近。

5.2　简历筛选要点

HR 在筛选简历的时候，要注意每份简历筛选需要花费的时间、简历筛选之后的分类管理以及过程中需要特别注意的事项。

5.2.1　简历筛选时间

HR 筛选一份简历，平均需要多长时间比较合适呢？

我曾听有位 HR 朋友说，不管招聘什么岗位，他都在 10 秒之内看完一份简历。对于基层岗位的招聘来说，这么做是可以的，但是对于招聘比较重要的中高层管理岗位，这么做很可能就会出现问题，比如 HR 没看全很多细节的事项，从而浪费了彼此的时间。

举例

我就职的企业曾经收到一份材料领域专家的简历。看简历，这位专家已经是全国他所在那个领域内的顶级专家了。这类专家不会在电话里和招聘专员做深入的交流，所以招聘专员特别邀请他到企业面谈。

因为内部工作的失误，企业的招聘专员筛选完简历以后，招聘经理也没有仔细地再查看一遍简历，结果等招聘专员把这位专家请来聊完了以后，发现这位专家研究领域的材料和企业用的材料完全不一样。

而这种不一样，其实这位专家在简历中已经写得很清楚了。但是企业的招聘专员却没有仔细看，光注意看这位专家曾经的项目是多么辉煌，光看他这个项目的名称与企业的产品有些类似，而没有看到这位专家写的项目的具体介绍。结果造成与这位专家见面之后双方的尴尬，浪费了双方的时间。

一般来说，根据招聘岗位的重要性以及简历份数的不同，HR 筛选一份简历的参考时间是 10 秒～ 3 分钟不等，如表 5-1 所示。

表 5-1　筛选简历的时间参考

岗位类别	筛选简历的时间参考 / 秒
基层岗位	10~30
基层管理岗位	30~60
中层管理岗位	60~120
高层管理岗位	120~180

5.2.2　简历筛选分类

为便于对简历的进一步管理，HR 在简历筛选完之后，要对简历进行分类管理，参考的做法是把简历划分成 A、B、C、D 四类。

A 类代表这份简历的候选人与企业招聘岗位的要求非常符合。HR 要先对这部分人进行电话和现场面试。当这部分人通过面试之后，HR 优先录用这部分人。对于 A 类简历中面试没有通过的候选人，HR 可以在简历上标注没有通过的原因，并将简历存入企业的简历库。

B 类代表这份简历的候选人和企业招聘的岗位有一定的符合度，但是符合度比较小，或者有更适合的候选人已经通过面试。当所有 A 类简历的候选人面试时没有赴约或者面试通过后没有选择上岗，这时候 HR 可以在 B 类简历的候选人中选择。对于 B 类简历，不论面试是否通过，都可以在企业的简历库中存档。

C 类代表这份简历的候选人与企业招聘的岗位基本不符合，但是该人的简历有必要暂时先存档。

比如，目前可能这位候选人的年龄不够、能力不行或者经验不足，但是这些因素都会随着时间的推移而发生变化。而候选人目前申请的这个岗位，企业经常需要外部招聘。可能这位候选人再经过 3 年时间的历练之后，就能达到企业对该岗位的要求了。到那个时候，当企业的这类岗位缺人的时候，HR 可以直接联系他。

或者这位候选人目前可能还不适合企业招聘的这个岗位，但是大体适合企业的另外一个岗位，只是企业另一个岗位目前没有外部招聘人才的需求。这时候 HR 可以先留着这类简历，等企业的那个岗位需要外部招聘的时候，可以考虑他。

D 类代表这份简历的候选人与企业当前或者未来一段时间所有岗位都不符合，没有为当前所有岗位或者未来一段时间可能产生的其他岗位存档的必要。比如，有的企业根本没有厨师的岗位，却收到一份一直做厨师的候选人的简历。

5.2.3　简历筛选注意事项

HR 在筛选简历时，需要注意以下事项。

1.不要盲目相信大企业的工作背景

很多 HR 盲目相信那种从著名的大型企业出来的候选人，想当然地认为大企业的工作经历、接触人员的层次和小企业不一样，所以可能会有很强的能力。而实际上，很多从大企业出来的人并不都适合中小企业。

很多中小企业的领导专门从大企业里挖高手，希望这些高手来了企业以后能够力挽狂澜，却发现高手来了以后，要么不适应自己企业的环境，要么根本发挥不出作用。这往往是因为大企业内部的制度和流程是非常规范的，而且岗位之间的分工是非常细致明确的。

大企业里面的人才就好像是一台大型的精密机械中的一个个齿轮。每一个齿轮的职责，就是负责精确地转动。这样的环境，对人才能力的养成往往是单一的，对于人才工作中的创意和激情往往是有所消磨的。因此，大企业的人才对很多中等规模或者小型的企业来说，其实并不适合。

所以，HR 在分析候选人工作背景的时候，要关注他过去的工作职责是什么，关注他大多数时间的工作类型，甚至是他到底了不了解我们的企业、了不了解我们的产品；他的这种职业转换，对我们企业来说到底是好事还是坏事。

2.注意工作转换的原因

这里需要特别注意的是，只要不是过于频繁地换工作，有的时候短时间内转换工作次数比较多不一定是坏事。比如，有的候选人第一份工作做了 7 年，第二份工作、第三份工作和第四份工作都是在 1 年内完成了入职和离职，现在正在找第五份工作。

对于这种候选人，HR不一定要迅速把他的简历筛掉。很多人在跳槽之后会产生不适应，因此有可能会在一段时间内频繁地换工作。这其中一个重要的原因是他们对自己的职业定位不准确，结果发现不适合之后不得不跳。

遇到这种情况时，HR可以给候选人解释的机会。如果他是这种情况，而且对自己职业和企业的分析比较中肯、合理，那么HR也不必对这类多次跳槽的人抱有成见。

候选人通过一段时间的职业摸索之后，很可能对自己的职业定位和企业的认识已经逐渐明确，很可能会安心地开始一段新的职业之路。有时候，HR遇到这样的候选人反而是幸运的。当HR给他一个机会，他反而稳定下来了。

5.3 简历筛选难点操作

筛选简历的难点一般有六个：一是当HR收到的简历太少时，如何能搜索到合适的简历；二是当HR收到的简历数量太多、简历筛选的量比较大、耗时比较长时怎么办；三是关于简历上的内容，HR很难辨别真假时怎么办；四是如何应对职业化程度较高的简历；五是如何应对积极主动的候选人；六是如何对待简历中信息不清的问题。

5.3.1 如何应对可选简历太少的情况

如果简历太少，从哪里能够搜索到企业需要的简历？简历筛选中最难的不是怎么筛选简历，而是没有简历可以筛选的时候怎么办。

对于一些规模比较大的企业来说，目前一些通用的基层岗位的招聘还不算难，但是对于一些规模不大的企业，以及一些中高层的管理岗位或者特殊岗位，更多时候不是企业怎么筛选简历的问题，而是到哪里去找简历的问题。

1. 简历搜索

通过扩大和聚焦招聘渠道，尽可能多地散布招聘信息，是获取简历的一种有效方法。除此之外，还有一种方法是通过招聘网站的简历来搜索。这种方法能够快速地获取人才的简历。不过运用这种方法的前提是企业购买了在招聘网站下载简历的权限。有了权限，企业才能查看筛选出来简历的候选人的联系方式。

建议不要用网站自带的选择性条件去过滤简历，因为这样筛选出来的简历太多了，通常与企业岗位的契合程度比较低，HR要花费大量的时间去筛选。比较好的方式是通过设置关键词的方式去搜索简历。

这里可以使用的关键词包括岗位的名称、岗位涉及的职责或职能，也可以是行业的类别、项目的名称、软件的名称、一些技能的名称等。如果一个关键词不够，HR可以多试几个关键词；也可以用两个或三个关键词一起搜索，定向性更高。

对于筛选出来的适合岗位的简历，还要注意两个问题：一是因为这些简历里面的很多人才可能还在职，他们可能根本没想找工作；二是因为就算有一部分人在找工作，但是他们选不选择你的企业还不确定。为了应对这种情况，HR要通过这种搜索方式多找出一些简历来备用。

2. 社交网络

HR也可以利用个人的社交网络来获取简历。

举例

我认识的一家企业的HR也在招聘与我所在企业类似的岗位。在他的企业岗位的招聘需求已经满足了之后，我可以利用和这位HR的私交，向他要一下他的企业当初面试时没有被录取的那些候选人的简历。这种方法的好处是我可以一并了解这些候选人面试以后我这位HR朋友对他们的评价，而且说不定这位HR朋友还能直接给我推荐人才。

有一次，我所在企业的电商部门上线，急需招一名美工。正好赶上和几位HR朋友的聚会，我就说起了企业的这个需求。其中有一位平时还不算很熟的HR，说他的企业今天刚好面试了一批美工。他一共面试了十几位候选人，面试完以后觉得有两个人非常合适。最后，他的企业选了其中一位，原因是那位候选人的经验比另一位多1年，另一位也挺优秀的。他向我推荐这个候选人。

第二天，这位HR朋友就把这位候选人的简历发过来了，还一并发来了几份其他候选人的简历。他说这几位候选人是当时一起参加面试的，他觉得都还不错，但是比不上他推荐的那个人，让我可以放在一起面试比较一下。

我对他推荐的这批候选人进行面试以后，发现他推荐的那位候选人果然很优秀。最后，我们企业就录用了这位候选人。整个岗位从提出需求到人才招聘到位，一共只用了3天的时间。而且这位候选人正式上岗后，用人部门非常满意。

5.3.2 如何应对可选简历太多的情况

如果企业收到的简历太多了，筛选起来需要的时间太长怎么办？这种情况一般发生在一些基层的通用岗位招聘或者校园招聘中。

在这种情况下，HR要练习一下自己快速浏览和抓取关键信息的能力。一般来说，HR可以先用5秒的时间迅速地浏览候选人的个人基本信息与岗位之间的匹配程度。

如果个人的基本信息和岗位比较匹配，那么 HR 可以再用 5 秒快速地浏览他以前的部门、岗位、经历、职责等信息与企业要招聘的岗位是否匹配。

在这 5 秒的时间里，HR 要迅速浏览的信息比较多。为了便于 HR 快速掌握关键的信息，这里有一个小技巧——关键词搜索。

根据企业要招聘的岗位，HR 可以根据这个岗位的具体情况，提前设计一些关键词。这些关键词都是 HR 招聘这个岗位的时候需要重点关注的。当 HR 浏览简历的时候，就要快速地抓取这些关键词。当候选人的简历中有这些关键词时，HR 可以快速挑出来；当候选人的简历中没有这些关键词时，则可以筛掉这份简历。

运用关键词法筛选简历，不仅在简历多的时候有用，对于那种专业技术岗位简历的筛选也是非常有效的。

举例

我曾经服务过一家碳纤维行业的企业。每逢校园招聘季，仅招聘技术岗位就能收到 3 000 多份简历，还不说财务、HR 这样的通用岗位，而我们每年在校园招聘中新招聘的技术人才只有 30 人左右。也就是说，企业收到的简历数和录取数之间的比例是 100∶1。

因此，企业的招聘专员在筛选简历时，脑海中会有几个关键词，比如对于技术岗位的招聘，碳纤维、高分子复合材料、环氧树脂等都是这一类的关键词。

因为作为 HR，本身也不懂技术，把校园招聘过程中收到的一大堆应聘技术人才的简历送给技术部门筛选也不现实。所以我们在和技术部门沟通以后，确定了招聘企业技术岗位的 N 个关键词。只要我们发现简历当中有这 N 个关键词，就可以快速地将其筛选出来。

为什么说"N 个关键词"呢？因为随着企业的技术发展，随着岗位需求的变化，即使是招聘同一类岗位，这些关键词也是可以根据需要随时更新的。

5.3.3 如何辨别简历内容的真假

HR 如何辨别候选人简历内容的真假，是一个永恒的话题。对于这个问题，不可能就事论事地只通过筛选简历就能看得出来。对简历中内容真假的推测，在筛选简历的时候，更多的是通过 HR 对候选人简历内容的前后逻辑性和关联性的判断。

假如有位候选人的第一份工作只是一个普通的岗位，结果第二份工作就突然能够管理 100 多人，或者第一份工作的年薪是 10 万元，第二份工作的年薪就变成 50 万元，抑或第一份工作做的还是财务专员，第二份工作就能成为人力资源经理。对于这种前后可能存在逻辑问题的情况，HR 如果不进一步沟通，只凭"初步的猜测"就筛掉简历，很可能造成人才的流失，因为说不定这位候选人恰好是一个成长性很强的"牛人"。这种人虽然很少，但是并不代表不存在。如果候选人恰好是这类人，万一被 HR 通过筛简历就这么给筛出去了，那很可惜。

所以，对于简历上所有有疑问的信息，HR 都可以先记录下来，除非是能够明显判断出来的问题才可以直接筛掉简历。

比如某位候选人的简历中显示他在某企业的某岗位年薪是 20 万元，但你或者你的朋友恰好曾经也在那家企业服务过，很清楚那家企业的情况，就很清楚这个候选人写的工作经历有无虚假。

或者某位候选人的简历在描述自己个人经历的时候，说自己曾经做过一家非常有名的企业的高级管理岗位，但是他当下要应聘的却只是一个很普通的基层岗位。俗话说：人往高处走，水往低处流。跳跃式成长有可能，但跳跃式下降这种情况肯定是有问题的。可能他原来的经历是虚构的；也有可能是真的，但他有什么别的想法或问题。不论是哪种情况，对这种候选人的简历，建议 HR 要谨慎处理。

如果不是这类简历中的信息明显有问题的情况，HR 都应当先记下，在电话或者现场面试的时候向候选人确认这些有疑问的信息。在候选人面试通过之后，也可以通过背景调查做进一步的判断。

5.3.4　如何应对职业化程度高的简历

有一种候选人，他们的简历做得比较专业、比较职业化。这类候选人的简历中在写出工作经历的同时，会自带这段工作经历的证明人姓名、直接上级的姓名以及验证电话。这种情况通常代表着候选人具有较高的职业化程度，具备较高的专业度和诚信度，说明候选人敢于正视和公开自己走过的历程。

还有一类候选人，简历制作得非常精美和用心，外观排版精良、内容清晰得体，一看就知道候选人在这份简历上花费了一定的时间和精力。

以上两种情况都说明了候选人对待择业这件事的态度，也从一个侧面代表了候选人未来可能对待工作的态度，甚至对待自己人生的态度。

候选人的简历本身体现了他的职业素养。有些候选人与 HR 可能一辈子都不会相遇，能够沟通的唯一方式就是他的简历。很多时候，我们只能通过简历来判断对方是个什么样的人。我在遇到这类比较职业化的简历时，只要这位候选人和岗位之间有一定的契合度，我一定会邀请他来面试。

5.3.5　如何应对积极主动的候选人

有时候，HR 会在同一段时间重复收到同一位候选人应聘同一岗位的简历。有的 HR 可能会很讨厌这类重复投简历的候选人，但是这种情况其实恰恰说明候选人很看重这个工作机会，或者很看重你所在的企业。

有的时候，这类候选人还可能主动打电话过来询问。具备行动力的人最容易做成事情。越渴望得到某样东西，得到的过程越艰难，自己付出的努力越多，候选人就可能越珍惜。所以，对于这类候选人，HR 不需要对他们有过多的偏见。

举例

我在一次校园招聘时，遇到一位女生，其各方面都挺优秀的。她得过各类奖学金，参加的各种演讲比赛、辩论比赛等社团活动都得过奖，还有几个体育比赛的奖项，可以说综合素质和能力都挺强的，面试时的表现也很不错。她是研究生，学历符合岗位要求，但是她的专业与岗位要求不符，所以面试后企业没有录用她。

后来，这位女生给招聘专员主动打了几次电话，态度非常诚恳。因为企业和她所在学校有校企合作，她比较了解企业的具体情况，也非常认可企业在行业内的地位和未来的发展，所以她非常希望企业能给她一次机会，哪怕是一次实习的机会，让她能够证明自己能做好那个岗位的工作。

企业当时负责校园招聘的专员是个毕业 3 年的女生，她被这位候选人诚挚的态度感动了。她找到我，期望我能帮助这位候选人争取到一个实习的机会。我找到子公司的总经理沟通了一下，给校园招聘增加了一个名额，就录用她了。

这位候选人在入职之后，工作非常积极努力，而且态度端正，做事认真仔细，用了两年的时间就成了她所在部门的主力。所以，对待这类比较积极主动的候选人，有时候给他们一个机会未尝不可。

与这类积极主动的候选人相对的，有一类乱投简历的候选人。有时候，HR 会遇到同一位候选人应聘企业多个不同类别岗位的情况。这与上述情形有点像，但是两者之间的性质却是完全不同的。

这种情况更像是病急乱投医，说明这位候选人对自己的职业没有充分的规划，不知道自己到底要什么，可能觉得自己什么都能干，也可能出于一种对自己应付了事的心态。总而言之，这种行为通常是负面效应多一些。HR 对待这类候选人的简历应谨慎。

5.3.6 如何对待简历信息不清的情况

1.简历故意隐藏部分信息

有时候，候选人的简历中可能没有出现本人的完整姓名，或者没有出现最后任职的一家企业的名称。这种情况一般说明候选人还在职，不方便透露自己的姓名和当前的企业。这时候，HR 应当充分理解和尊重他的隐私。

当发现这种情况的时候，如果他的简历适合岗位，HR 在后续给他打电话沟通的时候也要特别小心。如果是在工作日的工作时间和他沟通，一定要先报一下自己是谁，然后问一下对方是不是方便；如果对方不方便，HR 可以和他再约时间，或者是在非工作时间和他联络。

2.职位的描述不清晰、不具体

有时候，有的候选人简历上只是写"管理"或者"业务"这一类很"虚"的岗位类别。这里有两种可能：一是候选人的工作经历其实是很基层的管理岗，但是又想强调自己的管理经验，所以故意写得含糊其辞；二是候选人所在企业对岗位的命名就是这样的。

现在很多企业为了弱化层级制，强调扁平化管理，把主管、经理、总监这类职位的名称都去掉了，可能就叫组长或者干脆没有职务名称。所以，HR 不能轻易判断这类简历中这些职位名称的虚与实。

第 6 章

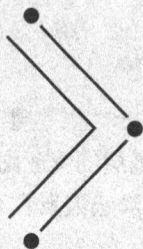

面试邀约方法与技巧

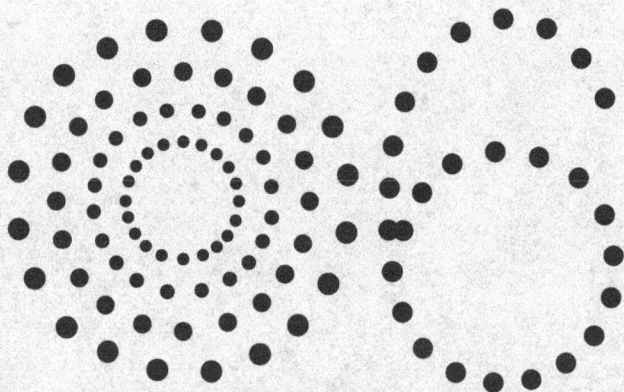

从某种程度上来说，候选人对 HR 的认可程度是企业成功招聘的第一步。一位优秀的招聘人员同时也应该是一位优秀的营销者和自我营销者。他首先要成功地把自己"销售"给候选人，和候选人建立长期的联络关系，无论招聘的结果怎样，这种影响将会是长期的、积极的。这就要求招聘管理人员要学会面试邀约的方法。本章将重点介绍面试邀约的步骤、方法与实施技巧。

6.1　提高面试赴约率的价值

心理学中说，人们通常会厌恶自己为之付出了努力却得不到的东西。也就是说，当人们为某件事付出了努力，就希望这件事情达到自己预期的结果。付出的努力越多，这种期望就越强烈。

在面试过程中，HR 期望候选人能到企业来参加面试，一方面是为了考察候选人的能力，另一方面也是希望自己的努力有回应。候选人只要参加了某企业的面试，那么他选择这家企业的可能性就会比没有参加面试大很多。这就是招聘管理人员要想办法提高候选人面试赴约率的原因之一。

有的 HR 认为，已经了解了某位候选人的基本情况，或者可能之前在其他的场合见过候选人，或者本身是认识的，就不需要候选人到现场参加面试，这种观点是不正确的。适当地让候选人为了面试付出一些努力，他最后选择企业并且珍惜这份工作的可能性都会增大。

提高候选人面试赴约率的另一个原因，是减少企业的招聘管理成本。

举例

有的 HR 在安排面试的时候，约了 15 位候选人来面试，本来预计要拿出两个半小时来集中面试，同时，约好了用人部门的几位总监和经理，让用人部门提前安排好了手头的工作，还特别组成了一个 7 人的面试小组。最后实际来参加面试的只有 1 位候选人。用人部门很生气，HR 也很郁闷。想一下，整个过程造成的管理成本损失有多大？

候选人面试爽约的情况经常发生，招聘中这种"约而不见"已经不是什么新鲜的话题，这类情形每天都在不同的企业上演。作为 HR，除了感慨"诚信危机"之外，大多数情况下都表现得很无奈。

遇到这类情况，HR 可以去挑候选人的毛病，可以在办公室里对着同事发牢骚，但是这么做除了宣泄情绪之外，不会对企业产生任何价值，也不会让这种情况得到改善。要解决这个问题，最佳的办法是 HR 从自身的角度出发去找原因、想办法。

别人的想法，我们说了不算，但是我们自己的行为和努力，却是可以掌控的。针对候选人面试赴约率低的问题，HR 要审视问题的原因，找出有哪些自己原本能做却没有做到的事情，然后采取有针对性的方法，改善面试爽约的情况。

6.2　面试邀约操作方法与技巧

面试邀约最常用的方法是电话邀约，电话邀约的水平影响着候选人会不会选择来参加面试。HR 在进行电话邀约时，要关注电话邀约的前期准备、基本步骤、注意事项和操作细节。

6.2.1　面试邀约前期准备

HR 在打电话沟通之前，要先做好一些准备工作。

1. 招聘信息包装

候选人在得到电话通知后，一般会查看自己简历投递的记录，也会查看企业关于这个岗位的具体介绍，好的招聘宣传信息，会增加应聘者参加面试的概率。这里的招聘信息包括但不限于企业简介、招聘 JD、薪酬待遇、个性化福利等。

2. 其他企业的招聘信息

HR 在电话沟通之前，要先了解这类相关岗位或相关行业企业的招聘情况，同类型的岗位其他企业也在招聘的情况，以及它们的招聘信息、薪酬水平、企业优势分别是什么情况，从而比较得出我们企业的优势是什么。

HR 至少自己要能说出一个候选人选择来我们企业而不选择其他企业的理由。如果自己都说不出来候选人为什么要选择我们企业，那么候选人为什么要选择呢？市场上和我们招聘同样岗位的企业都是我们的竞争对手。不论是商业运营还是招聘工作，在市场竞争的环境下，我们怎么能不了解竞争对手的情况呢？

3. 仔细查看候选人简历

为了下一步的面试，HR 要再仔细查看候选人的简历，并且详细地标出需要企业进一步了解或者确认的关键信息。这些关键的信息，可以作为 HR 面试时重点提问的问题。

4. 做好心理准备

HR 要做好充分的被质疑或者被拒绝的心理准备。不要因为对方的拒绝或者质疑，自己在心理上先乱了阵脚。做招聘的 HR，都要有一颗强大的内心，不要害怕被拒绝或被质疑。

举例

我就职的企业曾经有一位做招聘的 HR 电话邀约了一位应聘电器工程师的候选人，对方问：你们企业这个岗位的工资是多少？

当这位 HR 告诉对方后，对方冷笑了一声，然后就什么也没说挂了电话。为了这事，这位 HR 郁闷了一周。

其实，对于这件事，一方面 HR 不必太往心里去。因为招聘工作的性质，招聘人员一年不知道要接触多少人，如果每次碰到这样的候选人都生气，那太没必要了。

另一方面，作为 HR 自身也应当反思，下一次，如果对方问薪酬的时候，应该怎么回答。其实企业电气工程师这个岗位的薪酬是有上下浮动的范围的，而且差值挺大的。这位 HR 在电话里告诉对方的只是没有经验的电气工程师入职时的薪酬。

他回答对方这个问题的时候，并没有考虑对方可能是个有 15 年经验的电气工程师，接触过非常多大大小小的项目。如果我们换个角度，站在这位候选人的角度，他听到一个企业开出了对他来说很低的薪酬水平，他能不生气吗？在这种情况下，他挂电话也是正常的。

5. 提前设计话术

HR 要提前设计一些话术，以备自己在交流的时候可以使用。这些话术根据企业的特点，随着经验的积累，可以慢慢变成一套标准的流程。HR 可以把这些话术打印在一张纸上，每次电话邀约的时候，把这张纸放在面前，不一定每次都要对着这张纸一字一句地说，但至少能够提醒自己不要有漏项，该说的要说全，该问的要问全。

6.2.2 面试邀约基本步骤

电话邀约的对象可以分为两种情况，一种是主动投递简历者，另一种是被动地被企业搜索到简历的人。HR 要根据情况区别对待，情况不同，电话邀约的内容也应当有所区别。当然，不论是哪一种情况，在电话邀约的前、中、后期都要做好相应的准备工作。

主动投递简历的候选人一般来说已经明确了自己的择业意向，而且随时准备参加企业面试。对于这类候选人，HR 首先要选择合适的时机给他们打电话。

打电话的时机一般宜选在 9:30~11:00 和 14:30~16:00 这两个时间段，因为这两个时间段一般可以避开在路上或者正在吃饭的时间。如果遇到对方的时间不方便，HR 可以再约时间。HR 可以用的开场白如下。

您好，请问是您是 ×× 先生 / 女士吗？这里是 ×× 企业，请问您现在讲话方便吗？

我们在 ×× 上看到您给我们企业投递的简历。您是想应聘 ×× 岗位，是吗？

被动的候选人指的是 HR 通过网络搜索简历或者通过猎头推荐得到的人才。这类人才的求职意向一般不明确，甚至可能根本没有求职意向。

如果 HR 确认这类人才不在职，可以按照主动投递简历者的时间和方式跟他们沟通。如果知道对方还在职，或者不知道对方是在职还是不在职，HR 给对方打电话的时间最好安排在晚上 7:00~9:00。这样既不会打扰对方的正常工作，又能够保证和对方有短暂的沟通时间。

这时候，HR 打电话一定要列好清晰明确的提纲，沟通中需注意先介绍企业、岗位、职位发展前景等，尽可能把企业的闪光点介绍清楚，对被动的候选人产生一定的吸引力，这样才能继续接下来的话题。

电话沟通结束后，我们要及时地把企业的信息、岗位的信息传递给这类被动的候选人。他们一般在第一次电话沟通之后都需要看邮件，这时候邮件的内容就显得非常重要，如果邮件内容写得好，第二次沟通就会顺理成章。

我们对待被动候选人的开场白可以参考如下内容。

您好，请问您是 ×× 先生 / 女士吗？这里是 ×× 企业，请问您现在讲话方便吗？

如果对方说方便，我们可以接着说。

我们企业目前正在招聘 ×× 岗位，我们在 ×× 上看到了您的简历，觉得您可能合适。请问您对我们企业有了解吗？

因为是临时打电话，对方一般都会说不了解，就算是说了解的，也不一定了解 HR 想告诉他的内容。所以这时候不论他怎么回答，HR 都可以再向他介绍一下企业的情况、岗位的情况。在客观介绍的基础上，HR 要有适当的宣传，要突出企业和岗位的一些优势以吸引对方。介绍完之后，HR 可以接着问对方：请问您要不要考虑来企业面试一下？

如果对方听完后直接说有意向，HR可以说：那咱们先用几分钟的时间，做个简短的电话面试吧。再开始一些电话面试的沟通。

如果对方表示想看看企业的资料，HR可以给他发一下企业的资料，然后和他约定一个时间，再打电话问对方考虑得怎么样。

如果对方直接表示没有意向，那HR可以说：那抱歉打扰您了，希望咱们以后有机会再合作，感谢您的配合，祝您工作愉快。

6.2.3 面试邀约注意事项

HR在电话邀约的时候应当特别注意以下事项。

1. 注意礼貌

HR在给候选人打电话的时候，要先和对方打招呼，询问对方现在打电话是否合适，而不要想当然地自说自话。

2. 介绍企业

因为现在很多候选人在找工作的时候是海投简历，HR要向对方介绍自己的企业，对企业的优势做简单的描述。如果有必要的话，HR同时可以简单介绍一下岗位的内容。这样做可以唤起候选人的记忆，获得他的信任，而且还能提高他的注意力。

3. 适度认同

我们既然能给这位候选人打电话，就说明他在学历、工作经历等方面是适合企业这个岗位的。这时候，HR不要吝惜自己对候选人的认同，可以适当地表达出候选人与岗位的匹配性。这里的认同并不需要夸张，却可以收获对方很好的心理认同。

HR可以直白地告知候选人他通过了企业的简历筛选，让应聘者了解企业对该岗位人才招聘的基本门槛，进一步增加候选人对企业的认同度。

4. 时间选择

HR对候选人面试时间的邀约，应尽可能地提供1~2个或者更多的时间段供对方选择。在确定面试的具体时间后，在通话的最后，把面试的时间与对方进行确认，和候选人达成一种心理契约。

6.2.4 面试邀约操作细节

在HR与候选人电话沟通的整个过程中，还要注意几个细节。

1. 判断对方的反应

当HR和候选人通话的时候，可能会遇到这样几种情况。

（1）候选人说：对不起，我投了太多企业，您是哪一家麻烦您再讲一遍。

在这类情况下，HR 的做法可以是：重复一下企业的名字和岗位名称以后，停顿一下，判断对方有没有面试的意向。

（2）候选人说：我好像没给你们发过简历吧？

这类候选人一般是海量投简历，他们在投简历的时候，可能并不会认真地阅读岗位的任职资格和企业情况。在这种情况下，候选人找工作的盲目性比较大，但是这并不代表候选人和岗位的要求不匹配。

这时候，HR 可以向对方说明他发送简历的具体日期和时间。如果对方明确表示是误投简历，说明候选人对我们企业没有兴趣，HR 可以到此为止，不需要再多聊下去；如果对方表示可以聊下去，HR 可以向对方简要说明岗位的要求，了解对方有应聘的意向时，再约见面试。

（3）候选人说：哦，对，我想起来了，我的确是发过简历的，您好……

这时候，HR 可以正常运行前面讲过的电话邀约的流程。

如果候选人表示想先了解一下企业情况再回复，HR 也可以向他介绍企业的情况之后，给他发邮件，并且和他约定一个考虑时间。达到约定时间之后，HR 也可以询问对方考虑得怎么样了。

2. 主动猎取信息

作为 HR，我们可以主动地和对方交流获取信息，以体现出我们对候选人的尊重。获取信息的内容包括但不限于如下几点。

（1）家庭地址

HR 可以问清楚候选人的家庭住址。这里只需要问出大概的位置就可以，不需要很详细。HR 也可以了解一下对方准备从什么地方乘车来企业面试，可以帮助他规划时间和路线。

（2）期望薪酬

如果候选人的简历上没有标出期望的薪酬水平，HR 可以利用这个机会问清楚。这里还要注意税前和税后的区别。一般情况下说税前工资。为了避免产生歧义，HR 在和对方确认期望薪酬的时候，可以明确加上"税前"两个字。

（3）确认意向

电话的最后，HR 一定要问清楚候选人对岗位是否有意向，是不是准备来参加面试。

3. 必要的解释

对于候选人提出的问题，不涉及企业和岗位机密的，HR 能做出解释的，可以尽量向对方做出解释，体现出企业耐心、周到的一面。

　　这里需要注意，我们的声音会体现出我们的态度，不要觉得隔着电话，候选人就听不出我们说话的语气。我们电话通知的态度能够影响候选人会不会来参加面试，这些细节能体现出 HR 的专业程度。

　　4. 别急于求成

　　有些 HR 急于求成，在打通电话之后，还没问候选人有没有时间过来，也没确认候选人是否真的有意向，就忙着敲定面试的时间。这样可能会引起候选人的反感，让他觉得企业一点都不尊重他。所以，电话邀约的时候要运用好开场白，不要着急，慢慢地、逐渐地了解候选人的意向之后，再敲定面试的具体时间。

6.3　电话面试操作方法与技巧

　　电话面试是 HR 与候选人的第一次面试交流。电话面试的操作质量不仅决定了 HR 考察候选人后获得其信息的完整性，还决定了候选人和企业之间进一步交流沟通的可能性，以及候选人最终入职的可能性。

6.3.1　电话面试内容话术

　　电话面试的内容包含如下。

　　一是自我介绍。HR 可以请候选人简单介绍个人情况。通过自我介绍开场，是双方相互熟悉的过程。HR 可以借此判断候选人的简历信息和个人描述是否一致，大体了解候选人的基本情况。

　　二是询问和确认候选人各阶段的工作经历、工作职务以及工作职责，可以针对候选人简历上写的学习背景和工作内容谈一谈对方的情况。这里要有工作时间长短和专业深度的匹配。比如有可能我们发现候选人工作时间其实很短，但是他表现出来的专业深度却很深，这是为什么？ HR 在电话面试的时候可以确认一下。

　　三是询问目前或上一份工作经历的主要内容、绩效以及主要技能。这里要注意，可以请候选人能够提供体现他曾经工作中做出业绩或者工作的责任和复杂程度的确切数字（比如管理了多少人、管理了多少的预算、销售的目标以及实际销售的达成情况）。

　　四是询问候选人每个阶段离职的具体原因。判断候选人离职是因为个人没有确定自己的职业发展方向、对当时的薪酬不满、工作不开心，还是因为一些客观的原因。

五是询问求职的动机，询问候选人目前的薪酬情况以及他能够接受的薪酬最低限制（如果他能接受的最低限度和企业岗位能够提供的差距比较大的话，那么这个候选人可以不予考虑）。

六是询问在简历筛选的过程中 HR 发现的各项疑问点。简历筛选过程中发现的所有疑问，都可以在电话面试的时候先行确认，以免进一步面试的时候浪费双方的时间。

6.3.2　电话面试注意事项

HR 在进行电话面试的时候，需要注意如下事项。

一是做好沟通过程的记录。虽然电话面试并不是正式的面试，但是 HR 还是要重视，必须做好记录。有时候电话面试的记录可以为正式面试提供一定的参考。

二是电话面试不同于现场的面试。在现场面试的时候，HR 担心候选人在等待的时候可能会相互交流，影响面试的公平性，但是电话面试的时候这种情况很难会出现。所以为了公平地对待所有候选人，HR 可以问相同的问题，可以用相同的询问方式，可以采取相同的提问顺序。

三是面试过程中听对方说话时要用心和专心，掌握候选人的基本信息。HR 要注意分析候选人的回答是否和简历相互矛盾，注意候选人的回答是否存在不符合逻辑的地方，以备进一步的提问。

四是 HR 在电话中不要做任何不确定的承诺。比如承诺候选人如果入职，可能在 2 年之内得到晋升或者每年薪酬都会增长 10% 以上。候选人可能因为这一类的承诺而对企业产生好感，可是当候选人真正入职后发现这些承诺并未兑现的时候，他很可能愤然离职，同时也会对企业造成非常不良的影响。

五是和现场的面试原理一样，电话面试的过程应该尽量让对方表达，而不是 HR 一直在表达。电话面试的主要目的是为了获取信息，次要目的才是传递信息。

如果电话面试之后，HR 觉得候选人并不符合岗位的要求，可以将其直接淘汰，不邀约他参加面试。如果 HR 觉得候选人基本符合岗位的要求，可以在电话中对他进行初步的肯定，增加他来面试的信心，同时向他正式发出来企业面试的邀约。

当与候选人沟通确认好面试事宜之后，HR 可以把面试的具体时间、需要候选人准备的具体事项以及面试地点的具体地址和乘车路线、停车位置等信息发到候选人的手机上或者邮箱中，同时附上企业名称、联系人电话等必要信息。

给候选人发的邮件中应包括企业的大概情况、所招岗位名称及相关情况，并留下电话号码，便于所通知对象有不明之处可电话咨询。收到一封正式的邀约面试的信函，候选人会感受到企业的正规和被重视，而且也便于他忘记关键信息的时候能及时查阅。

6.4　视频面试操作方法与技巧

视频面试指的是借助网络信息技术进行面试测评筛选的过程。相对于电话面试，视频面试的优点是面试官能够在面试过程中见到候选人的样貌和神态，能够实现接近于现场面对面交流的效果。

6.4.1　视频面试实施方法

如果按照标准化和结构化程度来划分，视频面试也可以采取结构化面试、半结构化面试或非结构化面试的形式。面试中可以问的问题，以及问题的注意事项与现场面试类似。企业可以根据自身需要，选择适合的视频面试形式。

视频面试属于线上面试，除了因面试媒介而产生的不同外，视频面试的流程与线下面试流程几乎相同。

视频面试是可以录像的，所以建议企业根据需求，对视频面试全过程录像存档，以备后续查阅回顾。

目前市面上可以支持视频面试的软件非常多，例如微信、QQ等主流社交软件以及一些主流直播软件都可以实现视频面试的功能。

实际上，只要能实现视频通话功能的常用软件，都可以用来作为视频面试的载体。很多大众软件都开通了视频会议的功能，也可以作为视频面试的软件载体。

运用主流软件实施视频面试的优点是软件比较大众化，操作方式对候选人来说比较友好，操作比较便捷。候选人很快就能够掌握视频面试的操作方法；缺点是大众主流软件的主要功能是日常聊天，商务保密性相比于专业视频会议软件较差，而且一些大众主流软件还有"美颜"功能，有时无法真实显示候选人的样貌。

出于安全保密的考虑，企业也可以采用一些视频会议的商务专用软件实施视频面试。相比于大众主流软件，专用软件的优点是商务保密性较好，能够比较真实地显示候选人的形象；缺点是这类软件候选人可能没接触过，在视频面试之前，需要教会候选人掌握软件的用法。

不同企业对视频面试的定位有所不同。

有的企业把视频面试作为决定候选人是否录用的重要环节。这时候，面试的内容往往比较多，视频面试的时间一般应在 10 分钟以上。

有的企业把视频面试作为初步筛选候选人的环节。这时候，面试的内容往往比较少，视频面试的时间可以控制在 10 分钟以内。

6.4.2 视频面试注意事项

面试官在应用视频面试时，需要注意如下事项。

1. 确保优良的网络环境

视频面试传输的是视频画面，因此对网络环境有一定的要求。如果网络环境较差，视频面试过程的连贯性可能会受到影响。这里优良的网络环境不仅指的是企业方的网络环境，还包括候选人的网络环境。

双方网络环境都达标是保证视频面试顺利实施的必要条件。面试官一方面要注意调试好企业方的网络环境，另一方面要提前把视频面试需的网络环境条件告知候选人，要求候选人在视频面试开始前准备好需要的网络环境。

2. 确保清晰的视频设备

除了网络环境之外，视频面试对设备还有一定的要求。企业方一般应当选择像素较高的视频设备，同时应当对候选人的视频传输设备做出一定要求。不论候选人通过手机还是计算机实施视频面试，视频设备的像素都应达到一定要求。

对候选人视频面试设备的具体要求，企业应当根据当前大众多数人持有电子产品的平均技术条件做出要求。如果对视频面试设备的要求过高，可能会劝退很多候选人，不利于面试结果，不利于达成招聘满足率。如果对视频面试设备要求过低，或者无要求，可能会降低视频面试质量。面试官要做好这两者的平衡。

实施视频面试的时候需注意，有的电子设备之间有电信号干扰，从而产生杂音和视频画面的信号传输问题。面试官在进行视频面试之前要调试视频面试设备，在视频面试过程中要注意将可能存在电信号干扰的电子设备分开。

3. 确保适合的面试环境

面试官要选择适合的环境做视频面试，视频面试的环境应当安静，周围不应有装修施工、团体活动或临街噪声等声音干扰。同时，面试官要注意提前告知候选人，让候选人按照同样的声音标准选择视频面试的环境。

面试官要注意视频面试的背景环境，背景环境中最好有明显的标识、符号、色彩、logo 等体现企业文化与外部认知的内容。如果没有这类背景环境，则选择幽雅、朴素、大方、平和的办公环境或白墙。注意背景环境中不要出现脏、乱、差的画面。

6.5 面试赴约情况分析改进

对于面试没有赴约的候选人，HR 在事后要做好跟踪和评估。

举例

某次面试，某位 HR 一共邀约了 30 位候选人，实际只来了 10 人。在没有来的 20 个人当中，有 5 人是在这位 HR 打电话邀约或者打完电话后不久主动告知不来参加面试。也就是说，有 15 人是 HR 通知了他们来面试，但他们没有来面试，同时也没有主动告知他们为什么不来面试。

这时，HR 面试完了之后，可以适当评估一下他们为什么没有来。如果 HR 有时间，可以逐一联络那些没有来赴约的候选人，询问他们为什么没有来；如果 HR 没有时间，也可以挑 30% 左右的候选人，问他们为什么没来。

HR 在问候选人为什么面试没有赴约的时候要注意自己的情绪，不要抱着怨恨的心态和对方通话。通话过程中语气要平缓，说明只是想了解一下，没有其他的意思。

这里问候选人为什么没来，不是了解他们没有来的原因，而是了解他们不来的背后信息，如企业有哪些做得不好的地方。HR 通过了解这些企业做得不好的地方之后，可以增加一些针对性的流程、话术或者技巧。持续这样做之后，HR 在今后面试邀约的时候，面试赴约率就会相应地提高。

【疑难问题】如何提高高端岗位面试赴约率

对于一些高端岗位、高端人才或者比较难招的优秀人才，要提高其面试赴约率，HR 还需要特别注意如下内容。

1. 量变产生质变

对于一些特殊的岗位，有可能 HR 一天打了 100 个电话也邀约不到一位候选人。这时候 HR 千万不要灰心，100 个电话不行那就打 200 个，200 个电话不行就打 300 个，直到打到有候选人愿意来参加面试为止。

销售人才见的客户多了，谈的多了，自然就有客户愿意购买产品了。招聘也是同样的道理，对于那些难招聘的岗位，只要招聘人员足够勤勉，接触的候选人多了，谈的多了，一定会有人愿意来参加企业的面试。

2. 多给候选人思考时间

HR 在电话沟通的时候，要多一些耐心，多给对方一些思考的时间。这里的询问有一个技巧，就是最好让对方做选择题，比如，我们不需要问"您什么时间方便"，可以直接问"您明天有空还是后天有空"或者"周一有空还是周二有空"。

这里可以参考的比较好的话术是：我们将在本周二的下午和本周三的上午进行面试，您看您是周二下午 2:00 方便，还是周三上午 10:00 更方便？

问完之后，也可以给对方一段思考的时间作为缓冲。沟通当中暂停的技巧，可以让对方感受到被尊重的感觉。

3. 必要的提醒

候选人常常是比较健忘的，当 HR 打完邀约电话之后，需要马上短信确认时间、地点以及候选人需要携带的物品。当然，除了这些必需的信息之外，还可以非常人性化地写上路线信息、停车信息等。在面试前一天，HR 最好能重新发消息再次提醒和确认，以防候选人忘记。

4. 挖掘候选人的需求

电话邀约虽然是简单地让候选人了解企业，但 HR 有必要在简短的谈话中深入挖掘候选人的需求，获取越多的信息越好，这样才能更加打动候选人。

在邀约过程中可以使用开放式问句，可以就候选人的经历等信息提出新的问题。这样可以拉长沟通时间，更重要的是了解候选人真正的想法。比如候选人心仪的薪酬、候选人的工作能力以及他的工作需求等。

5. 关注候选人的生活点滴

HR 在邀约电话结束后，可以要求加一下对方的微信、QQ 等常用社交软件的好友。有可能候选人不选择我们企业，但通过成为私下非正式的好友，留意候选人生活中的点点滴滴，可以促进后续的合作。

为了拉近与候选人之间的关系，让候选人关注到企业，HR 在社交软件中点赞、评论、转发候选人的动态是比较好的办法。同时，这也是一种储备人才的手段。对于哪类岗位、哪个地区的候选人及储备建议应在备注中标明，以便需要的时候能相对快速地找到。

这里需要注意，HR 在和候选人维护基本关系的时候，也要保持一定的安全距离，避免不专业的表现。

【疑难问题】如何应对候选人临时有事的情况

候选人临时有事不来参加面试是正常的现象。这里候选人的有事有两种情况。

1. 候选人确实临时有相对比较重要或紧急的事

有的 HR 认为，候选人临时有事就不能告诉我们一声吗？前文提到过，如果我们总是把责任都推给别人，那么我们的工作水平不会有任何提高。作为负责招聘的 HR，应该先反思一下对这件事自己有没有什么能做的。

公允地说，候选人有事不能参加面试，如果候选人提前告知 HR，代表了候选人的素质高，如果他不告知，也不能说他没素质。相反，HR 应该想想，自己有没有留下让他可以随时找到我们的电话。

有的 HR 因为担心候选人可能会在非工作时间骚扰自己，所以从来不向候选人留自己的手机号码。可是，候选人在非工作时间临时有事不能参加面试的时候，又怎么能第一时间联系到 HR 呢？

如果 HR 不想留自己的手机号，至少也要留下一个可以直拨并且能够保证有人接听的座机号码，而不是留企业的分机号码。我们可以想象当我们不小心没有接到某个不知道是从哪打来的电话，然后很有礼貌地回拨回去时，电话那头传出来的声音是"请直拨分机号"，我们会是什么样的心情。

因此，HR 给候选人留手机号码、留能够直拨的座机号码和留分机号码这三者之间的差别还是非常大的！从候选人的角度，他的感受也会完全不一样。如果是留手机号码或者是能够保证接通的直拨座机号码，当候选人想联系 HR 的时候，他可以很容易找到 HR。

当然，也不限于这三种联系方式，一些社交类软件也是可以的。总之就是要给候选人留下一个能够及时与 HR 沟通、非常方便联系到 HR 的联系方式。

另外，HR 也要反思，自己是不是提前告诉了候选人了如果他临时有事，要及时和自己取得联系，然后再约面试时间。

2. 候选人因为小事没来参加面试

这里的小事，指的是诸如候选人没有时间观念、自己出门太晚了，候选人发现面试的地点离家有点远不愿意过来了，或者是因为临时犯懒等这类情况。

这时候，HR 一方面要反思怎么避免这种情况再发生，另一方面要考虑一下，如果是这样的候选人，企业还需要考虑录用他吗？

关于面试地点离候选人家远的问题，HR 可以思考，为什么候选人会接到面试通知以后才发现自己面试的地点离家比较远呢，为什么他没有在接到面试通知的那一刻就发现这个问题，然后直接在电话或邮件上和 HR 达成一致，让 HR 提前就能知道他不会来呢？

在发布招聘信息时，HR 就应当把企业的位置以及面试的地点写清楚。还应当在电话面试后提醒候选人到企业面试的路线怎么走，从候选人住的地方大概需要多长的时间能到企业，候选人几点出门、几点到企业这些行程大约都能在电话里面规划出来。

这样的话，HR 在定面试时间的时候也会有所依据。对于候选人的家和面试地点离得比较远的情况，HR 在电话沟通时可以主动地问对方来面试是否方便，或者问对方究竟是否还考虑来面试。

如果候选人说要来，这样至少 HR 得到了一个口头承诺。根据心理学的承诺一致性原理，候选人多半会选择来。如果对方明确表示不来了，那 HR 也应当尊重对方的选择，给对方留下一个好印象。

如果所有的方法和技巧 HR 都已经做到了，候选人还是没来，HR 也不必纠结。另外，对于面试迟到的候选人，如果没有特殊的情况，HR 基本可以判断这个人并不是企业应该录用的对象。

【疑难问题】如何应对候选人面试抉择的情况

候选人没有参加面试的原因，也有可能是他接到了好几家企业的面试通知。他在比较之后做出了取舍，我们所在的企业是被他淘汰的那一个。

有的 HR 说，候选人选择别的企业，不选我们企业，我能有什么办法？这里 HR 其实应该反思，为什么我们的企业会被候选人淘汰，如果我们提前做些什么是不是候选人就有可能不会淘汰我们？

我们的企业被候选人淘汰，有可能是因为他并不了解我们企业的优势和选择我们企业对他未来职业发展的好处。

如果不是规模和水平差异特别大的企业，一般来说，大部分企业给相类似岗位的薪酬水平都是差不多的。如果 HR 提前让候选人知道我们企业的优势的话，他选择我们企业的概率会增加。

HR 可以在和候选人电话沟通的过程中，向候选人介绍企业的优势和发展前景，以及他要应聘的岗位在企业中有怎么样的成长和发展。通过这样沟通，能让候选人感觉到企业的招聘流程是比较正规的，做事是比较严谨的，也会让候选人对我们的企业产生好感。

如果我们觉得候选人和岗位之间的匹配程度比较高，那么在电话沟通的时候应当偏向于吸引候选人的方向。HR 在电话中对自己企业的介绍，在一定程度上会直接影响候选人是否选择来企业面试。

这里需要注意，如果我们所在的企业是小企业，本身在行业内比较弱势，HR 不必过分强调这个方面，不需要过分强调小企业比大企业好，只需要强调企业自身的优势即可。另外，HR 可以在筛选简历上下功夫，选择那种工作经历和企业匹配的人才来提高面试赴约率。对于一些比较高端的人才，HR 不需要给他们打电话。

【疑难问题】如何应对候选人求职意向不强的情况

如果候选人仍然在职、求职意向不强，这种情况下，候选人可能会抱着一种"有时间就去、去不了也无所谓"的想法。

这时候，HR 要反思这样的候选人真的是企业需要的人才吗？如果不是，那为什么非要选择这类原本就在职、对于求职可有可无的候选人呢？我们在面试邀约的时候为什么不能多寻找那些已经离职或者现在在职但是已经打定了主意要离职的人才呢？

HR 可以在电话面试的时候，简单了解一下候选人的求职意向，同时也了解候选人目前的职位和期望薪酬，了解候选人个人的基本需求。

如果 HR 在电话面试的时候已经发现对方的意向不是很明显，那就没必要再约他来面试。如果 HR 发现企业提供的岗位和候选人的个人要求差别比较大。也不需要想尽办法让他来，因为即使他来了，最后他不选择企业的可能性也非常大。

总而言之，HR 不需要把精力放在那些没有诚意的候选人身上。当然，如果企业是定向地要从别的企业挖人才，或者是找那种已经开始从事自由职业或者是创业的特殊人才除外。

对于这类特殊的人才，企业应该把自己的位置放低些。在邀约这类候选人的时候，HR 要有心理预期，不要抱着打几个电话就可以在企业办公室坐等对方上门的打算。

许多特殊人才都很忙，他们面临的机会和选择很多，尤其在不同的城市，或者在相同的城市但是彼此距离远的时候。对于这类候选人，为了和他们约谈见面，就算和企业的领导飞到他所在的城市，带着诚意去见他，也是可以的。

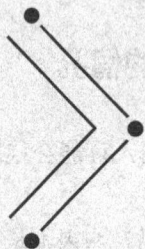

第 7 章

人才测评方法与技巧

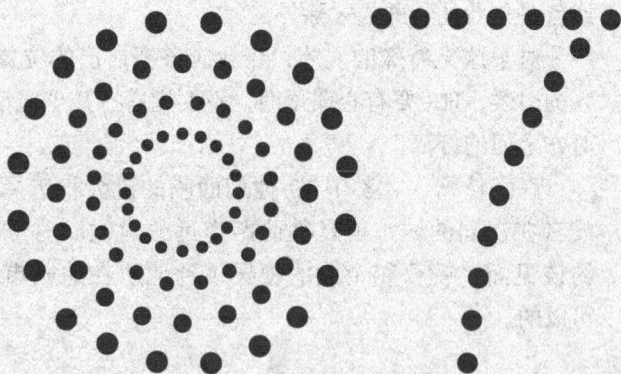

招聘领域流行一个段子，某人问怎么能培养一头大象上树？最后的结论是，如果现在需要上树，那为什么不在招聘的时候就找一只猴呢？原理确实是这样，可是有一个很现实的问题没有解决：在无法准确看到对方特性的情况下，如何判断对方是一只猴呢？

我有一位资深的咨询师朋友，在给一家大型集团化企业做管理咨询的时候发现了一个问题：这家企业销售队伍的人才素质普遍和企业的期望不匹配。原因主要在于 HR 在人才的招聘和选拔过程中的筛选有问题。HR 招聘时仅凭对方的学习经历、工作经验还有问对方问题，很难判断出对方真实的深层性格。

比如有个人做了 10 年的销售，面试的时候表现得很自信。单纯从面试的角度，我们认为这个人应该能胜任，可是他入职以后，性格却表示出他根本不适合做销售。熟了以后才知道，他刚毕业的时候阴差阳错地选择了做销售，这么多年职业类别一直没转换过来，索性就继续做销售了。

可如果这类性格的人并不喜欢做销售，很可能即使他们继续做这类岗位，能力和业绩也比不过本身性格就适合做销售的人。而且他们往往更容易放弃，更容易离职，因为他们常常不清楚自己讨厌的其实并不是这个企业，而是销售这个岗位类别，是这个岗位类别和他自己的性格不符。于是他们可能换了一份又一份工作，结果却一次又一次不满。

如果在招聘的环节引入性格测试，HR 就能够判断候选人的深层性格，能够根据他们的性格来匹配适合他们的岗位，也就能够实现把对的人放在对的位置。本章将重点介绍人才测评的维度、判断的方法与应用的技巧。

7.1　人才选拔中测评的应用

在人才选拔过程中，目前比较常用的人才测评工具主要是三个维度的，分别是人格、动力和知识能力。人才测评工具在这三个维度的应用如图 7-1 所示。

人格也可以叫个性或者性格，它是人们自我意识的体现，主要指人所具有的与他人相区别的独特而稳定的思维方式和行为风格。对人格的测评，可以简单地理解为考察候选人是什么样的人。目前中国企业中最常用的测评方式，就是人格测评。

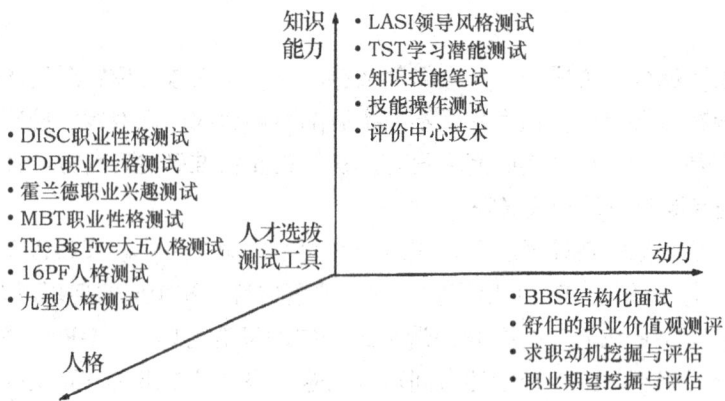

图 7-1　人才测评工具在人才选拔过程中的应用

动力也叫动机，指的是个体活动的内在心理过程或内部动力，是人类大部分行为的基础。动力会让人产生一种内在的驱动力，使人们自发地朝着所期望的目标前进。对动力的测评，可以简单地理解为考察候选人内心到底有多想做好这个岗位，或者说这个岗位对他来说会有多重要。

人格和动力这两个方面，都属于岗位胜任力模型中素质维度项目的拆分；知识能力指的是岗位需要的知识和技能，属于岗位胜任力模型中的知识维度和能力维度项目的合并。对知识能力的测评，就是对候选人掌握这个岗位需要的知识能力情况的评价。

在人格测评的领域，常用的测评工具包括 7 种。

（1）DISC 职业性格测试，是把性格分成了 4 类。在世界 500 强企业中，DISC 的应用比较广泛。很多著名的咨询公司都用这种测评工具做内部的人才测评工具。

（2）PDP 职业性格测试，是根据动物的特性，用动物名称给性格命名，这种工具把性格分成了 5 类。这种测评工具比较容易被非人力资源专业人员尤其是用人部门理解，而且操作比较简单，应用也比较广泛。

（3）霍兰德职业兴趣测试，是把人格分成了 6 类。这种工具一般在职业选择的时候应用得比较多。

（4）MBTI 职业性格测试，以 8 种类型为基础，把人格分成了 4 大类，16 个小类。

（5）大五人格测试（The Big Five），把人格分成了 5 大类，这 5 个大类中，还可以再分别细分成 6 个子维度。

（6）16PF 人格测试的全称是卡特尔 16 种人格因素测验，是根据 16 种人格因素和 4 种衍生出来的次级人格因素的不同得分，来评判整体的人格特质。

（7）九型人格测试，是把人格分成了 9 种。

在人才知识能力测评领域，可以用到的工具包括 LASI 领导风格测试、TST 学习潜能测试、知识技能笔试、技能操作测试、评价中心技术等。

在人才动力测评领域，可以用到的工具包括 BBSI 结构化面试、舒伯的职业价值观测评、求职动机挖掘与评估、职业期望挖掘与评估等工具。

人才测评的工具有很多，但不代表在企业的人力资源管理实务中都用得上。企业不需要追求多，也不需要追求全，没有哪个企业会把这些工具全部都用上。一般来说，在某一个维度，选择一种用起来顺手的工具就可以。这就好像在古代，有的习武之人能够十八般兵器样样精通，可到了两军交战的时候，这个人不太可能把十八般兵器都带在身上，不太可能都在战场上用上，通常只选择一种最顺手的兵器来用。

7.2　PDP 人格测试与应用

实务操作中最简单、最容易被快速记住、最容易被用人部门理解的人格测评方式是 PDP 人格测试。因为它是把人格按照五种动物的名字划分，所以很容易被记住，在应用的时候也很容易推广。

PDP 人格测试的全称为 professional dyna-metric programs，是由美国南加州大学 (University of Southern California) 统计学研究所、英国 RtCatch 行为科学研究所共同发明，它可以测量人的基本行为、对环境的反应和可预测的行为模式。

全球已经有累积 1 600 万人次有效案例，超过 5 000 家企业、研究机构和政府部门持续追踪其有效性。经研究机构的调查表明，当 PDP 人格测试的所有程序被有效执行时，其误差率低于 4%。

7.2.1　PDP 人格测试的人格分类

PDP 人格测试采用了具备该性格特质的动物名称为性格维度分类名称。他把人的性格分为"老虎型""孔雀型""猫头鹰型""考拉型""变色龙型"五种类型，如图 7-2 所示。

把人按照横轴上更偏重于目标任务还是人际关系，更偏重于理性还是感性，更偏重于被制度、流程等约束还是不被束缚的开放，以及纵轴上更偏重于外向型性格还是内向型性格，更偏重于喜欢主动做事还是被动做事，更偏重于追求高效还是不追求高效，PDP 人格测试首先把人格分成了五大类，分别是老虎型、孔雀型、猫头鹰型和考拉型，各项都趋中的，就是变色龙型。

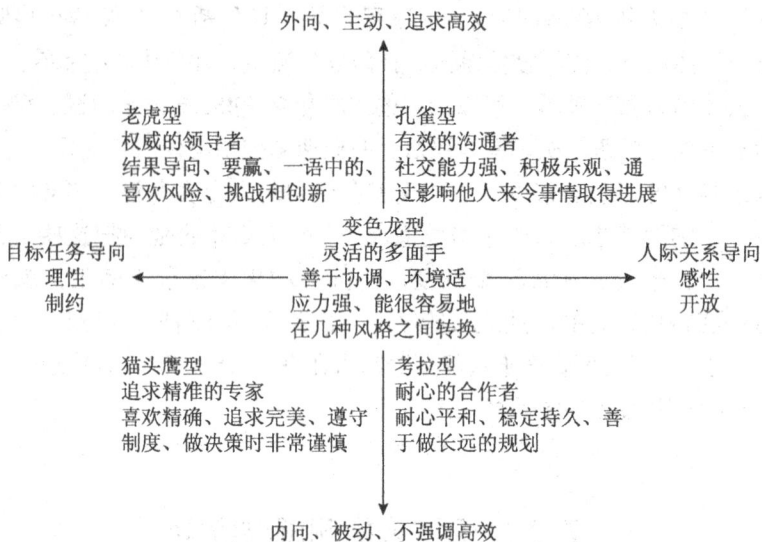

外向、主动、追求高效

老虎型　　　　　　　　　　　孔雀型
权威的领导者　　　　　　　　有效的沟通者
结果导向、要赢、一语中的、　社交能力强、积极乐观、通
喜欢风险、挑战和创新　　　　过影响他人来令事情取得进展

变色龙型
灵活的多面手

目标任务导向　　　　　善于协调、环境适　　　　　人际关系导向
理性　　←──────　应力强、能很容易地　──────→　感性
制约　　　　　　　　　在几种风格之间转换　　　　　开放

猫头鹰型　　　　　　　　　　考拉型
追求精准的专家　　　　　　　耐心的合作者
喜欢精确、追求完美、遵守　　耐心平和、稳定持久、善
制度、做决策时非常谨慎　　　于做长远的规划

内向、被动、不强调高效

图 7-2　PDP 人格测试的五种类型

在应用层面，HR 可以通过某一个岗位需要候选人更偏向于图 7-2 的哪个方面，来判断该岗位更合适什么性格的人来从事。

如果用一个字来形容老虎型的人才，那就是"做"。这种人一般喜欢快速反应，喜欢发号施令，企图心强，是结果导向的决策型人才。

如果用一个字来形容孔雀型的人才，那就是"说"。这种人一般是活泼乐观、口才极佳、擅长沟通，是爱好表现的社交型人才。

如果用一个字来形容猫头鹰型的人才，那就是"思"。这种人一般喜欢三思而后行、注重细节、喜欢追求完美，是做事讲究逻辑的思考型人才。

如果用一个字来形容考拉型的人才，那就是"看"。这种人一般是 EQ（情商）高手、能设身处地地为别人着想，性格一般内敛而稳重，是能够以团队为重的支持型人才。

如果用一个字来形容变色龙型的人才，那就是"变"。这种人一般是灵活的多面手，善于协调和沟通，对环境的适应力比较强，是能够很容易在几种风格之间转换的复合型人才。

7.2.2　PDP 人格测试的人格介绍

PDP 人格测试中人格分类的具体内容如下。

1. 老虎型

《西游记》里的孙悟空就是典型的这种性格。老虎型人才的关键词包括目标、冒险、积极、果断、行动力等。

老虎型的人一般企图心强烈，以目标和结果为导向，不喜欢维持现状，喜欢冒险，具备高支配型特质，个性积极，竞争力强，凡事喜欢掌控全局、发号施令，行动力强，目标一经确立便会全力以赴。

由于他们对自己和周围的人要求比较高，加上他们好胜的天性，这类人往往会成为工作狂。这种性格的常见的行为有：喜欢制订目标和行动计划，行为迅速；声音洪亮，说话快速，而且具有一定的说服力；交谈时喜欢进行直接的目光接触；喜欢运用直截了当的实际性语言，不喜欢拐弯抹角。

这类人格的优点是有决断力，善于控制局面，能果断地做出决定，相对比较容易取得成就。

这类人格的缺点是在决策上容易专断，不易妥协，可能容易和其他人发生争执和摩擦。有时候当他们感觉到工作中的压力时，会迅速地完成目标，容易忽视细节和过程，而且过程中他们可能不顾自己和别人的情感。

偏老虎型的人一般比较容易成为管理者。这类管理者倾向于依靠自己的权威来做决策，希望自己的下属能够高度服从的同时也要有和自己一样冒险和克服难关的勇气。这类管理者适合做一些开创性的或者改革性的工作，在开拓市场或者需要执行改革的环境中，会有比较出色的表现。

2. 孔雀型

《西游记》里的猪八戒就是典型的这种性格。孔雀型人才的关键词包括表达、社交、形象、风度、同情心等。

孔雀型的人热情洋溢，天生具备乐观与和善的性格，有真诚的同情心和感染他人的能力，具有高度的表达能力。他们的社交能力极强，重视形象，善于建立人际关系，富有同情心，容易与人接近，有流畅的口才和幽默的风度，在以团队合作为主的工作环境中会有最好的表现。

孔雀型人才常见的行为表现有：说话的时候手舞足蹈，面部表情丰富；比较有创造力；具有一定的说服力；时时能给他人惊喜或者能鼓舞人心。

这类人格的优点是一般比较热心，乐观，口才好，好交朋友，风度翩翩，诚恳热心，生性活泼，能够让别人开心，善于建立同盟来实现目标。

这类人格的缺点是有时思考模式比较跳跃，常常无法顾及细节以及计划的完成情况，有时候不太注重结果，有时候会过于乐观。

偏孔雀型的人一般适合需要当众表现、引人注目的工作，比如销售、采购、培训师、品牌推广、公关等。孔雀型的管理者在团体里通常人缘很好、很受欢迎。

3. 猫头鹰型

《西游记》里的唐僧就是典型的这种性格。猫头鹰型人才的关键词包括逻辑、数字、精确、客观、规则等。

猫头鹰型的人行事条理分明，守纪律，重承诺，重规则，轻情感，讲究制度化，事事求依据和规律，是完美主义者。他们通常传统而保守，性格内敛，善于以数字或规条为表达工具而不大擅长用语言来沟通情感。

猫头鹰型人才常见的行为表现有：很少有面部表情；说话或者行为不是很快；容易陷入思考；特别强调逻辑、规则；使用精确的语言，注意细节；平时说话喜欢引用数字，做报告的时候喜欢用图表和数字。

这类人格的优点是精确度高，逻辑性强，分析能力强，尊重规则和制度，遵循规律，重视架构，分析力强，天生有爱找出事情真相的习性，因为他们有耐心仔细考察所有的细节并想出合乎逻辑的解决办法。有时候这群人是企业稳定的来源，也是最佳的品质保证者。

这类人格的缺点是往往把事实和精确度置于感情之前，容易被认为感情冷漠。他们有时在压力下为了避免做出结论，会分析过度；有时喜欢钻牛角尖，让人觉得吹毛求疵；有时照章办事的态度和追求完美的精神可能会造成团队内部的不团结。

4. 考拉型

《西游记》里的沙僧就是典型的这种性格。考拉型人才的关键词包括稳健、平实、敦厚，规律，耐力等。

考拉型的人行事稳健，不喜夸张，强调平实，性情平和，不喜欢制造麻烦，不兴风作浪。他们一般温和善良，很稳定，够敦厚，温和规律，不好冲突。在别人眼中常让人误以为是懒散不积极，但只要决心投入，可能是路遥知马力的最佳典型。

考拉型人才常见的行为表现有：和蔼可亲，说话慢条斯理，声音轻柔；喜欢用赞同性的语言；特别强调情感、忠诚等。具备这种性格的人在办公室里面喜欢摆放家人的照片。

这类人格的优点是重视安稳，对其他人的感情很敏感，这使他们在集体环境中能够左右逢源。

这类人格的缺点是喜欢依附于人，很难坚持自己的观点或迅速做出决定，不愿意处理有挑战性的事情，可能会比较守旧。一般来说，他们不喜欢争执，也不愿意处理争执。

5.变色龙型

《西游记》里的白龙马则偏于变色龙型人才。白龙马的戏份不多，但关键时刻能打怪，能沟通，能处理紧急情况。变色龙型人才的关键词包括中庸、韧性、综合、适应、变化等。

变色龙型的人没有突出的个性，他们中庸而不极端，兼容并蓄，不与人为敌，凡事不执着，懂得看情况看场合，韧性极强，弹性极强，处处留有余地，善于沟通，是天生的谈判家，是其他四种特质的综合体。他们能充分融入各种新环境、新文化且适应性良好，在别人眼中他们没有个性，但对他们来说没有原则就是最高原则。

变色龙型人才的主要行为表现：综合老虎型人才、孔雀型人才、考拉型人才、猫头鹰型人才的特质，没有突出个性，没有强烈的个人意识形态，擅长整合各项资源。

这类人格的优点是能够在工作中调整自己的角色去适应环境，善于整合各项资源，具有良好的沟通和适应能力。

这类人格的缺点是没有强烈的个人意识形态，有时候摇摆不定，难以捉摸，从而让别人觉得他们没有个性、没有原则，就好像墙头草。

变色龙型的人处世能够圆融，不会剑走偏锋，有时候是办事能力很强的人，但是这类人也有可以效忠任何人的倾向，变色龙型管理者的下属也可能很难忍受一个善变和不讲原则的领导。

有人可能一听变色龙这个名词，就觉得这种性格是不好的，或者认为变色龙不适合与其他人搭档。其实变色龙型的人是非常好的多面手。他适合与任意一种人格搭配，因为他综合了各类人格的特质，不极端，不执着，韧性极强，善于沟通，是天生的谈判家，他们能够充分融入各种新环境、新文化中，且适应性良好，他们懂得凡事看情况、看场合。

7.2.3　PDP 人格测试题及答案

PDP 人格测试题的原文如下。

提示：在回答问题时，请不要依据别人对你的评价来填写答案，而是依据你认为自己本质上是什么样子，在相符合的答案前打√。

1.你做事是一个值得信赖的人吗？

□非常同意　□比较同意　□差不多同意　□一点点同意　□不同意

2.你个性温和吗？

□非常同意　□比较同意　□差不多同意　□一点点同意　□不同意

3. 你有活力吗？

□非常同意　　□比较同意　　□差不多同意　　□一点点同意　　□不同意

4. 你善解人意吗？

□非常同意　　□比较同意　　□差不多同意　　□一点点同意　　□不同意

5. 你独立吗？

□非常同意　　□比较同意　　□差不多同意　　□一点点同意　　□不同意

6. 你受人爱戴吗？

□非常同意　　□比较同意　　□差不多同意　　□一点点同意　　□不同意

7. 你做事认真且正直吗？

□非常同意　　□比较同意　　□差不多同意　　□一点点同意　　□不同意

8. 你富有同情心吗？

□非常同意　　□比较同意　　□差不多同意　　□一点点同意　　□不同意

9. 你有说服力吗？

□非常同意　　□比较同意　　□差不多同意　　□一点点同意　　□不同意

10. 你大胆吗？

□非常同意　　□比较同意　　□差不多同意　　□一点点同意　　□不同意

11. 你做事追求精确吗？

□非常同意　　□比较同意　　□差不多同意　　□一点点同意　　□不同意

12. 你适应能力强吗？

□非常同意　　□比较同意　　□差不多同意　　□一点点同意　　□不同意

13. 你组织能力好吗？

□非常同意　　□比较同意　　□差不多同意　　□一点点同意　　□不同意

14. 你是否积极主动？

□非常同意　　□比较同意　　□差不多同意　　□一点点同意　　□不同意

15. 你害羞吗？

□非常同意　　□比较同意　　□差不多同意　　□一点点同意　　□不同意

16. 你强势吗？

□非常同意　　□比较同意　　□差不多同意　　□一点点同意　　□不同意

17. 你镇定吗？

□非常同意　　□比较同意　　□差不多同意　　□一点点同意　　□不同意

18. 你勇于学习吗？

□非常同意　　□比较同意　　□差不多同意　　□一点点同意　　□不同意

19. 你反应快吗？

□非常同意　　□比较同意　　□差不多同意　　□一点点同意　　□不同意

20. 你外向吗?
□非常同意　□比较同意　□差不多同意　□一点点同意　□不同意

21. 你注意细节吗?
□非常同意　□比较同意　□差不多同意　□一点点同意　□不同意

22. 你爱说话吗?
□非常同意　□比较同意　□差不多同意　□一点点同意　□不同意

23. 你的协调能力好吗?
□非常同意　□比较同意　□差不多同意　□一点点同意　□不同意

24. 你勤劳吗?
□非常同意　□比较同意　□差不多同意　□一点点同意　□不同意

25. 你慷慨吗?
□非常同意　□比较同意　□差不多同意　□一点点同意　□不同意

26. 你小心翼翼吗?
□非常同意　□比较同意　□差不多同意　□一点点同意　□不同意

27. 你令人愉快吗?
□非常同意　□比较同意　□差不多同意　□一点点同意　□不同意

28. 你传统吗?
□非常同意　□比较同意　□差不多同意　□一点点同意　□不同意

29. 你亲切吗?
□非常同意　□比较同意　□差不多同意　□一点点同意　□不同意

30. 你工作足够有效率吗?
□非常同意　□比较同意　□差不多同意　□一点点同意　□不同意

　　每个答案对应5分到1分的分值,即"非常同意",给5分;"比较同意",给4分;"差不多同意",给3分;"一点点同意",给2分;"不同意",给1分。将以下序号题目的答案的分数进行累计:

　　老虎项:5、10、14、18、24、30题共(　　　)分

　　孔雀项:3、6、13、20、22、29题共(　　　)分

　　考拉项:2、8、15、17、25、28题共(　　　)分

　　猫头鹰项:1、7、11、16、21、26题共(　　　)分

　　变色龙项:4、9、12、19、23、27题共(　　　)分

　　得出自己在老虎项、孔雀项、考拉项、猫头鹰项、变色龙项上的得分。

　　假如某人某项得分远远高于其他四项,那他就是典型的那种类型的性格;假如他有某两项分数明显超过其他三项,那他就是这两种动物性格的综合,

依次类推；假如他各项分数都比较靠近，那么代表他是一个面面俱到的人。

比如，某人"老虎项"得29分，"孔雀项"得16分、"考拉项"得15分、"猫头鹰项"得28分、"变色龙项"得分27，代表着此人比较接近"老虎""猫头鹰""变色龙"的性格，比较不接近"孔雀""考拉"的性格。

7.2.4 PDP人格测试应用方法

PDP人格测试的测评方法有两种，一种是用量化的调查问卷，还有一种是通过问对方问题，来判断对方是属于什么性格特质。问的问题也可以参考调查问卷中的问题，面试过程中问相关问题后，通过对方的回答和行为反应来判断对方的性格。

通过面试判断候选人的性格能够防止有的候选人隐藏性格，单靠笔试的话，他会猜测所谓的正确答案，而可能不是他本身真正会选的答案。另外可能每个人对笔试题内容的理解也不一样。所以，比较好的做法是面试之前先让候选人做测试题，也就是先笔试，再通过面试的环节予以确认。

1. 针对老虎型人才应用

对待老虎型人才，首先目标要明确，因为他们非常注重结果。其次和他们沟通要直接和主动，开诚布公地直接说观点。最后对这类人才的激励点要选准，要有挑战、有授权、有一定的物质奖励。设定目标的时候也可以有一定的难度，工作内容可以相对丰富一些。

典型的老虎型人才比较适合做管理者。给他们一些挑战，他们会觉得自己有价值。老虎型的管理者，除了与老虎型性格的人可能不好相处之外，可以配合任何类别的下属。

如果企业马上要推行管理变革，那么老虎型的管理者和孔雀型的"二把手"搭配是个比较好的选择。因为老虎型和孔雀型的人天生就具有鼓吹理想和情怀的特质。

如果企业当前比较强调制度、流程、规范的梳理和建设，老虎型的管理者和猫头鹰型的"二把手"就比较般配。

如果企业目前的经营管理情况比较稳定，一段时期内也不会有比较大的波动，那么老虎型的管理者和考拉型的"二把手"就比较配。

2. 针对孔雀型人才应用

和孔雀型的人相处的时候，要明确表示出对他们的认可和赞美。比如，在欧美文化中，父母之间、亲人之间、爱人之间会非常直接地表达"我爱你"。同事之间、朋友之间、陌生人之间会直接地表达"你今天好漂亮"。这些都是孔雀型人才会做的事情，也是对待孔雀型人才的最好方式。

孔雀型人才是以人际关系为导向的，他们对人非常敏感，喜欢活跃气氛，喜欢给别人带来快乐，也非常享受作为团队一员的感觉。他们不能接受别人对他们的忽视，不能忍受别人把他们排除在外的感觉。

对待孔雀型人才，我们需要引导他们落实行动的方案。孔雀型人才一般创意很多，新鲜的点子很多，但是他们在优先性排序和落实执行方面相对不如老虎型性格的人。所以，我们可能需要随时关注这类人的行动计划和计划的执行情况。

3. 针对猫头鹰型人才应用

在与猫头鹰型人才相处时，最好让自己的人品得到他的认可。猫头鹰型人才和人交往很看重人品，一般真诚和有责任心的人会得到他们的欣赏。

对待猫头鹰型人才要做到精确性和有规划，最好和他们用事实或者数据说话，和他们相处时最好按照规则和记录来。猫头鹰型人才也会把这些看成是人品的一部分。

我们要注意鼓励猫头鹰型人才学会抓大放小。因为他们比较注意细节，可能会太过于关注一些细节而忘了计划的最终目标。我们要注意引导他们从细节中跳出来，学会看到整体，培养他们见树又见林的眼界和技能。

如果是架构稳定，强调制度、流程或者规范的企业，可以选用猫头鹰型人才来做管理者。猫头鹰喜欢在一切按照规范的环境中做事，也会主动去建立这些规范。如果企业要进行架构重组、目标调整的时候，猫头鹰型的管理者就容易迷失。

典型猫头鹰人才非常适合做财务、数据分析、设计、编程、研发等工作。

4. 针对考拉型人才应用

考拉型人才一般做事从容不迫，有自己的步调，喜欢做规划，会给自己充分的规划、考虑和行动的时间。他们不喜欢突发奇想，不喜欢突然改变计划。我们要培养这类人才的应变能力，培养他们对变化的适应能力；我们要鼓励他们面对冲突，鼓励他们提出不同的意见。

考拉型人才一般性格温顺，喜欢和谐，不喜欢冲突。但是冲突是在所难免的，我们要鼓励他们提出自己的意见，不要害怕冲突和不和谐。

对待典型考拉型人才，我们在工作上可以少给他们一些挑战，因为他们喜欢平稳，不喜欢挑战。典型考拉型性格的人非常适合做行政、前台、客服、接待等类型的岗位。

5. 针对变色龙型人才应用

变色龙型人才非常灵活，我们首先要认可他们的灵活是一种特质，可以作为优势。其次，我们要帮助他们在复杂的环境中学会分清主次和优先顺序。他们有的时候会苦恼于在复杂的环境中应该采用什么样的应对方法，我们要鼓励和培养他们学会判断。典型的变色龙性格的人适合做任何类型的岗位。

需要注意，让某一类人格偏向的人去做他不适合的岗位并不一定代表着他不能做。很多时候其实他也能做，但相比于人格和岗位比较匹配的人才，他们的内心会不喜欢，可能需要一段时间来适应和调整自己。在调整之后，他们有时候也能把与自己深层人格相悖的岗位工作做好。这时，他们一方面是压抑着自己深层的天性，另一方面是在培养自己的其他天性。

PDP 人格测试的结果是人力资源对人才聘用、调岗、晋升或者降职的重要参考，但不能作为绝对或者唯一的依据。随着时间的推移、职业的转换、经历的不同、习惯的养成等因素，同一个人在不同时期测试的结果可能完全不同，这也说明人的性格并非一成不变。

不要唯测评结果论。测评结果只能作为参考，不建议作为唯一的判断依据。当我们发现一位候选人在所有方面都合适，只有人格不合适的时候，我们不一定要拒绝他。当两个候选人其他各方面都差不多的情况下，一位性格和岗位匹配，另一位不匹配，这个时候可以按照人格测试的结果来选择。

没有完美的个人，只有完美的团队，团队中的人性格互补，能够帮助团队更好地达成目标。五种人格类型的人才互相搭配，能达到取长补短的效果。在团队中，一定会存在各种性格的人。

举例

假如某人是团队中的管理者，孔雀型性格，下属有老虎型、考拉型、猫头鹰型、变色龙型，那么这位管理者可以利用他们优点，充分发挥他们的优势，取长补短，推进整个团队的共同进步。

给予老虎型下属更多的责任，布置工作时注意结果导向。让考拉型下属能够配合老虎型下属的工作。猫头鹰型人才注重细节、分析力强，在做决定之前，可以让猫头鹰型下属发挥自己的特长，用冷静、科学的方式分析，可以避免老虎型下属的武断和考拉型人格的犹豫不决。

在日常工作中或者某项目运行的过程中，当出现意见分歧的时候，就是变色龙型人才大展身手的时候了。变色龙型人才极强的沟通能力和应变能力，能够让团队成员更清楚团队目标，完美地完成任务。

7.3 评价中心设计和应用

评价中心是一系列测评工具的集合体，是用来评估人才一系列特质的多种方法的集合。运用评价中心的方法，是多名测评人员运用多个测评工具，从多个测评的维度对被测评者的素质、知识、能力和经验进行评估。

7.3.1 如何应用评价中心

人才测评必然会涉及测评的信度和效度。

测评的信度，指的是测评结果的可靠性、稳定性和一致性。信度越高，代表着测试结果的一致性水平越高，测试结果越一致；相反，信度越低代表着测试的结果越不一致。有时候，测试的误差将会导致测评的不一致性，从而降低测评的信度。

测评的效度，指的是测评结果的有效性。效度越高，代表着测评结果和实际情况之间越吻合；效度越低，代表测评结果和实际情况之间越不吻合。

运用评价中心的方法对人才进行测评，目的是平衡测评的信度、效度和成本三者之间的关系，让企业在人才测评中不至于过分依赖某一种或某几种单一的工具或方法，避免出现信度过高、效度过低或者效度过高、信度过低的情况。

评价中心的测评方式非常多，比较常见的有行为访谈、非行为访谈、情景模拟测评、笔试测试、人格测试、简历测评等，有的评价中心还会对推荐信进行测评，甚至有的测评中心还会对血型、笔迹等进行测评。每种测评方式对应着不同的信度和效度。

评价中心能够帮助 HR 精准地招聘外部人才、选拔内部的高潜力人才以及对现有的管理者做出评价，是内外部人才选拔和培养的重要工具。

评价中心也是企业组织发展和战略变革的工具，可以帮助企业的高层管理者执行战略，帮助内部管理团队增加对新的战略、组织观念的认知和认同，能够帮助高层管理者识别和选拔出支持企业变革，具备新战略、新组织能力以及新发展需要的人才。

7.3.2 如何构建评价中心

构建评价中心之前，首先要成立专业、可靠的项目小组。小组的成员要包括高层领导，最好包括最高管理者，人力资源管理相关领导和测评工作相关的实施人员，外部的专家和顾问。项目小组负责评价中心项目的建设工作。构建评价中心的主要步骤如下。

1. 明确定位

在企业建立评价中心之前，首先要明确评价中心建设的整体思路、建设的目的和具体要达成的目标。要明确评价中心要为企业的哪些业务、哪些部门、哪些岗位、哪些事项负责，并确定评价中心内部的组织机构、运行流程、工作纲领和原则，形成详细的评价中心建设规划文件。

2. 建立标准

岗位的胜任模型和必要的岗位分析是评价中心建设和运行的前提。所以在正式构建评价中心之前，需要在充分考虑行业背景、企业状况、企业战略的前提下，根据待测评岗位的具体情况，对测评岗位进行岗位分析或胜任要素分析。

3. 开发工具

评价中心可以用到的工具有很多，根据不同的测评目的和维度，可以采取不同的工具。但不是所有的工具都适合本企业，也不是所有的工具企业都能够有效地实施。因此，企业需要审视所有的测评工具，哪一种更适合自己使用，企业可以重点开发这几种。

4. 测评测试

在正式运用评价中心方法之前，需要选取个别的目标岗位进行充分测试。测试的结果应当纳入评价小组建设报告中。针对测试的岗位，测评小组要进行有针对性的访谈，了解评价中心的工具和方法在哪些方面还存在问题，并做出相应的调整。

5. 测评培训

评价中心的实施人员需要接受评价工具的实施原理、方法和技术等方面的培训。培训的内容一般包括胜任模型、行为观察和记录、测评方法、测评技巧、评估报告撰写等方法和技巧。

6. 评估改进

在实施评价中心的过程中，项目小组要对评价中心实际运行的效果进行持续的监控、评估和改进。应当将待改进的事项形成备忘，及时予以修正。

7.3.3 实施评价中心注意事项

实施评价中心时，需要注意如下事项。

1. 求准而不求全

评价维度选取的原则是要在短时间内可以观察和衡量的维度，而不是对岗位所有的岗位胜任力维度进行观察和衡量。比如有的岗位要求任职者诚实正直，这个特质虽然也能够通过测评的方式得出初步的结论，但信度和效度都远不如在较长一段时间的相处和观察中获得的。这类特质不建议通过评价中心测评。

2. 求精而不求多

虽然评价中心可以测评人才的不同维度，但在同一时间，采用评价中心进行评价的维度应当有所侧重，而且数量不宜过多。一般测评维度不宜超过8项。如果评价的维度过多，可能会影响其他关键评价因素的测评。

3. 求真而不求杂

采用评价中心法测评，应当追求真实性，追求评价过程案例的真实程度。

让模拟的情景充分发挥作用，提升被测评人身临其境的感觉。在评价中心的准备和实施环节，要在测评的求真性而不是测评的复杂程度上下功夫。

4. 求异而不求同

评价中心的优势在于可以根据测评维度的不同采取不同的测评方式，所以在实际运用时应当发挥出评价中心这一优势。评价中心的测评工具和方法应当随测评目的的不同而不同，比如外部招聘人才与内部裁员的测评方式、维度与侧重都应当是不相同的。

5. 求高而不求低

让高层尤其是企业的决策层参与评价中心的测评过程有助于评价中心的有效运行。高层领导的加入会让他们对人才评价技术有新的认识，对人力资源管理工作有更好的帮助，也能够让他们观察到平时管理中难以观察到的情况。

6. 求议而不求独

评价中心对人才的评价不应当由单一的测评人对被测评人做出评价，而应当是多位测评人对同一位被测评人在同一维度的测评进行商议和讨论后，得出最终的结论，以提高测评结果的有效性和客观性。

7.4　公文筐的设计和应用

公文筐是把对人才的评价和测试放到一定的模拟环境中的测评方法，这种方法要求被测评人阅读和处理一些比较真实的文字材料，并做出笔试回答。这种方法特别适合测评管理岗位人才的管理能力。国外很多企业都会采取公文筐这种测评技术。

公文筐测评比传统的笔试测验更能解决实际问题，而且更加灵活多变。因为公文筐测试是以书面形式完成的，所以会比结构化面试和小组讨论更加正式和规范，而且能够同时让更多的被测评人接受测评。

7.4.1　公文筐的评价维度

公文筐的测试和评价包括各种具体真实的模拟事件。有的事件需要被测评人做出综合的分析和判断；有的事件需要被测评人制订计划或做出决策；有的事件需要被测评人进行组织和协调；有的事件需要被测评人有效地授权，合理地分工，及时地监督和指导他人共同完成工作；有的多个事件需要被测评人分清楚轻重缓急，清楚资源分配。

公文筐不仅可以考察被测评人与事相关的能力，还能够考察被测评人与人相关的能力，同时也能够有效地考察被测评人的文字功底和书面表达能力。一般来说，公文筐考察和评价人才的维度和能力包括如下内容。

1.评价计划能力

评价计划能力是考察被测评人根据当前的形势和信息反映出的问题，分析和判断造成这些问题的根源以及这些问题之间的相互关系，并据此制定工作目标、任务、方法和实施步骤的能力水平。

2.评价组织和协调能力

评价组织和协调能力是考察被测评人根据当前的工作目标，将工作任务按照紧急和重要的程度进行优先级排序，并据此协调当前具备的人、财、物资源，合理地分工和授权相应的机构或个人完成相关工作的能力水平。

3.评价监督和指导能力

评价监督和指导能力是考察被测评人在进行资源的安排、分工、授权之后，对完成工作目标和任务相关的人、财、物资源的运行过程进行观察、分析和监督，并在出现异常状况之后及时纠偏和指导的能力水平。

4.评价沟通能力

评价沟通能力是考察被测评人在面对某些状况时或者针对某些局面时，表达个人的意见和思想，并让自己的意见和思想能够被他人准确接收的能力水平。

5.评价预测能力

评价预测能力是考察被测评人在面对某些环境时，根据环境中的关系因素、当前的资源和未来局势的变化，判断事物未来的发展趋势，做出准确判断，并制定和采取相应行动措施的能力水平。

6.评价决策能力

评价决策能力是考察被测评人在遇到一些实际问题时，特别是遇到一些紧急状况时，以最快的速度选择并采取高质量方案的能力水平。

7.4.2 公文筐的编制步骤

公文筐的编制质量直接决定了人才测评的信度和效度。如果公文筐的测试题和评价标准的编制没有做好，将很难保证评价的效果，那么公文筐实施的结果将很难保证。所以公文筐测试题的编制是公文筐的关键，公文筐编制步骤如图7-3所示。

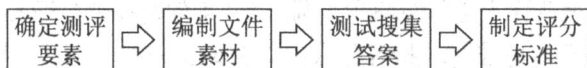

确定测评要素 ⇨ 编制文件素材 ⇨ 测试搜集答案 ⇨ 制定评分标准

图7-3 公文筐编制步骤

1.确定测评要素

选择测评要素的依据可以来源于不同的方面。针对岗位的微观层面，测评要素的来源包括工作分析、岗位说明书、胜任模型；针对企业的宏观层面，测评的要素包括企业的行业、所处的内外部环境、企业文化等内容；也可以根据岗位测评的具体目的和侧重设置测评要素。

2.编制文件素材

因为公文筐测评的特点，公文筐中的文件素材通常不应来自杜撰，而应当从实际工作当中来。比较好的搜集方法是通过组织交流会的形式，把同类岗位中优秀的任职者聚集在一起，让他们总结本岗位中的关键事件，并要求他们写出来。

为了让交流会中的信息收集更加顺畅而且有针对性，HR可以提前把公文筐测评岗位的要素告诉大家，并且让大家先从一些做得比较好的正面例子开始。为了筛选，一般来说交流会中需要收集的内容应当是所需内容的3倍左右。

在取舍信息时，要注意这些优秀的任职者写出来的信息可能太过于抽象，有的事件可能信息不完整，有的事件可能包含了太多的信息，还有的事件可能太过于依赖经验而忽略了对能力的考察，这时候HR需要对事件进行进一步的筛选和加工。

最常见的公文筐素材类型可以分成以下三类。

（1）决策类

决策类的文件一般指的是报告、建议或者请示，通常是工作中的临时的、偶发的、非常规性的决策。决策类的文件要求被测评人从给定的几种方案中选择最佳方案或者自行制定行之有效的解决方案。

（2）批阅类

批阅类的文件一般指的是要求被测评人给出处理意见的事件，这类事件一般都是该岗位需要常规处理的公务文件。一般需要被测评人根据事件的紧急和重要的程度，按部就班地有序处理。

（3）完善类

完善类的文件一般指的是存在缺陷的文件，或者缺少某些必要的信息和条件的文件，需要被测评人根据当前的情况找出问题、提出问题并想办法获取进一步的信息。

文件编写需要满足以下特性。

（1）主题突出

每个公文筐文件一般是以一个主题为核心，应当避免一个事件包含3个以上的主题或重点。

（2）内容典型

每个公文筐文件所体现出来的主题或者内容要代表该岗位未来主要的实

际工作。

（3）难度适中

公文筐测试的难度应当适中，避免出现过于难或者过于简单的题目。

3. 测试搜集答案

公文筐的题目编制完成后，接下来需要制定评价的标准。这就需要搜集各类答案和处理办法。搜集答案的办法之一是让该岗位中比较优秀的任职者测试回答，回答的过程可以不设置时限，保证他们能够充分回答完毕。为保证资料的充分性和完整性，搜集的答案最好在 10 份以上。

4. 制定评分标准

形成评价小组，由高层管理人员、该岗位优秀的人员或者外部的专家担任，将所有的答案分成优、良、中、差四个等级。等级的划分可以根据企业需要做出调整，也可以对应具体的分数。最后，形成标准的答案列表和具体的评分标准。

举例

某企业编制的公文筐，整体的评分标准原则如下。

优秀：能分清轻重缓解，事件处理及时、得当，考虑问题周全，专业知识丰富，解决问题的措施得力。

良好：基本能抓住重点，能够灵活运用专业知识，考虑问题周到，解决措施有效。

中等：能够分清主次，有专业知识，考虑问题较为周到，解决措施较为有效。

较差：不能抓住重点，不分轻重缓解，专业知识欠缺，考虑问题不周，解决措施不力。

要验证编制的公文筐的有效性，HR 可以找不同的两组人员进行测试。第一组是岗位比较优秀的任职者，第二组是刚开始从事该岗位或者没有从事过该岗位、没有经验的任职者，将两类人员的测评结果进行比较。

如果第二组的测评结果和第一组并没有明显的差异或者反而比第一组测评结果高，说明公文筐的编制是失败的，需要重新修改。如果第一组的测评结果明显优于第二组，说明公文筐的编制是成功的，可以开始应用。对在应用过程中发现的问题，需要做出及时调整。

7.4.3 公文筐的实施步骤

HR 在实施和应用公文筐时需要严格按照要求进行测评，保证测评环节的标准化和公平性。公文筐的实施包括如下步骤。

1. 准备阶段

周全的准备是公文筐实施质量的重要保障。在应用公文筐之前，需要设计好详细清晰的测评指导语，提前准备好测评的材料和测评的场地。

举例

某公文筐测评中，考官对进行测评人员的指导语内容如下。

本次是一场公文筐测评，在本次测评中，你将作为题目中的管理者，在3个小时的时间内，处理一些邮件、电话记录、备忘录和文件等。背景材料中你的具体身份、当前的情况以及需要处理文件的全部资料，都已经在桌子上的文件袋中。

你可以用到的器材包括铅笔、计算器、空白A4纸三张，在答题纸上作答。我们将根据答题纸上的答案计分，在其他地方答题都将不视为正式答题。

在整个公文筐测评期间，请关闭手机等一切通信电子设备，答题过程中如果查看手机或其他通信电子设备，将视为作弊，取消测评资格。

大家如果对本次测评还有不明白的地方，请举手提问。

如果没有问题，就默认大家已经清楚，现在可以开始答题了。

2. 开始阶段

在公文筐测评正式开始之前，如果场内所有被测评人测评的内容相同，为了保证被测评人充分理解题目，让被测评人快速进入角色，让测评的效果最大化，考官可以对测评题目的背景、被测评人当前的假设身份以及测评过程中一些必要的注意事项做出统一介绍。这个环节被测评人有不清楚的部分，也可以随时向考官提问。

3. 测评阶段

为了保证测评的公正性，在测评的过程中，考官如果发现个别的被测评人交头接耳、查阅不该查阅的电子通信设备，都应当按作弊处理，取消被测评人的资格，责令其离开测评场所。如果是企业内部员工，应当计入员工诚信档案，并按照企业的规章制度给予相应的处理。有提前完成回答的，最好不要让被测评人离开。测评结束后，所有测评人员必须停止作答，上交测评问卷，并等待进一步的安排。

4. 评价阶段

测评结束后，主考官应当根据公文筐的评分标准，对被测评人的回答做出初步的评价。对测评问卷中被测评人表述不清楚的部分，主考官可以在另外的房间通过口试的方式询问被测评人的想法。

对于有条件的企业，建议测评的环节不仅关注被测评人的测评问卷，还应当对所有人都增加面试环节。围绕测评问卷，不仅要了解被测评人处理问题的方法本身，还应关注他们为什么要这么处理。有时候可能两名被测评人对同一问题的处理方式相同, 但是他们对处理该问题的理由的不同却代表了他们不同的能力水平。

【实战案例】如何帮助候选人做出职业选择

小李在一家上市企业工作多年, 兢兢业业, 认真踏实, 得到了领导和同事的一致认可, 目前已经在分企业部门负责人岗位上做了 5 年时间。集团企业的领导有意提拔他, 目前有两个职位空缺, 一个是小李所在的分企业副总的岗位, 另一个是集团企业某部门的负责人。集团领导找小李谈话后, 想征求小李本人的意见, 小李考虑了很久也不知该如何抉择, 找到了人力资源的小王。

很多人在选择职业或者做出人生选择的时候经常会遇到案例中的情景。选项 A 和 B 似乎都有前景, 可是也都有着不确定性, 这种情况下, 员工该选哪一个呢? 作为 HR, 我们能够怎么帮助员工呢?

有一个工具, 可以在做职业选择或者人生选择的时候应用, 这个工具叫决策平衡单, 如表 7-1 所示。

表 7-1　决策平衡单样表

价值标准 （8 项）	重要度 （1~10）	A 选择	B 选择	C 选择
1				
2				
3				
4				
5				
6				
7				
8				
总分				

应用这个工具之前, 首先需要了解一个概念——价值观。价值观 (values) 是个体关于什么是有价值的、值得 (做) 的一系列信念, 是指导个体对于人、事、物与行动进行选择与评估, 是个体内心的尺度。

或者说, 价值观就是不同的人对不同事物重要程度的排序, 是人们判断究竟什么对自己来说更重要、什么对自己不重要的依据。有一个价值观的延伸概念, 叫职业价值观, 就是人们希望通过工作来实现的人生价值, 是人们选择职业的重要因素。

心理学家舒伯（Donald E. Super）在 1970 年研究开发了 WVI（work values inventory）职业价值观量表。他把人的职业价值观分成了 15 项，分别是：利他助人、美的追求、创造性、智性激发、成就感、独立性、声望地位、管理权力、经济报酬、安全感、工作环境、上司关系、同事关系、生活方式、变异性。

利用舒伯 15 项价值观定义，HR 可以帮助别人做出职业上的选择，步骤如下。

（1）要求个人罗列出 8 项重要的价值观，填入决策平衡单的表格。

（2）给价值观重要度打分，分别是 1~10 分，重要的分高，不重要的分低。

（3）罗列现在有的职业发展选项，比如 A 选择、B 选择或 C 选择。

（4）为选项的满意度打分，分别是 1~5 分，重要的分高，不重要的分低。

（5）计算各选项的加权总分。

（6）讨论和调整分数，做出结论。

HR 利用职业价值观决策量表帮助小李做了决策。小李最重要的 8 项价值观分别是：成就感、智性激发、同事关系、美的追求、经济报酬、创造性、独立性、声望地位，不同价值观对应的重要度、不同岗位对应的满意度如表 7-2 所示。

表 7-2　小李职业价值观量表应用

价值观	重要度	分企业副总	集团企业部门负责人
成就感	8	5	4
智性激发	9	5	4
同事关系	6	5	3
美的追求	7	4	4
经济报酬	8	5	4
创造性	7	4	4
独立性	6	4	5
声望地位	5	4	4
总分		255	224

根据量表的测算结果，小李对分企业副总岗位的总体价值观满意度是 255 分，对集团企业部门负责人的价值观满意度是 224 分。分企业副总岗位对小李的综合价值认可度高于集团企业部门负责人岗位。小李在反复检查各项分值与自身价值观的匹配度后，最终做出了选择分企业副总岗位的决定。

在运用决策平衡单的时候要注意如下几点。

（1）工具能帮助人们做决策，但不能代替人们做决策。

（2）如果完全相信工具，并不比完全靠拍脑袋决策更有效。

（3）对于存在选择困难症的人们，工具解决不了这类问题。

（4）最终人们的决策应当来自工具、心智、感觉的合一。

第 8 章

面试实施方法与技巧

面试的类别和方法有很多种。比如有选拔特定岗位的结构化面试，结构化面试当中一般是按照事先设定的结构问题问候选人；有根据岗位类别和能力要求的基于胜任模型的面试，这类面试一般是对照胜任能力表，事先设置对应的问题库，从问题库里面挑选问题问候选人；还有比较经典的面试常见问题和面试方法。本章将重点介绍面试实施的方法与面试的技巧。

8.1　面试准备工作

在正式开展面试之前，HR 需要做好一定的准备工作，其中有两方面比较重要，一方面是面试筹备相关工作，另一方面是设计企业统一的候选人个人信息收集表。

8.1.1　面试前的筹备

面试前的筹备有三方面的重点工作，一是面试官的准备，二是面试场所的准备，三是面试小组的筹备。

1. 面试官的要求

- 着装要求，参考：正装或西装（深色），衬衣（浅色），皮鞋（深色）。
- 正确佩戴工作牌，工作牌信息要完整。
- 面试前不吃有异味食物，保持口气清新。
- 面试前要仔细阅读应聘者简历，做到知己知彼。
- 要面带微笑，态度和蔼，用普通话和应聘者进行交流，讲话语速要平稳。
- 尊重应聘者，面试过程中不接打手机，不抽烟，不嚼口香糖，坐姿端正。
- 面试过程中要多听少说，但不失控制权，掌控面试进度。
- 对应聘者做到来有迎声、走有送声。

2. 面试场所的准备

- 选择安静的场所，如办公室、休息室（避开员工就餐时间）。
- 场所内要干净整洁，墙面要挂有体现企业文化和形象的展板。

3. 面试小组的筹备

- 按照知识互补、能力互补、气质互补、性别互补、年龄互补的原则成立初试面试小组和复试面试小组。

- 初试面试小组一般可以由人力资源部负责统一调配相关人员参加。
- 复试面试小组一般可以由人力资源部、用人部门或者行业专家参加。
- 如果是面试中高层岗位，需要总经理、分管副总甚至董事会成员参加。

8.1.2 个人信息模板

候选人到企业应聘时，大多会携带个人简历。由于个人简历中的信息类目有可能不全，而且格式不统一，所以不论是前期的面试环节，还是候选人录用后，信息的收集、整理、录入，对 HR 来说都不方便。在员工入职阶段，需要规定出统一的简历格式模板供候选人填写，形成岗位申请表，如表 8-1 所示。

表 8-1 岗位申请表

岗位申请表

一、应聘情况

应聘职位_____ 可到职日期_____ 要求薪酬_____
招聘信息来源_____ 是否可以外派工作 □是 □否

二、个人情况

姓名：_____ 曾用名：_____ 性别：____ 籍贯：____ 民族：____ 血型：____
婚姻状况：□未婚 □已婚 □离异 □其他 出生：____年____月____日 □阴历 □阳历
身份证号码：_____ 政治面貌：_____ 户口所在地：_____
家庭住址：_____
现住址：_____
档案所在单位：_____ 与原单位关系：□停薪留职 □辞职 □开除公职 □下岗 □买断
是否持有再就业优惠证？□是 □否 原单位已缴纳养老保险金？□是 □否
已缴医疗保险？□是 □否
联系电话：（手机）_____（住宅）_____ E-mail：_____
是否需企业安排住宿？□是 □否

三、接受教育情况（从高到低依次填写）

学历	学校	专业	起始时间	终止时间	备注

四、工作情况

原工作单位（全称）	职位	月薪	起始时间	终止时间	离职原因	企业电话	直接主管	人力资源负责人

原工作单位（全称）	职位	月薪	起始时间	终止时间	离职原因	企业电话	直接主管	人力资源负责人
本人同意做背景调查				签字：				

五、接受社会正规培训情况／所获证书（按时间先后顺序）

培训主题／证书名称	培训地点／获取地	起始时间／获取时间	终止时间／有效期限	备注

六、家庭主要成员

姓名	年龄	与本人关系	所在单位	联系电话

七、个人特长与技能

个人特长		电脑操作水平		外语水平	

八、介绍人情况／在本企业工作亲友

姓名	与本人关系	所在部门	在职职位	备注

九、健康状况

身高		体重		视力（裸眼）	左： 右：	身体状况	
个人健康特殊情况需说明：							

十、声明

除了较轻微之交通违例外，曾是否被拘控或被任何执法部门扣押？　□是　□否
若"有"请详述之＿＿＿＿＿＿＿＿＿＿＿＿＿＿＿＿＿＿＿＿＿＿＿＿＿＿
过去是否曾被任何机构解雇？　□是　□否
若"有"请详述之＿＿＿＿＿＿＿＿＿＿＿＿＿＿＿＿＿＿＿＿＿＿＿＿＿＿
本人现声明上述资料完全正确，并无蓄意隐瞒任何事实。本人同意如发现填报之资料有虚假事实，企业有权随时终止本人的雇佣合约或劳动关系，并不做任何补偿。本人同时授意容许对上述资料之查证及愿意接受必须之体格检查。
申请人签署：＿＿＿＿＿＿＿＿　　　　　　日期：＿＿＿＿年＿＿月＿＿日

续表

面试情况表（此内容由企业有关部门填写）
人事部门初试意见：　　□推荐　　　□可以保留　　　□不予考虑 评语： 简历：A □　　　B □　　　C □　　　（A：良好　B：一般　C：较差） 　　　　　　　　　　　　　　　　　　面试人：　　　　　　日期：
分管领导意见 / 部门复试意见：□推荐　　　□储备　　　□不予录用 评语：　　　　　　　　　　　　　　　　　　　　　　　　　　　　 　　　　　　　　　　　　　　　　　　面试人：　　　　　　日期：
录用情况（由人力资源部签署）： 录用部门：　　　　　　录用岗位：　　　　　　试 用 期：　　　个月 试用期薪酬：　　　　　职务级别：　　　　　　报到日期：　　　　　 　　　　　　　　　　　　　　　人力资源部：　　　　　　日期：

8.2　面试经典六问实施方法与技巧

面试过程中，比较经典的六类问题分别是导入类问题、动机类问题、行为类问题、应变类问题、压力类问题和情境类问题。一般一个通用的面试过程可以按照这六个问题的逻辑来运行。

（1）通过导入类问题先和候选人做一些寒暄，相互简单介绍，把候选人带入面试的环境。

（2）通过动机类问题，了解候选人选择企业或者岗位的目的和意愿。

（3）通过行为类问题，判断候选人过去的工作表现情况，判断候选人的行为特质、工作能力水平，以及分析问题、处理问题的综合能力，进而判断候选人和岗位之间的契合程度。

（4）通过应变类问题，了解候选人的反应速度以及应变能力。

（5）通过压力类问题，了解候选人在压力环境下的表现，同时能看出候选人的沟通能力和抗压能力。

（6）通过情景类问题，给候选人创造一个虚拟的环境，通过在这个环境中候选人的行为，判断候选人在实际工作中可能会出现的行为。

8.2.1　导入类问题实施方法与技巧

导入类问题的主要目的是暖场，HR 可以通过导入类问题为面试过程营造一个良好的氛围。通过问候选人一些简单的问题，逐渐切入面试话题，获取候选人的一些基本信息。

在导入类问题中，比较常见的一般是五个方面的问题。

（1）自我介绍。

（2）工作经历。如果候选人自我介绍中的工作经历已经介绍得比较全面，HR可以不再问，下面的问题也是同理。

（3）所学的专业。如果候选人是应届毕业生或者毕业时间在3年以内，HR可以和候选人聊一下他的专业都学了哪些具体课程，了解他对自己所学专业的理解程度。我们也可以借这个问题判断他的专业和所招聘岗位的匹配程度。

（4）优缺点和爱好。HR通过了解候选人的优点和缺点，以及候选人的特长和爱好，能够判断候选人与岗位的匹配程度。

（5）请候选人介绍他对岗位的理解程度。

在进行导入类问题的环节，HR要注意面试的氛围营造和节奏把握。

举例

刚毕业时，我曾应聘过一家国内非常著名的企业。面试的时候，我表现得很友善，也很谦卑，不过那位面试官不论是表情、语气还是神态，从头到尾都毫不客气。在和这位面试官短短的十几分钟交流中，我感受到了很大的冒犯和敌意。

我听说这家企业的工作压力挺大的，因为我当时的社会阅历和工作经验比较浅，还以为这类大企业的面试风格就是这样的，可能因为在这家企业的工作压力比较大，所以面试官故意采取这种方式来面试。

后来，随着自己接触的企业多了、经验多了，才发现根本不是这样。面试中面试官可以通过一些提问给候选人一些压力，但是其目的并不是从头到尾让候选人感受不到基本的尊重。

即使像微软和苹果这种世界级企业，负责招聘的HR也会遵循基本的面试规则。而且越是顶级企业的HR，其个人素质越高，他们即使在面试过程中觉得候选人不合适，也不会表现得很明显，更不会让候选人感受到敌意。

回想起来，那个面试官当时的状态，其实是他个人非常情绪化、不专业的表现。

即使这家企业如今在国内还是数一数二，但是因为那位面试官，我对这家企业整体的印象都非常不好。所以，面试官代表着企业的形象，面试官的态度、行为和素质直接影响着候选人对企业的判断。

千万不要以为在面试场所，面试官就可以抛掉人和人之间最基本的尊重和礼仪。即使整场面试和候选人的交流只有3分钟的时间，HR也应态度得体，让候选人感到企业的善意。

8.2.2　动机类问题实施方法与技巧

动机类问题是为了了解候选人的价值观、职业性格特质、职业发展规划而进行的提问。这类问题的主要目的是判断候选人的价值观、职业性格、职业目标和规划与企业招聘岗位是否匹配，和企业文化是否匹配，企业能给员工提供的职业发展是否和员工未来的期望匹配。

HR 实施动机类问题时，可以问候选人如下问题。

- 你在职业发展方面最看重的是什么，你为什么最看重这个？
- 你为什么会选择我们企业的这个岗位，为什么不选择其他企业的同类岗位呢？
- 你为什么要离开原来的企业和原来的岗位，是不是在企业文化、人际沟通、同事关系或者岗位适应上有问题？
- 你最喜欢或者最想从事的职业是什么？可以是大体的方向，也可以是具体的岗位。
- 你未来的职业发展具体是怎么规划的？ 3 年要成为谁？ 5 年要成为谁？ 10 年要成为谁？

问这类问题的时候，HR 要注意，并不是候选人对个人发展或者职业规划的愿景越远大、越宏伟越好，而是要根据招聘岗位的需求来判断候选人的匹配程度。

举例

某企业规模较小，现在企业要招聘一个行政文员岗位。这个岗位的具体工作其实就是收发文件、端茶倒水、文件整理等简单而基础的事务性工作。企业当前的人力资源管理水平处在比较低级的阶段，没有一套完整的、成体系的员工职位晋升和发展通道，所以从事这个岗位的人才可能并没有职业发展的机会。

这时候，来应聘的人里有一位是某名校的研究生，她对自己的职业发展有一个很好的规划，期望未来能有比较好的发展。另一位是专科毕业的学生，工作时断时续，职业发展中有照顾家庭的空档期，她对职业发展没有过多要求，只想找个地方安稳上班，条件是五险一金等福利齐全、工作有双休日、每天能正常上下班、回家做饭、照顾孩子。

如果抛开企业的背景，一般人才选拔都应该选择优秀的人，因为优秀的人有主动工作的动机和动力，可是在上述案例中，HR 应当选后面这位应聘者，因为她比前一位优秀的毕业生更适合做这个相对没有发展前景的岗位。这个岗位的要求就是稳当、踏实的人才，这时候有职业规划、抱负远大的人才反而不适合这个岗位。

举例

春季校园招聘一般在每年二三月份开始，到六七月份结束，过了这个时间还没找到工作的应届生一般都是有原因的。这时HR可以问应聘的学生为什么一直没有找到工作。

有的同学会回答说因为考研，但没考上，所以才开始找工作。这时候，HR要注意进一步问他，是否还准备考研。

即使他说他不准备考研，HR也要和他确认，为什么他当初选择了考研，现在又不准备考研了。如果他的回答没有说服力，HR应该谨慎考虑。

不是说企业不应该录取想考研的学生。很多企业为了提升员工的能力，会鼓励应届生入职之后在岗继续学习，甚至还会出台很多相关的激励政策。如果你的企业恰好也是这样，那么可以录取这类人才。有的企业管理水平还不能支持员工在职期间继续学习，这时需要考虑该如何选择。

8.2.3 行为类问题实施方法与技巧

行为类问题是通过对候选人曾经的工作或者经验的挖掘，了解他的能力水平。HR通过候选人过去的工作成果、工作经验、工作能力，判断他未来可能会产生的工作成果，可能会在工作岗位上发挥的工作能力。

行为类的问题有如下三点好处。

（1）通过让候选人描述过去具体经历的细节，防止他编故事。

（2）这类问题比较客观，容易记录，过程中不涉及对个人价值观的判断，面试的记录可以供没有参加面试的管理层参考。

（3）通过候选人过去的行为判断其未来行为相对比较客观，因为人的行为和思维通常并不是很容易变化的。

HR在操作行为类问题的时候，要注意如下原则。

1. 客观的原则

行为类问题的落脚点要放在曾经的行为过程，而不是个人的感觉、情绪、判断或者意见。在候选人描述其行为的过程中，HR要避免做出主观的价值判断。

2. 多听少说原则

面试的过程是候选人表达和展示的过程，面试官应该想办法让候选人在自己的提问下尽情地发挥，而不是让候选人听自己滔滔不绝。一般来说，一场面试中，候选人的表达时间应达到 80% 以上，面试官的表达时间应控制在 20% 以内。

3. 开放式问题原则

HR 应该多问开放式的问题，少问封闭式的问题。

什么是开放式的问题？就是"为什么"或者"是什么"的问题。

举例

请你描述一下这个工作的具体内容。

请你介绍一下你认为自己最成功的一次项目是什么。

你最大的优点或者缺点是什么？为什么这对你来说是个优点或者缺点？

什么是封闭式的问题？就是"对不对""好不好""行不行"之类的两项选择或多项选择的问题。

举例

你觉得自己跟这个岗位符合吗？

你觉得自己沟通能力好吗？

你具备一定的写作能力吗？

举例

我第一次和一位业务部门的总经理一起面试时，那位总经理问候选人的第一个问题是：你觉得你的能力能胜任我们的岗位吗？

对方的回答就一个字：能！

我没想到这位总经理会这么问，赶紧把话题转过来，问了很多比较专业的开放式问题，以免让这位候选人觉得我们企业的面试过于简单。

封闭式问题在行为类问题中基本是无效问题。比如：你有没有能力？能不能胜任？这方面工作有没有经验？这类问题得到的回答都会是肯定的回答，没有哪个候选人会傻到被问到这种问题的时候，会回答不能胜任、没有能力或没有经验的。

不过，封闭式问题也并不是绝对不能应用，在有些情况下，封闭式问题可以有目的地应用，常见的有两种情况。

（1）如果封闭式问题的后续有问题的组合，不是单一的封闭式问题，后面的相关问题组合基本都是开放性问题，那么也是可以这么用的。

举例

问：这方面工作你有经验吗？

（如果对方说有）

问：好，那么接下来，请你说一下你以前都是怎么做的。

（2）除了行为类问题，封闭式问题在其他问题类型中也是可以应用的。

举例

你觉得自己是个内向的人还是外向的人？

你更喜欢读纸质书还是电子书？

你更喜欢多人集体类运动项目还是个人项目？

在问行为类问题的时候，HR可以应用STAR工具。STAR工具是面试的问题生成器。

S代表情景，指这件事情当时所处的环境和具体的背景。

T代表任务或者目标，指当时的工作要做什么，具体的目标是什么。

A代表行动，指候选人都采取了哪些具体的行动。通过候选人采取的行动，我们能够了解到候选人的思维方式和行为方式。

R代表结果，指最后达到了什么样的结果。通过这个结果，我们也可以进一步问一下候选人从这个结果当中有没有进行经验的总结，有没有收获或者进一步改进的想法。

面试官可以用这个逻辑来不断生成问题，同时更加准确地考察候选人完成任务的能力。STAR工具逻辑如图8-1所示。

- 之前什么时候？什么背景？（情景）
- 什么任务、目标？（任务/目标）
- 在过程中，候选人是担任什么角色的？做了什么？（行动）
- 达到了什么结果？（结果）

图8-1　STAR工具逻辑

举例

某人来面试技术人员，简历上写的是曾参与过很多技术开发项目。

面试官可以选择其中的一个项目问他：请问你当初在企业为什么要搞这个项目？当初有什么样的背景？（情景）

这个项目的目标是什么？你在项目中负责哪一块？你的任务目标是什么？（任务/目标）

为了达到你个人的任务目标和项目目标，你都做了些什么？（行动）

这个项目最终取得了什么结果？你的任务目标达到了什么结果？（结果）

在运用 STAR 工具提问的最后，HR 也可以再加一部分问题，就是评估改进类问题。

比如，这个结果是不是你所满意的？还有没有什么问题和不足？你为此做了哪些总结，做了哪些评估，做了哪些改进？改进之后收到了哪些结果？

行为类问题的实施步骤可以分成四步。

（1）提出一个开放性的问题。

（2）用 STAR 工具去挖掘候选人回答这个问题背后的细节。

（3）继续把前两步用在其他的行为类问题上。

（4）对在实施导入类问题时发现的一些潜在问题进行进一步求证。

举例

某企业招聘财务经理岗位，看简历上的情况，候选人曾经在其他企业有 5 年财务经理经验。HR 可以问候选人：你能介绍一下你日常工作中做过的对企业最有价值的工作吗？

如果候选人介绍得不够全面彻底，HR 可以进一步用 STAR 工具逻辑追问：请问这个工作的背景是什么？目标是什么？目的是什么？你负责工作的目标是什么？你都做了什么？最终得到的结果是什么？

HR 可以进一步追问：对这个结果你有什么收获或者是反思？有没有为此采取过什么行动？行动之后又产生了什么结果？

HR 还可以进一步问：你日常工作中做过最没有价值的一项工作是什么？也可以按照 STAR 工具逻辑进一步追问：有没有什么收获或者反思？有没有为此采取过什么行动？行动之后又产生了什么结果？

如果候选人在面试一开始自我介绍时，介绍过自己业余时间还在财务培训机构做过兼职讲师，HR 可以进一步按照 STAR 工具逻辑，问一下候选人当时具体是一个什么情况。

在行为类问题里面，如下问题可以作为开场。

- 你最大的成就或者失败是什么？
- 你最成功或者最失望的项目是什么？
- 你和上级、同事或者下级最激烈的争吵 / 冲突是什么？
- 你和最不喜欢的同事如何相处？

8.2.4 应变类问题实施方法与技巧

应变类问题有时候也可以是一种智力类问题，这类问题一般是有一定难度的两难问题，主要目的是考察候选人的逻辑分析能力、思维能力、想象力以及解决棘手问题的能力。

这类问题本身不一定要和应聘的工作岗位有必然的关联性，问题的内容可以尽量地发散。但是也要注意，问题可以追求新奇，但是不要过于天马行空；原则是要在意料之外，但是在情理之中。问题的本质是要考察候选人，而不是为难候选人。

网上广为流传的比较新奇的面试问题一般都属于应变类问题，比如如下内容。

- 你觉得井盖为什么是圆的？
- 你觉得为什么天是蓝色的？
- 怎么把一把梳子卖给光头？
- 假如有一个岛与世隔绝，这个岛上的人不习惯穿鞋，怎么把鞋卖给这个岛上的人？

举例

有一位国外的朋友曾经和我说过他的故事，他参加国外某名校MBA（工商管理硕士）招生面试的时候，那位招生老师问了他一个问题：如果你有一个机会和微软公司（Microsoft Corporation）的创始人比尔·盖茨（Bill Gates）在电梯里面碰面。你只有不到30秒的时间和他聊天，你要和他聊什么话题，让他能够快速地被你吸引？

这个问题其实就是一种应变类问题。这个问题在意料之外，却在情理之中。

我们可以思考一下，比尔·盖茨已经是站在世界商业顶端的人，要聊什么话题，他才有可能被吸引呢？和他聊互联网？聊金融？聊企业管理？聊人力资源管理？

这些话题以比尔·盖茨的阅历和见闻，想必早已司空见惯。和他聊这些，恐怕是班门弄斧，而且搞不好，不但不会吸引他的注意，反而让他觉得你不知道天高地厚，引起他的反感。

那么聊什么话题他可能会比较感兴趣呢？这个问题没有标准答案，但是从不同的回答当中，那位招生老师是能看出不同候选人的思考灵活性的。我朋友的回答算是抓住了这个问题的重点，他的回答是："和他聊养生的话题。"

为什么聊养生的话题，因为人在不同的年龄段有不同的需求。比尔·盖茨在创业时期，资金和技术对他来说非常重要，在企业的成长时期，人才和企业的经营管理对他来说非常重要。

当他年过六十，而且已经退出微软公司内部经营管理以后，他比较关心的很可能是怎么能活得更健康、更长久一些。这是人之常情，尤其这场面试是在苹果公司（Apple Inc.）的创始人乔布斯（Steve Jobs）去世的第二年，养生的话题可能会得到很多人的重视。

8.2.5　压力类问题实施方法与技巧

有时候 HR 可以故意制造一种紧张的氛围，提出一些看起来比较生硬的、不太礼貌的问题，让候选人感到不舒服，或者针对同一件事，进行一连串的发问，直到应聘者难以回答。

压力类问题的主要目的是考察候选人的心理素质、承受压力的能力、在压力面前应变和变通的能力以及沟通能力。有时候，如果候选人的气势比较强，HR 也可以用这一类问题来平衡气场。

常见的压力类问题是制造紧张氛围的问题，比如如下问题。

- 请告诉我，有这么多优秀的人在和你竞争这个岗位，我们为什么要录用你呢？
- 从你的简历和刚才的描述来看，你似乎并不适合这份工作，你认为呢？
- 从你刚才的表现来看，你被录用的可能性很小，你觉得呢？

HR 在问这一类问题的时候要注意语调，要不带任何情绪平缓地说。不要一下子把气氛搞得太紧张，也不要故意采用轻蔑的语气或者语调表达，更不要添油加醋地指责或者评判候选人的一些言语、品行或者过去工作中的做法。毕竟我们测试的是对方承受压力的能力，不是测试对方承受人格侮辱的能力。候选人是来找工作的，不是来听别人评论自己三观的。

还有一种压力类问题，是连珠炮似的问题。

比如，HR 第一个问题可以问：你生命中最失败的事情是什么？

这时候，候选人会回答一项工作的失败、一次创业的失败或者一段恋爱的失败。候选人的思维不同、角度不同、情景不同，答案会有所不同。单纯就回答这个问题来说，基本上无所谓好坏优劣。这个问题后面跟上的一连串问题，才是候选人难以招架的。

HR 可以继续问：你为什么认为这件事是最失败的？

问这个问题的目的是判断对方的价值观。人生不如意的事情很多，有人认为一次篮球赛输给别人就是最失败的事，有人认为曾经没有好好学习考上名校获得高学历是最失败的事。

对此，HR 可以继续问：你是怎么对待这件最失败的事情的？总结了哪些经验？

这时候很多候选人可能回答不上来了。

HR 还可以进一步做一系列的追问：既然是最失败的一件事，发生了以后你的态度应该是积极应对的吧，不应被消极情绪左右吧？你应该认真总结一下经验吧？这个时候，HR 可以采取一种合理推论，来假设对方应该对自己有一定的要求。

或者还可以进一步说：发生了最失败的事情不要紧，可是如果你被消极情绪影响不能自拔，说明你会被环境左右，情绪不够稳定，也不够积极。如果工作中出现挫折或困难，你是不是也会这样？

或者还可以进一步说：我认为你根本没认真对待过这件最失败的事情。如果连"最"失败的事情你都没有认真对待，那么在你生活或者工作中还有什么事情是会认真对待的？

之后，HR可以继续问：请举例你后来的行为在哪些方面有所改变。

这一步是判断候选人是怎么把失败的经验内化并指导行为的。如果候选人对这个问题的回答也不到位，HR也可以接着说：通过你刚才的回答，我认为你可能不是个行动派，没有落实行动的精神和意识。你如果是这么对待自己的，那你未来对待工作又会怎么样呢？

HR可以继续问：请举出至少一个案例来说明这种改变的成效。

或者接着问：你应用后的效果怎么样？还有没有衍生出其他的感触？后续有没有微调？

如果候选人回答说没有这一步，HR可以接着问：你怎么知道自己总结经验后改变的行为是对的？

这样的连珠炮似的问题如果全部都用上的话，压力是非常大的，很多候选人都招架不住。所以HR在实际用的时候要谨慎，一般对于一个问题，再延伸出三五个问题就可以了。

在运用压力类问题面试的时候，HR一定要注意，给候选人压力是考察手段，而不是目的。HR不能因为给对方压力，结果让整场面试最终以候选人对企业恨之入骨而结束。即使候选人心理承受能力较差，最后败在了压力类问题上，HR在面试最后也要完美地收场，把之前给出去的压力通过收场补救回来。

8.2.6　情境类问题实施方法与技巧

情境类问题是假设一种在岗位实际工作中会发生的情景，将候选人放在一个模拟的环境中，要求他处理相应的问题。通过候选人对情境类问题的回答，HR可以对他做出知识、经验、思维、观念、态度、习惯等方面更综合的评价。

这类问题主要是考察候选人分析和解决企业实际问题的能力，看他是否具备处理问题的具体方法和技巧，处理方式是否符合企业的实际情况、是否符合企业的文化、是否能够被企业接受。

情境类问题可以问如下的问题。

- 假如让你做财务经理这个岗位，你要如何开展工作？（考察行动能力）
- 如果你上岗以后发现你的直属上级并不认可你要推行的工作，你会怎么办？（考察沟通能力）

- 假如有多个领导向你布置工作，你会怎么办？（考察适应能力）
- 假如你的直属上级和他的上级领导意见不合，你会怎么办？

很多候选人前面的问题回答得都很好，企业本来觉得比较合适，但是当HR把企业的实际工作环境和背景向候选人介绍完之后，让他说明上岗之后的具体行动计划时，可能说不上来，或者说得过于宽泛，不能具体问题具体分析，不能做出一套有针对性的解决方案，这时候企业就要仔细考虑是否予以录取了。

HR在运用情境类问题的时候，需要注意如下问题。

（1）情境类问题中用到的案例最好是当前企业中真实发生的问题或者类似的情况，而不要用一些没有意义的、假大空的想象场景，否则HR考察的只是对方的想象力，而不是真实解决问题的能力。

比如，有的HR会问候选人：如果你的同事被外星人抓走了，你会怎么办？或者如果爆发了生化危机，周围很多人都变成了僵尸，你会怎么办？这类问题是没有意义的。

（2）不要找对企业有负面意味的情景。

比如，有的HR会问候选人：如果企业倒闭，你会怎么办？或者如果企业核心管理团队集体离职怎么办？这类问题会让候选人感觉到潜在的危机，甚至怀疑企业现在的经营状况，或者猜测企业的管理存在很大的问题。

在考察和挖掘情境类问题的时候，HR可以用到AOR工具，内容如下。

- A（action）指的是具体的解决方案或行动。
- O（other）指的是与预期不符时，其他的解决方案与行动。
- R（realistic）指的是解决方案在本企业的可行性。

利用AOR工具，HR首先要注意候选人有没有提出具体的解决方案或者行动计划，如果没有，HR可以适当地提醒他应该提出这方面的内容。

其次要注意，候选人是不是只提出了一套解决方案或者行动计划。如果是一套的话，可能有不能达到目标的风险。这时候HR要问候选人，如果结果和预期不符，他准备怎么办，有没有其他的解决方案或者行动计划。

最后要注意，HR要判断候选人的解决方案在本企业是否存在可行性和可实施性。

8.3 结构化面试和半结构化面试实施方法与技巧

按照标准化和结构化程度的高低，面试可以分成结构化面试、半结构化面试和非结构化面试。本节将介绍结构化面试和半结构化面试的操作方法与实施技巧。

8.3.1 结构化面试实施方法

结构化面试中的面试题、评分方法、评分标准这些事项采取的都是标准化的操作方法，面试官应当按照标准和流程的规定逐项实施面试，不能随意地改动。这类面试一般来说结构比较严谨，层次性强，整个面试过程的标准化程度相对较高。

结构化面试的表现形式主要包括如下几点。

1. 面试官的组成结构

面试官的工作性质、年龄层次、性别层次、专业特点应当具备一定的结构特点。

2. 测评要素的结构化

面试过程中候选人的测评要素应当遵循一定的结构，包括候选人的仪容仪表、语言表达、分析能力、沟通能力等项。每个测评项的设置都有一定的目的性和考察重点。

3. 测评标准的结构化

面试中对候选人所有的测评项目的评分具备一定的标准。

4. 面试程序的结构化

整个面试的程序要按照固定的流程运行。

举例

某超市基层员工岗位采取的是结构化面试的方法。根据基层员工岗位的胜任能力分析，确定基层岗位的测评维度为顾客导向、沟通能力、执行力、企业认知和诚信自律五个维度。在对基层员工进行招聘选拔时，除了判断员工的年龄、性别、外观、基本的语言表达这些之外，将按照表8-2的测评维度、问题和等级标准来面试并打分。

表 8-2　某超市员工招聘面试测评表

测评维度	权重	测评目的	面试问题	评分等级		测评分值	折算倍数
顾客导向	25%	考察应聘者能否做到以顾客为中心，很好地服务顾客	假如一件事情并不是你的错，但是顾客非要你道歉，你会怎么办？	杰出	先向顾客歉意，体现出良好的顾客意识、大局意识	5	4
				优秀	先道歉，再说明道理	4	4
				合格	纠结于到底是谁的错，在无奈之下道歉	3	4
				不合格	拒不道歉	1	4

测评维度	权重	测评目的	面试问题	评分等级		测评分值	折算倍数
沟通能力	10%	考察应聘者是否具备与领导、同事、顾客进行良好沟通的能力	在工作中，你和主管之间意见不一致时，你会如何解决？	杰出	高度的沟通意识并能通过有效的沟通达成共识	5	3
				优秀	采取有效的沟通方式，意在达成共识	4	3
				合格	沟通，但是仍然固执己见	3	3
				不合格	不沟通，武断使用自己的意见	1	3
执行力	25%	考察应聘者能否积极完成工作任务、履行工作职责	假设，今天是你爱人的生日，家人打电话催你早点回去庆祝，可是工作还没有完成，你会怎么做？	杰出	坚守自己的岗位，集中精力提高工作效率，尽早完成工作，回家庆祝	5	5
				优秀	与家人沟通好，留下来完成自己的工作	4	5
				合格	与要好的同事协商，请他帮助自己完成工作	3	5
				不合格	明天再做工作，直接回家	1	5
企业认知	15%	考察应聘者对行业性质、企业文化的认同	零售行业周末、节假日是销售高峰期，一般无法安排休班，会安排平时倒休，你能否接受？	杰出	能够明确表示认同零售行业的特殊性	5	3
				优秀	能够理解零售行业的工作性质，能够接受	4	3
				合格	有犹豫，能够勉强接受	3	3
				不合格	毫不犹豫地不接受	1	3
诚信自律	25%	考察应聘者的道德品质及职业操守	假如你看到与自己要好的同事下班时将自己买的商品按打折处理，你会怎么办？	杰出	敢于将此类问题向店长检举，不营私舞弊	5	5
				优秀	跟同事讲清利害关系，维护企业的规章制度	4	5
				合格	上前制止，劝其打消该念头	3	5
				不合格	多一事不如少一事，不去理睬，装作没看见	1	5

备注：70 分以下不录用，70 分以上可录用

注：因篇幅有限，表 8-2 中的面试问题仅展示部分，实际应用时，面试问题为试题库的形式。每个测评维度都会设置 5 个以上可供选择的面试问题。

8.3.2 半结构化面试实施方法

半结构化面试是在结构化面试的基础上进行的，这种形式介于结构化面试和非结构化面试之间。有标准的成分，也有灵活的成分。半结构化面试结合了结构化面试和非结构化面试的优点，同时避免了单一方法运用上的不足。

通过半结构化面试，面试官可以和候选人保持双向的沟通，获得更完整、深入的信息。通过指定问题和自由追问相结合的方式，让面试的形式既规范又灵活，有利于候选人充分展示自己，也有助于面试官深入考察候选人的素质情况。

设计半结构化面试的步骤如下。

1. 分析岗位需求

岗位需求分析一般可以通过胜任素质模型和岗位分析来完成，重点应当分析岗位的素质需求、知识需求、能力需求和经验需求。通过这些需求项目，设置招聘选拔过程中的关键项目，分配项目的权重，用于实际面试。

2. 设计面试问题

根据面试测评的项目设置面试过程中的问题。这些问题要能够指向和评估出面试测评的项目。通过候选人对面试问题的回答，面试官能够了解候选人在该测评项目上的适合程度。根据测评项目回答的可能性，设置评分标准或具体分数。

3. 安排问题顺序

完成面试问题的设计后，面试问题的排序同样重要。一般面试问题设置的原则是循序渐进，先易后难。先从候选人能够预料到的问题出发，让他适应面试的节奏，展开思路，快速进入角色。同时，注意面试官的设置和面试问题设置之间的匹配性，让合适的面试官问合适的问题。

设置和实施半结构化面试的时候需要注意，面试的过程必须保证企业的用人标准得到贯彻落实，保证岗位需要的能力标准和面试流程能够让参加面试的候选人得到同等的考察。实施半结构化面试过程中，可以有针对性地对没有问清楚的问题进行扩展，但不是漫无边际地提问。

8.4 无领导小组讨论

无领导小组讨论（leaderless group discussion）指的是由多名被测评人形成讨论小组，小组内所有成员都是平等的，讨论小组应在规定的时间内，对某个特定问题进行讨论，最终形成某个结论或方案。

测评人通过观察被测评人在无领导小组讨论过程中的言谈举止，判断被测评人的沟通能力、表达能力、逻辑思维能力、领导能力、说服力等。为了保证测评结果更准确，无领导小组讨论的全过程可以录像，测评人可以通过录像回放，对被测评人做出更细致的判断。

8.4.1　无领导小组讨论测评类别

无领导小组讨论的实施种类有很多，常见的分类如下。

1. 单小组 / 多小组

根据无领导小组讨论中的小组数量，无领导小组讨论可以分成单小组讨论和多小组讨论。单小组讨论指的是所有被测评人组成 1 个小组进行讨论，从而得出结论。无领导小组讨论的单小组人数一般为 4 ～ 10 人。

当被测评的人数较多时，可以采取多小组讨论的形式。多小组讨论指的是被测评人组成不同的平行单小组，同时讨论相同的问题。多小组讨论中的每个单小组人数一般同样为 4 ～ 10 人。多小组讨论不仅能实现对被测评人的评价，还能够对小组这个集体进行评价。这种讨论方式可以增加竞争性，促使被测评人更加投入和参与到小组讨论中。

2. 指定角色 / 不指定角色

根据被测评人在小组中是否事先被分配角色，无领导小组讨论可以分成指定角色讨论和不指定角色讨论。

指定角色的讨论是由测评人事先给被测评人分配无领导小组讨论中的角色。例如类似扮演沙盘游戏中的财务总监、运营总监、销售总监、采购总监、生产总监、技术总监等角色。与沙盘游戏中设定角色不同的是，无领导小组讨论事先分配的角色不包括领导角色，分配的角色之间是平等的关系。

被分配角色之后的被测评人就有了相对固定的立场，发表的观点应符合角色定位。因不同角色在同一问题下的立场是不同的，所以在讨论过程中难免存在观点冲突或意见相左的情况，这给小组讨论的过程增加了沟通难度，更能看出不同被测评人的沟通能力、说服能力和顾全大局的能力。

不指定角色的讨论是在讨论前不事先设定小组内的角色，讨论过程由小组内成员（所有被测评人）自发完成。不指定角色的讨论给了被测评人更大的自由发挥空间，更能体现被测评人的主动性和自发性，更能看出被测评人的真实状态。

3. 外部招聘 / 内部员工

根据被测评人的当前身份是否属于企业的员工，无领导小组讨论可以分成外部招聘岗位的无领导小组讨论测评和内部员工的无领导小组讨论测评。这两种无领导小组讨论的操作方式通常有所不同。

外部招聘岗位的无领导小组讨论重在测评外部人才和岗位的匹配程度，讨论的问题一般应当聚焦在与待招聘岗位相关的问题，讨论后的结论一般没有实际用处。内部员工的无领导小组讨论不仅可以测评出当前内部人才的能力状况，还可以通过无领导小组讨论探讨并解决当前的实际问题或培养员工的能力，讨论后的结论有可能得以实际应用。

4. 开放问题/具体问题

根据无领导小组讨论的问题是开放问题还是具体问题，无领导小组讨论可以分成开放问题讨论和具体问题讨论。这两类问题对被测评人思维发散的自由程度的要求是不同的。

开放问题指的是比较宽泛，可以自由发挥，没有标准答案的问题。例如，要做好客服岗位，都需要具备哪些能力？要有能力处理哪些问题？为什么？具体问题指的是设定具体问题背景，被测评人要根据问题的具体背景进行讨论。

8.4.2　无领导小组讨论测评特点

很多世界著名企业会采用无领导小组讨论实施人才测评，从而识别选拔出优秀人才。与传统的人才测评方法相比，无领导小组讨论的优点如下：

1. 互动更强

无领导小组讨论需要被测评人表达观点、完成协作、达成共识，在整个过程中，需要与其他被测评人产生大量的互动。这种互动能够增加被测评人展示自己的机会，有助于测评人更长时间地观察被测评人。

2. 更加投入

无领导小组讨论比较容易将被测评人拉入测评场景，让被测评人快速进入状态，沉浸在这种小组讨论的环境中。当无领导小组讨论的议题设置更贴近实际时，就更容易提高被测评人的参与意愿。

3. 效率更高

相对于一次进行一个个体测评来说，无领导小组讨论这种集体测评的效率更高，可以实现在较短的时间内对多人进行测评。无领导小组讨论比沙盘游戏的测评效率更高，是集体测评当中测评效率相对较高的人才测评方法。

与传统的人才测评方法相比，无领导小组讨论可能存在如下缺点：

1. 可能的伪装

随着无领导小组讨论在面试选拔环节被大量应用，这种人才测评方法已经被越来越多的求职者熟知。如今网络上也存在大量关于无领导小组讨论的解析和应对方法，甚至有很多人总结出很多"套路"，只要按照"套路"来，就会得到比较好的评价。

这就造成了被测评人在无领导小组讨论过程中展现出来的行为表现可能并不是个人真实的状态，而是被测评人猜测人才测评的诉求，迎合选拔的目的，为了让自己脱颖而出而刻意表现的行为。

2. 可能的误判

无领导小组讨论中可能存在对弱参与的被测评人的误判。很多时候，无领导小组讨论的测评方式要依靠被测评人的主动展示和表达。如果有的被测评人比较内向、比较慢热、不愿参与或者对题目本身有颠覆性创新的观点，都可能让被测评人对小组讨论持消极态度，无法展现出被测评人的真实能力，从而被误判成没有能力。

另外，被测评人也可能会被同组讨论的其他被测评人所影响。假如某组有一个非常强势的被测评人，一直在引导着小组讨论的方向，为避免冲突、顾全大局，相对不强势但很有能力的被测评人可能会选择被动跟随。在这种情况下，测评人可能会将被动跟随的被测评人解读为没有主见，将比较强势的被测评人解读为积极主动。

3. 可能的失控

实施无领导小组讨论，对测评人和观察人的能力和经验都有一定的要求。尤其是整个无领导小组讨论测评的总负责人，一是要具备较强的控场能力，要能够应对各种突发状况；二是要选择好无领导小组讨论的题目，题目要经得起讨论和推敲。

如果无领导小组讨论测评的总负责人控场能力较差，对小组讨论过程中产生的疑问或冲突不能有效应对，可能会让整场测评陷入混乱，最终使小组讨论以失败告终。如果无领导小组讨论的题目经不起推敲，不但会引发被测评人的负面情绪，而且无法达到测评目的。

8.4.3　无领导小组讨论题目设计

根据问题的开放程度，无领导小组讨论中的题目可以分成开放问题和具体问题。

1. 开放问题

开放问题指的是允许被测评人自由发挥的问题。这类问题往往给出的想象空间和讨论空间较大，可以给被测评人更多的发挥空间。

类似问题可以有：

（1）通过哪些方式可以提高企业的效益？

（2）通过哪些方式可以降低企业的成本？

（3）企业中的风险都有哪些，如何减少风险？

2. 具体问题

具体问题指的是有具体场景的问题。这类问题通常背景比较清晰，条件比较清楚，任务比较明确。具体问题限定了被测评人的讨论范围，确定了讨论的范围，指明了讨论的方向。本节最后一小节的无领导小组讨论实战案例就属于这类具体问题。

根据问题的属性，常见无领导小组讨论中的题目可以分成原因类问题、方案类问题、选择类问题等。

（1）原因类问题

原因类问题指的是根据某个场景，找到发生这个场景的原因，也可以进一步延伸到发生与这个场景类似的其他场景的原因。当问题中包括"为什么""为何""原因"等关键词的时候，通常代表这类问题属于原因类问题。

（2）方案类问题

方案类问题指的是根据某个场景，提出这类场景的解决方案、应对方法或行动计划的问题。当问题中存在"怎么办""如何""方案""方法""计划"等关键词的时候，通常代表这类问题属于方案类问题。

（3）选择类问题

选择类问题指的是根据某个场景中已经给出的多个选项，做出选择的问题，或者对多个选项划分优先级的问题。当问题中存在"选择""判断""找出""排序"等关键词的时候，通常代表这类问题属于选择类问题。

设计无领导小组讨论的题目时，要注意如下事项：

1. 问题要具备比较大的讨论空间。无领导小组讨论的题目一般没有所谓的"正确答案"，而是应当有比较大的扩展、延伸或深入的讨论空间。

2. 问题要易于理解。不能用一些晦涩难懂的问题，但也不能用过于简单的问题。太难或者太简单的问题都不利于强化被测评人的参与感。

3. 问题最好与实际工作联系紧密。无领导小组讨论的问题虽然可以根据需要设定场景，但也应当考虑企业实际。与企业实际联系紧密的问题好过完全虚拟的问题。

设计无领导小组讨论题目的流程可以分成以下 5 步：

第 1 步，选择题目类型。根据无领导小组讨论实施人群的测评目的选择题目类型。如果无领导小组讨论的实施目的是为了外部招聘，可以与待招聘岗位的直属上级沟通。如果无领导小组讨论的实施目的是内部选拔，可以与准备参与的被测评人的直属上级以及待选拔岗位的直属上级沟通。

一般来说，选拔基层岗位人员的时候，可以用原因类问题或方案类问题，主要考察基层岗位的逻辑思维能力和解决问题的能力；选择管理岗位的时候，可以用方案类问题或选择类问题，主要考察高层岗位的全局意识和决策能力。

第 2 步，设置具体题目。无领导小组讨论的题目最好来源于企业的实际工作，把工作中实际发生的事件转化成讨论的案例。设置这类问题之前，应在企业范围内广泛收集资料。设计问题的时候可以隐去企业期望保密的信息或者对企业有负面影响的信息。

第3步，进行题目评审。设置好的问题在实施之前要找相关人员评审，要求评审人员对问题提出修改意见。参与评审的人员可以包括外部专家、内外部比较资深的测评人员、待选拔岗位的直属上级、待选拔岗位的部门负责人、人力资源部门领导、公司其他相关领导等。

第4步，实施模拟测评。讨论问题设置好之后，应当找相关人员对无领导小组讨论实施模拟测评。模拟测评的时候，要注意围绕题目的讨论和进展是否符合预期，注意过程中是否存在没有考虑到的情况发生。模拟测评的过程中尤其要注意是否出现大多数人认可的观点比较集中，造成不需要讨论的情况，或者题目过易/过难，造成讨论的体验感差。

第5步，做出修改完善。模拟测评结束后，收集参与测评的各方意见。分析当前暴露出的问题，修改完善无领导小组讨论的设计。为了完善无领导小组讨论的整体设计，可以进行多次模拟，实施多次修改。

8.4.4 无领导小组讨论实施流程

无领导小组讨论的实施流程可以分成5步，如图8-2所示。

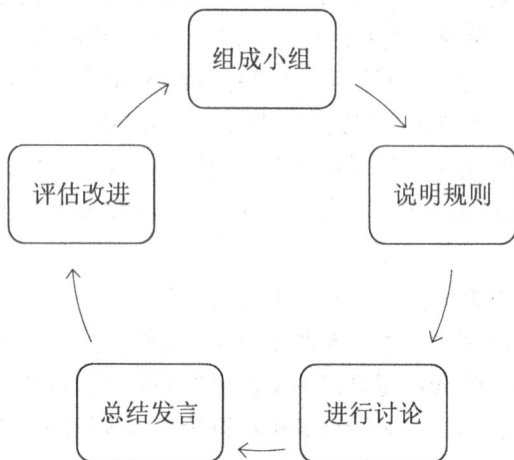

图8-2　无领导小组讨论的5步实施流程

第1步，组成小组。无领导小组讨论测评项目总负责人将所有被测评人组成小组，单个小组的人数一般为4～10人。根据无领导小组讨论测评项目的设计以及被测评人数的情况，可以只设置1个小组，也可以设置多个平行小组；小组内的成员可以事先分配角色，也可以不事先分配角色。

根据小组的设置数量，辅助测评项目总负责人的观察人员应在协助被测评人划分小组后，在小组中就位，并做好观察记录的准备。无领导小组讨论的全过程最好留有视频资料，以备得出测评结论和做出评估改进，所以最好安置摄像机，选择能够覆盖全场的拍摄角度进行拍摄。

第2步，说明规则。无领导小组讨论测评项目的总负责人说明本次无领导小组讨论测评项目的题目、流程和具体规则。如果题目内容较复杂，应提前打印成纸质文档，现场发给每个被测评人，或者现场以电子文档的形式发到小组成员的办公设备/手机中。

为保证整个测评过程所有被测评人清楚规则，可以把规则做成海报形式，贴在会场的墙上，也可以做成PPT的形式，投影在会场的墙上。当然，无领导小组讨论的题目也可以做成海报张贴或做成PPT投影。

第3步，进行讨论。小组内所有被测评人根据规则展开自由讨论。讨论的过程可以有两种方式，一种方式是提前在规则中规定发言的顺序，保证所有被测评人都要先进行一轮发言。当所有人都完成发言后，再进行自由讨论；另一种方式是完全不设置讨论规则，从一开始就实施自由讨论。

这两种方式各有特点。提前在规则中规定发言的顺序，有利于让每一个被测评人充分表达自己。这种情况能够平衡表达权，让性格比较内向、比较慢热的被测试人也能够得到表达的机会。直接采取自由讨论则有助于所有被测评人争夺表达权，竞争性更强。

第4步，总结发言。无领导小组讨论结束后，小组进行总结发言。常见总结发言的形式也有两种，一种是在规定时间内，由小组自由决定总结发言的形式；另一种是在规则中规定总结发言的形式。

根据无领导小组讨论的题目类型和测评要求，在规则中规定总结发言的形式，可以规定由小组推举一名代表发言；也规定由小组中的 N 个人陆续发言，发言顺序由小组内部决定；还可以规定每个被测评人都要做总结发言。

第5步，评估改进。无领导小组讨论测评项目总负责人带领所有观察人员对被测评人员进行评价。如果时间允许，测评项目负责人可以在小组讨论之后与观察人员一边观看视频回放，一边做评估；如果时间不允许，测评项目负责人可以与观察人员现场讨论后，对被测评人员做出评价。

每次无领导小组讨论测评项目结束后，项目负责人都要和观察人员对整个过程进行复盘。发现无领导小组讨论在问题设计、测评组织、小组讨论等环节出现的瑕疵与问题，做好备忘录，及时改进，避免下次实施无领导小组讨论发生类似问题。

8.4.5 无领导小组讨论常见角色

在不事先分配角色的无领导小组讨论中，小组中被测评人自发形成的常见角色可以分成 8 种，如图 8-3 所示。

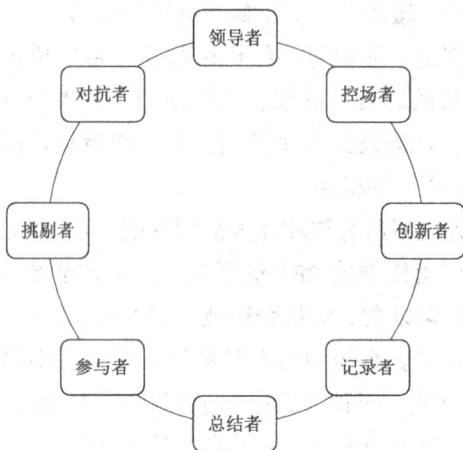

图 8-3 不事先分配角色的无领导小组讨论中的 8 种角色

每种角色代表着在无领导小组讨论中，担任这种角色的被测评人可能在今后的工作中表现出类似角色的特质。因为无领导小组讨论这种人才测评方式有着人才选拔的用途，在无领导小组讨论中表现积极、角色鲜明，能够快速找到自己在团队中的位置，并能够为团队统一意见、推进讨论、团结共事或对得出结论有帮助的人都可以作为优先选拔的对象。

1. 领导者

领导者角色指的是在无领导小组讨论中，自发形成的组长角色。担任领导者角色的人往往声音洪亮、性格外向，积极主动、带领着整个小组进行讨论，有时候还可能会引领整个小组的讨论方向，成为整个小组的意见领袖。

2. 控场者

控场者角色指的是在无领导小组讨论中控制场面和节奏的人，具体表现为当某人发表意见超时的时候，及时提醒；当某人发表意见与主题无关的时候，及时将其拉回主题；当某人不愿意发言时，引导其发言等。控场者角色其实是一个隐性的领导，有时候控场者角色和领导者角色由同一人担任，这类人具备管理者潜质。

3. 创新者

创新者角色指的是在无领导小组讨论中提出与众不同的意见、为意见的多样性提供重要贡献的人，具体表现为当创新者角色发表意见后，其他人表示这个意见很有深度、具备哲理或者很有创新性。担任创新者角色的人往往思维角度新颖，具有发散思维，敢于打破世俗，敢于绕过常规，敢于想别人之不敢想。创新者角色比较适合需要创新的岗位。

4. 记录者

记录者角色指的是在无领导小组讨论中记录和汇总他人意见的人，相当于领导者角色的助手。记录者角色能够形成清晰的讨论成果，防止遗漏要点。这类角色有时候是某人主动提出来担任的，有时候是内部推举产生的，有时候是领导者角色指派的。有时候，领导者角色和记录者角色由同一人担任。

5. 总结者

总结者角色指的是在无领导小组讨论的最后，汇总整理所有讨论过程后，做陈诉总结的人。无领导小组讨论中大家各抒己见，最后意见往往难于统一或总结。能够比较出色地担任总结者角色的人往往具备聚合型思维，能够准确拿捏分寸，找到平衡。有时候，总结者角色和领导者角色由同一人担任。

6. 参与者

参与者角色指的是在整个无领导小组讨论中没有表现出积极主动，没有表现出观点新颖，也没有表现出消极对抗，而是跟随其他人的讨论进行发言，随波逐流，人云亦云的人。担任参与者角色的人往往对整个讨论的过程和最终意见的达成没有任何贡献，没有过多参与感。

7. 挑剔者

挑剔者角色指的是当其他人表达自己的观点后，多次主动指出其他人观点当中的错误、逻辑漏洞等问题的人。这类角色有可能是出于追求完美，有可能是出于表现自我，也有可能是出于完善结论。担任挑剔者角色的人如果只是一味否定，无法给出建设性意见，通常表示担任这个角色的人偏重否定思维，不善于解决问题。

8. 对抗者

对抗者角色指的是在无领导小组讨论过程中表现出明显消极对抗的角色，具体表现可能是不屑一顾、左顾右盼、交头接耳、拒绝发表任何意见或发表许多与主题无关的负面意见。对抗者角色形成的原因可能是被测评人厌恶无领导小组讨论的人才测评形式，可能是不认可已经形成的领导者角色，也可能是其他原因。

一场无领导小组讨论中的所有人最后都可以归结到这8种角色上。大多数情况下，领导者角色、控场者角色、创新者角色、记录者角色、总结者角色都是相对比较正面的角色；参与者角色是相对比较中性的角色；挑剔者角色、对抗者角色是相对比较负面的角色。

8.4.6 无领导小组讨论实战案例

本案例选自国家公务员考试面试环节曾用的类似题目。本案例中的题目和问题为大致内容，并非 100% 原题。

举例

近年来，随着公益事业不断受到关注，很多公益组织涌现出来。"公益创业"逐渐成为很多人的创业项目。某市为了促进公益事业的发展，在全市范围内举办了优秀创新公益创业评选活动，鼓励全市公益创业项目参与评选。对于优秀的公益创业项目，该市将会给予资金扶持。

经过初步筛选，这次优秀公益创业活动评选的候选项目有 10 个，具体如下：

1. 电池租赁项目。该项目主要是向消费者提供电池租赁的服务。消费者每月只需要支付 5 元的租金，就可以拿到 2 节电池回家使用。如果电池没电了，可以把旧电池交回，换取充满电的电池。这样的出租电池，每节能够循环使用 500～1 000 次。

2. 纯手工绿色洗衣店项目。该项目主要是通过对传统洗涤用品的升级，突破了高档服装必须干洗的要求。采用这种技术，高档衣物通过手工水洗，可以做到不缩水，不变形，不褶皱，不起泡。这种手工水洗技术可以让洗衣行业变得卫生、环保、健康、节能、高效。

3. 生态旅游项目。该项目主要是在满足很多旅游爱好者旅游需求的同时，保护生态环境。但是旅游爱好者的信息有限，并不知道哪个旅游路线能够达到这样的目的。而这样的信息经验丰富的导游是掌握的。通过连接经验丰富的导游和有生态旅游需求的游客，既能够满足游客的需求，给游客带来良好的旅游体验，又能够起到保护生态环境的作用。

4. 糕点店项目。该项目主要是满足人们日常生活对新鲜糕点的食用需求。随着生活水平的提高，人们希望吃到健康卫生，品质较好的食物，不希望食品中添加过量的添加剂。糕点店的投资不多，操作简单，占地面积小，食材干净卫生，能够让广大市民吃上价格低廉、质量安心的糕点。

5. 养生保健项目。该项目主要是以人们对健康越来越关心重视为背景，满足人们对健康保健的各类需求。随着人们的生活压力越来越大，人们的身体健康状况也会出现问题，为了自己的健康，人们会有各种健康保健相关的需求。帮助人们找到适合的健康养生保健方法，具有一定的商业前景。

6. 素食餐厅项目。该项目主打素食餐饮，虽然餐饮行业是竞争的红海行业，这个行业内从来不缺竞争企业，但主打素食的餐厅目前较少，有一定的发展空间。如今人们关注健康，素食逐渐成为一类人群的饮食追求。

7. 环保清洁项目。该项目主打环保，清洁过程中用到的清洁物质对人体无害。普通的室内外清洁用到的清洁剂含有很多对人体有害的成分，新型清洁物质，对人体无任何毒害作用，同时能够起到环保清洁的效果。

8. 香薰项目。该项目的主营产品是各类香油、香包、香草、香烛、香花、香饰等香薰用品。随着瑜伽、SPA等养生项目兴起，香薰类产品被很多人熟知，这带来了香薰产品销售市场不断扩大。香薰用品能够点缀居室、调节心情，属于时尚消费的一种，具有比较好的市场前景。

9. 老年服装项目。该项目主要瞄准老年人的服装市场。服装市场是一片竞争激烈的"红海"，但专门做老年人服装的品牌却很少。这个项目旨在解决老年人的穿衣问题，满足老年人的穿衣个性化需求，为老年人提供更多元的穿衣选择。

10. 墙纸项目。该项目依托一种最新研发的墙纸生产技术。这种新型的墙纸相比传统的墙纸更加防水、防潮、不易褪色、不易脱落、容易清理、寿命长，而且价格相对传统墙纸更低廉，施工也更简单，具有质量优势和价格优势。

举例

经过小组讨论，得出如下2个问题的结论：

1. 请从以上10个项目中，评选出获得一等奖、二等奖和三等奖的项目各一个。

2. 该市对评选出一、二、三等奖的项目的扶持资金共有30万元，应当如何分配？请说明理由。

8.5 如何通过面试吸引候选人

在人口红利早已不再、人才结构化缺失严重的时代，企业的招聘早已经不是单纯的选人了，而更像是在"抢人"。尤其对于一些比较难招聘的小众岗位或者特殊人才，企业之间的"抢人"竞争更激烈。

在现在人才竞争激烈的市场环境下，企业在选择人才的同时，人才同样也选择着企业。这时候的面试，已经不单纯是企业在面试候选人了，候选人同时也在面试企业。他会通过HR的一言一行、一举一动，来判断这个企业到底值不值得他选择。

对于这种难招聘的岗位，优秀人才愿意到企业来面试或者当HR主动到他所在的城市和他见面的时候，他愿意花时间见面，HR就应该感到庆幸。这时HR对他的面试，就不仅要定位于选拔，还要更多地定位于怎么通过面试的接触吸引这位候选人最终选择企业。

即使不是这类难招聘的岗位，对于企业平时招聘的岗位，如果 HR 能够通过面试的环节吸引候选人，能够有效地提高候选人面试通过后的到岗率，就能够减少招聘的工作量，提高招聘效率。

8.5.1 首因效应在面试吸引中的应用

要想在面试过程中吸引人才，候选人对企业的第一印象非常重要，这就是首因效应。首因效应包括很多环节，比如 HR 和候选人打的第一个电话，就是给候选人的第一印象。HR 可以通过电话建立良好的第一印象来吸引人才。

HR 和候选人联络的第一个电话，在打之前一定要有所准备。HR 和候选人之间电话沟通的过程就像电话营销，独特且专业的开场往往决定了候选人是不是愿意继续听下去。

招聘一些高端人才或者某领域的专业型人才，在开场礼貌性地问完对方是否方便讲电话后，HR 可以直接说：从你的简历看，你非常适合我们企业，想向你请教几个问题可以吗？这么说的目的是提高对方的心理认同感和对企业的好感。

当然，言语上的谦卑不代表 HR 提问题的时候也要唯唯诺诺地不敢问。接下来电话沟通中的提问环节，HR 可以按照正常的电话面试环节进行。注意，对于中高端岗位，在提出问题的时候，不要问一些小儿科的问题。简历上已经有的信息，HR 可以与对方确认，但是不要再问对方。HR 可以先选择几个对方可能比较擅长的领域发问，这样往往能够吸引候选人的注意力。

HR 在电话中的语气、语调、语速，要有精气神，要体现出 HR 的自信。如果 HR 打电话的时候懒洋洋或者没有自信，那么对方也会提不起兴趣。

举例

有一次，一位猎头给我推荐了一个很有吸引力的职位。我抱着试试看的心理，参加了那个企业的视频面试。结果面试我的那位面试官说话的时候有气无力，很没精神。他当时说话语调给我的感觉，就仿佛如果我不持续和他说话，他马上就能睡过去。

我当时挺震惊的，心想：这么大的企业，这么好的平台，怎么面试官会是这副状态？是谁把他招聘进这个企业，安排在这么重要的招聘岗位的？他的招聘过程难道就没有人管理和监控吗？这么大的企业，就这种管理水平？

我和他聊了一会儿，就找了个借口不再聊了。这时候，他好像才清醒过来，问我什么时候再约？

　　我说等我看看时间，其实我心里已经不愿到这家企业。

　　首因效应还包括我们和候选人见面给对方的第一印象。比如面试官的着装、待人接物的态度、商务礼节、气质谈吐以及对候选人的充分尊重。面试官在面试中给候选人留下的印象，代表着企业在候选人心中的形象。

　　候选人对面试官的第一印象，影响着候选人对整个企业的判断。如果面试官着装随便，待人接物不符合基本的礼仪规范，气质和谈吐都很差，就算这个企业再有名，优秀的人才也会觉得这个企业只不过业务层面做得好，而内部管理很混乱，人员素质也很差。

　　但面试官如果穿着得体，礼仪到位，言谈举止间给人一种大方稳重的感觉，即使是 HR 所在的企业是名不见经传的小企业，候选人也会对这家企业刮目相看。

8.5.2　专业流程在面试吸引中的应用

　　专业的面试流程会让候选人觉得企业的管理非常正规，非常职业。

1. 缩短等候时间

　　网上不乏能看到一些候选人抱怨某些企业不专业的做法，比如某人到某企业面试，等了 2 个多小时面试官才来。来了以后聊了不到 10 分钟，面试官电话响了，出去接电话后，又等了接近一个小时。看面试官一直没回来，候选人就决定放弃面试了。

　　这个候选人离开的原因是认为这个企业没有时间观念的做法，是一种管理混乱的表现。这种不尊重别人时间的做法很可能已经成了一种企业文化，在企业内部逐渐没有人重视和在意，可以预见到自己未来如果加入了这家企业，很可能也会陷入这样一种状态中。

　　面试流程专业的企业会想办法缩短候选人的等待时间。企业对候选人的尊重也体现在对候选人个人时间的尊重。有很多 HR 错误地认为，让候选人等待的时间越长，越会让候选人觉得企业是一家专业化、流程化的企业。

　　这种观念是非常错误的，让候选人等待 1 小时以上的企业，只能看出这家企业的不够专业和不够用心，或者根本没有体现出对候选人的尊重。候选人内心根本不想考虑到这样的企业就职。

　　这就好比我们去一家餐厅点餐，我们肯定希望餐厅能够在我们点完餐之后马上上菜。

　　候选人来面试也是同样的道理。每个候选人都期望自己一来就能马上参与面试，谁也不愿意等 1 个小时以上。所以在面试之前，HR 要提醒参与面试的部门领导安排好自己的工作时间，想尽一切办法缩短候选人等待的时间。

2. 标准面试流程

面试的流程很像企业运营的流程。当我们进入一家餐厅后，餐厅服务人员的引导和服务会让我们感觉非常舒服。这背后，其实是餐厅的运营流程在起作用。

当顾客进店的时候，服务员要上来和我们说什么话；当顾客往里走的时候，他要怎么引导顾客；当顾客坐下的时候，他要和顾客说什么话；顾客的衣服，他会帮忙包起来；上餐的时候，他会说什么；顾客吃饭的时候，他会做什么服务；顾客离开的时候，他会说什么。就是这样一整套的服务流程，让我们用餐的整个过程体验到了舒适，我们就会对这家餐厅感到满意。

在面试流程中，HR 也要让候选人感受到一种美好的体验。最后录不录取他固然重要，但是更重要的是要让他觉得这次面试的整个过程是舒服的，是美好的。

HR 在和候选人电话沟通后，如果觉得候选人值得见面，可以提前把下一步的一些流程告诉对方，而且要严格按照流程做事。

3. 延缓等待感觉

HR 可以向餐饮行业学习。

我们去一些比较有名的餐馆吃饭的时候，会遇到店里人满了需要在外面排队的情况。餐饮企业会在这些顾客等待时，提供一些茶水、水果或者小点心，等待区会设置一个大屏幕，里面会放一些电影或者视频，等候区的桌子上还会设置一些跳棋类的游戏，供等待的人娱乐。

设置以上这些的目的是什么？是为了让等待的人感觉时间过得很快。提供了这些东西，顾客可能等待 2 个小时也不觉得时间很长。可是如果餐厅不提供这些东西，很可能顾客等 15 分钟就开始不耐烦了。

HR 面试时，给候选人设计等候区的时候也要注意这个问题，因为即使安排得再周密，面试也免不了要等待。在候选人等候的时候，我们也可以适当地提供一些小茶点，就算是没有这样的预算，至少要给候选人提供一杯水。

在候选人等候的地点，HR 可以播放企业的宣传片。宣传片的内容可以是企业搞的晚会、团建活动、内部新闻、培训等。等候区的视频最好播放长一些，目的是避免候选人重复观看之后感到厌烦。

可以在候选人等待的地方设置精美的企业宣传资料。宣传资料中可以包括企业简介、企业成就、企业愿景、产品简介或实物等，也可以包括企业员工群体活动（比如聚餐、团建、出行等）的照片。

8.5.3　综合素质在面试吸引中的应用

对候选人来说，面试官给他的感觉能够直接影响这个企业或者岗位在他心中的价值。这时候不仅面试官的人格魅力很重要，专业能力也很关键。

如果面试官在面试的全过程都让候选人感觉到过多的压力，那么，对方可能会产生抵触情绪，继而对职位丧失好感，认为这个岗位所处的环境是压抑而且有强度的。

当然，这里并不是说对于难招聘的岗位，HR面试的时候就不能给候选人压力。如果面试官让候选人感觉到压力的同时能够用自己的专业素养打动候选人，用自己的人格魅力缓解这种压力，反而会让对方觉得这不仅是一个富有挑战的岗位，而且是一个值得竞争的岗位。

对于一些专业技术岗位人才或者业内比较资深的候选人，专业的提问能够增加候选人对面试官的好感。HR在提问时，除了面试通用的相关问题之外，还可以基于岗位所需的技能和所处的行业现状和未来的发展趋势进行提问。

对于专业技术岗位，HR虽然没有具体的工作经验，但是通过平时和企业内部的业务部门交流，通过面试过程中不断地和外部比较专业的候选人交流，HR应该有能力问出一些通用的专业问题。

优秀的节目主持人要采访不同的嘉宾，这些嘉宾的专业领域完全不一样，可能会涵盖政治、经济、科学等方方面面。主持人在采访之前，会了解这位专家所在行业领域的一些知识。但除此之外，还要运用一些提问的技巧。

比如如下问题。

- 你能介绍一下，你对于××的理解吗？
- 对于××技术的最新进展和应用，你怎么看呢？
- 你认为××技术能怎么运用呢？你是怎么运用的呢？

运用这类面试提问的技巧，就算是专业领域的内容HR也不需要担心。

8.5.4　企业简介在面试吸引中的应用

HR在面试中对企业的介绍可以在正式面试开始之前，也可以在面试结束之后。但不论哪一种，HR在介绍自己所在企业时，要把企业的具体状况实事求是地告诉候选人，同时要保持亲切、有礼貌的态度。

举例

我有位朋友去某企业面试的时候，那个企业的面试官最后给他讲了很多企业文化。面试时为了吸引候选人，介绍企业文化这个主题本身没问题，问题是这位面试官讲的全是口号。

比如，我们企业就是致力于……我们的愿景是……我们的使命是……我们的核心价值观是……全过程连一个故事和案例都没有。我这位朋友心想，你们企业的愿景是什么、核心价值观是什么，和我有什么直接关系？

面试过程是一对一的短时间交流，HR不可能像新员工培训一样把企业介绍讲2个小时，不可能把企业的一切在这么短的时间内全部告诉候选人，不可能面面俱到地把企业介绍得非常全面，事实上，如果HR讲得太多反而起不到吸引候选人的效果。

介绍企业简介的核心原则是讲重点，而且一定要讲和候选人有直接关系的关键点。这些关键点有可能影响着候选人的经济利益，有可能影响着候选人的职业发展，或者影响着候选人的个人成长。总之，就是要介绍和候选人利益相关的、候选人关心的关键信息。

整个企业简介的介绍时间一般控制在5分钟以内。HR在描述企业的基本情况时，可以选择如下三个关键点。

1. 发展历程和发展前景

介绍企业发展历程时要实话实说，而且要有具体的年份数字。比如企业有15年的发展历史，刚成立的时候是哪一年，刚开始是做什么产业，后来在哪一年开始转向做什么产业，而不要用"我们企业成立十几年了"这种模糊性的描述。除了对企业过去发展的介绍，还要描述企业发展的现状和前景，描述企业未来能做什么。

2. 主营业务

在介绍企业业务情况的时候，HR要特别注意界定出来企业业务中哪些是可以公开的，哪些是需要保密的，也就是什么是能说的，什么是不能说的。因为在招聘的过程中，可能会有一些候选人是竞争对手或者企业客户来探听情报的，也可能会有猎头企业来了解情况的。所以HR绝不能把企业的一些重要信息透露给候选人。

在招聘环节，向候选人传达的信息要达成一致，也就是企业所有的HR在招聘环节该向候选人介绍什么信息，要形成统一的标准。HR要参照标准对介绍企业的部分加以练习。

举例

有个人去某开发商楼盘买房子，一开始是售楼处的一位小姑娘领着他看的。那个小姑娘在房间里介绍得非常自然，当转到厨房的时候，这个小姑娘也很客观，说厨房面积不算大，但装修完之后两个人也能转得开。

这个人看完整套房子以后觉得很满意，回去考虑了几天后，带着他的一个亲戚来看这套房子。当天带他看房的那位小姑娘休假，换成了一个小伙子带他们看房。没想到的是，这个小伙子和那个小姑娘介绍的内容一模一样。

这个小伙子介绍的时候也是那么自然，完全不像是背过的内容。后来这个人问这些售楼员才知道，原来这些售楼员介绍房子的时候是有一套标准话术的。他们每个人都要按照这套话术向客户介绍房子，都练习过无数次，把这套话术说得很自然。

HR对于企业的介绍也应该这么做。首先要有一套标准的介绍企业的话术。这套话术最好请传播和营销方面的专业人士审阅并修改，再请企业领导审核，保证这套话术具有一定的吸引力和公信力。

3. 职业发展

HR可以描述候选人如果选择这个岗位，可能有什么职业发展机会。这里的职业发展可以是薪酬上的所得，可以是职位上的晋升，也可以是技能上的提升。总之是候选人能够通过这份工作得到什么样潜在的好处。

在面试结束之后，面试官可以和候选人做一些非正式的沟通。在进行这种相对轻松愉快的交谈时，HR同样可以从岗位成长性和职位发展上吸引候选人。

8.5.5 熟人问候在面试吸引中的应用

除了通过面试吸引候选人之外，还可以通过熟人的问候吸引候选人加入企业。如果候选人恰好在企业有认识的人，可以在面试结束之后让这位候选人认识的人给候选人打个电话问候一下。

举例

面试结束后，HR可以找到候选人认识的这位职工，和他说候选人今天来面试了，特地提起了他，说他人很好，希望他给候选人打个电话，打电话的时候，我们可以在场。

电话里面，一般这位熟人会先问候选人：最近怎么样？听说你今天来我企业面试了？

候选人一般会回答：是啊，来面试了。

接下来，候选人很可能会问这位职工：你们企业怎么样？这个岗位怎么样？企业氛围怎么样？上下级关系怎么样？

因为HR在场，这位职工也很可能会说：企业挺好的，你来吧，来了我们还能相互有个照应。

如果候选人在电话里只字不提今天面试的事，也完全没有要来的意思，可以让这位职工问候选人一句：你准备什么时候来上班？

这时候为什么不直接问"你觉得这个企业怎么样？要不要来上班"而是问"你准备什么时候来上班"呢？

因为如果我们问他觉得企业怎么样，80% 的回答都会是：还行。这是中国人聊天语境中经常会出现的词。"还行"是什么意思？是行还是不行？不知道。这时候肯定还需要进一步的追问。如果追问得多了，对方也会有所警觉。

而如果问"你准备什么时候来上班"效果就不同。一方面这句话看起来像是一句朋友之间日常闲聊的玩笑话，说起来不会显得生硬；另一方面是因为通过对这一问题的回答，我们基本就可以判断候选人要不要来了。

当这么问的时候，得到的回答通常会有三种情况。

1. 我回企业办一下手续，大约一个月以后吧。

当候选人做出这种回答的时候，我们就可以知道，他是打定主意要来的。

2. 我觉得你们企业在某些地方不太适合我。

这种情况，可以让我们找到的这位职工适当地帮助企业澄清一下，可能这种不适合是候选人的理解错误。如果确实是不适合，我们就知道候选人不会来了，我们可以马上再找其他人选。

3. 我还没想好，得考虑一下。

这时候可以让咱们这位职工适当地引导他一下，比如对他说：还考虑啥啊，你来了以后咱们一起配合多好。

或者让这位职工单独请这位候选人一起见面聊聊，见面的费用企业可以报销。主要目的是通过让这位职工和候选人见面叙旧，吸引这位候选人来企业工作。

8.5.6 环境氛围在面试吸引中的应用

有的 HR 为了吸引候选人，会在面试的时候向候选人介绍企业的工作氛围。其实不管 HR 面试的时候说什么，候选人都不会有比较深的感受。真正让候选人有感受的，是他能够看到的一切。

除了面试等候地点的环境氛围营造，企业其他地点的环境氛围营造同样重要。候选人会通过他来企业面试时接触到的全部场所的装潢格调、办公环境、工作氛围等感官因素对企业做出初步判断。

有的 HR 认为，企业装修这种大事不是做 HR 的能定的；或者有的 HR 认为企业装修风格早已经定下来了或者已经装修完好多年了，如果觉得不好，也不是 HR 有权力要求拆了重装的。是的，HR 可能管不了企业整体的装修风格，但是在装修完之后，我们可以一点一点地添置小装饰品来点缀氛围。

[举例]

　　某企业有一面墙已经有些旧了，HR 可以找一块白色的板子盖在这面墙上，买一些气球挂在板子上组成一个心形图案，图案中间加入一些企业团队活动的照片。这样不需要花费较多的费用，就能让企业的办公氛围焕然一新。

　　这里有个要注意的细节，我发现有的企业选择挂在墙上的照片时，文艺活动类的喜欢选那种照片顶上挂着红布白字，写着活动名称，底下一排人合照的照片，体育活动类的照片喜欢选那种一堆人站着方队，领导在上面讲话的照片。

　　这类照片只传递了这个企业搞活动了的信息，根本不会让人们体会到这个活动能给这家企业带来什么。我们最好能找给人感受比较强烈的照片。比如，可能是某次趣味运动会上，某个人发自内心灿烂的微笑；可能是某次培训讲座活动，学员非常认真听课的表情。当候选人经过这样一面照片墙时，不仅会感到企业的集体活动很多，同时能感受到大家在活动当中是投入的、快乐的，会感受到这个企业很有活力，氛围很好。

　　在候选人经过的地方，也可以多放一些能体现企业文化的标识。这里的企业文化标识，不仅是标语，应当更多地选择放一些图片。比如有的零售企业把一张一线服务人员真诚服务顾客的抓拍照片摆在走廊上最显眼的位置，就是很好的方式。

　　候选人很可能会看到员工的电脑桌，感受自己未来在这里办公的时候是什么样子。所以我们对办公区也要有一定的布置，比如可以多放一些绿色植物作为点缀，既能美化环境，又能减少辐射，还能提高现有员工的满意度，三全其美。

　　总之，在环境氛围的营造上，不是非要有多少资金才能做，也不一定要花太多的费用才能营造出很好的环境氛围。只要我们有心、用心，不需要太多的投入，就能让企业的办公环境焕然一新。

8.5.7　引导技术在面试吸引中的应用

　　想最大化地让候选人在面试中产生求职兴趣，在面试中运用一些引导技术也是非常有效的。

　　引导技术是借用一系列的工具和技术，帮助他人解决某一问题或实现某一目标，借助发问而非告知的方式推进整件事的进展，最终达到预期结果的过程。

在招聘过程中，HR 最常用到的引导技术工具是 ORID 工具。

O（objective）事实，指的是客观事实，就是我们看到、听到、闻到、尝到、摸到，感触到的一切。比如，今天上午发生了什么事？

R（reflective）感受，指的是情绪感觉层次，就是我们的喜怒哀乐，开心、兴奋、失望、恐惧等情绪。比如，事情发生的时候，你有什么感受？

I（interpretive）想法，指的是我们的理解、反思。比如，针对这件事和自己的感受，你想到了什么？

D（decisional）决定，指的是我们接下来的具体打算。比如，通过这件事以及你的感受和想法，你决定怎么办？

举例

某位 HR 在面试的过程中发现候选人非常优秀，在他所在的领域是全国领先的人才，但是他对自己的职业发展没有明确的方向，为此很苦恼。

基本的面试结束以后，这位 HR 引导和帮助这位候选人寻找和发现自己的价值，和他一起梳理自己的职业规划，帮他形成了一条相对明晰的职业发展通道。

这位 HR 把为这位候选人梳理出来的职业规划和本企业的晋升通道、能力培养发展计划联系起来，让候选人不仅对自己的职业发展方向不再纠结，而且坚定了选择这家企业的决心和信心。

8.6　面试结果通知

面试结果确定后，对于决定录用的人才，HR 应当第一时间通知候选人，对于决定不录用的人才，为了照顾人才的情绪，可以考虑次日通知。

8.6.1　录用通知书（offer）

如果候选人被企业录用，企业应向候选人发放录用通知书。录用通知书是企业录用候选人的正式文书，格式模板内容如下。

尊敬的_____先生 / 女士：

感谢您对_____企业的信任和肯定，感谢您以耐心、热心并满怀诚意参与企业的面试。经过沟通，您的职业素质、专业能力和工作经验赢得我们企业的一致肯定，我们热诚地邀请并欢迎您加入_____企业！

请您仔细阅读以下内容，按要求备齐相关资料，在指定时间内到我企业人力资源部办理入职手续。

1. 任职岗位

拟聘任您担任企业_____岗位，所属部门_____，汇报对象为_____，下属人数为____人。

2. 报到情况

入职时间：20____年____月____日

报到地点：

联系部门：人力资源部

联系人：

联系电话：

3. 入职需准备和携带的材料

身份证、学历证、学位证、资质证书、职称证书的原件及复印件。

一寸照片____张。

近期体检报告一份。

最后任职企业的离职证明。

其他资料：_____

4. 薪酬待遇：_____

基本薪酬：_____元人民币／月。

绩效薪酬：_____元人民币／月。

各类补助：_____元人民币／月。

其中，基本薪酬为代缴个税及五险一金个人部分前的应发工资，试用期薪酬为基本薪酬的_____%；绩效薪酬和各类补助为税前额。

5. 福利待遇

企业的福利为_____。

6. 合同期限：____年，其中试用期为____个月。

期待您给我们的团队带来新的活力，希望您工作愉快、事业有成！

××企业

人力资源部

20××年×月×日

需要注意的是，盖公章的录用通知书具备一定的法律效力，企业在开具之前应谨慎对待。此模板仅供参考，建议 HR 在使用前先由本企业的法务部门审核。

8.6.2　未录用通知书

如果候选人面试后未被企业录用，HR应向候选人发放未录用通知书，格式模板如下。

尊敬的＿＿＿先生／女士：

感谢您满怀诚意参与企业的面试。非常遗憾地通知您，您此次的面试情况与岗位要求存在差异。经企业慎重考虑，决定您的面试结果为：未通过。您的简历将纳入企业的人才库，当有适合您的岗位时，我们可能会再次与您联系。

非常感谢您对我企业的信任，祝您早日找到理想的工作。

××企业

人力资源部

20××年×月×日

【疑难问题】offer具备什么样的法律效力

关于offer的法务问题，很多HR是不清楚的，常见问题包括如下三项。

（1）已发的offer，单位是否可以撤销？

有的HR认为，发了offer，企业就一定要严格遵守offer，offer具备不可撤销的法律效力。这类观点其实并不完全正确。

Offer在企业发出后能不能撤销，这要看offer是否构成要约。

Offer在法律上的性质是用人单位向劳动者发出的要约，不等同于劳动合同，是用人单位单方向劳动者发出的聘用意向，是企业向应聘者阐述录用岗位／职位、录取条件、薪酬福利待遇、入职时间要求等并限期答复的文书。

如果候选人在offer规定的期限内给予正式的答复确认，则构成要约。这时候作为候选人是可以毁约的，基本不需要承担违约责任。但是在企业接到候选人的正式确认之后，双方就已经形成了事实上的法律关系，作为企业不能轻易地改变offer。

也就是说，只要劳动者表示同意并符合入职需要的规定条件，用人单位就应当按照offer中承诺的内容如期与劳动者订立劳动合同，否则用人单位要承担相关法律责任。

offer发出后，用工双方仍处于劳动合同的订立过程中。此时如果劳动者在充分信任用人单位的基础上已经为签订劳动合同做了必要的准备和相关投入，用人单位违反offer约定，则需要承担因违背诚信原则而导致的损害赔偿责任，具体赔偿以候选人的实际经济损失界定。

如果候选人逾期答复或者没有正式的答复，则企业失去必须录用候选人的约束。也就是说，这时候，企业对候选人发放的 offer 已经失效。当然，如果企业继续另行发函或者 offer 与候选人确认，那么又将形成另一个确认周期。

（2）企业已发 offer，候选人已确认，但候选人体检不合格，这时候企业想拒绝录用候选人，可不可以？

有人认为这种情况当然不可以。其实也不一定。有一种情况是可以的，即企业在该岗位的招聘 JD 中已经注明了员工达到了某种身体条件才能上岗，而体检证明候选人没有达到这种身体条件，单位当然是可以拒绝的。

企业也可以在 offer 中注明职工上岗需要具备某种身体条件，这种身体条件是 offer 成立的要件之一。如果候选人不具备，则企业可以不录用。当然，这里岗位需要的某种身体条件首先必须合法合规，其次应当合情合理。如果企业随意规定，当发生劳动争议时，仲裁或法院将支持劳动者。

比如餐饮行业要求与顾客接触的一线服务人员必须要持健康证上岗。那么，处在这个行业的企业，在招聘一线服务人员的招聘 JD 以及 offer 中对此项做出规定和说明就合法合规、合情合理。这时候，即使候选人拿到企业的 offer 并明确表示同意上岗，但体检不合格，企业仍可以拒绝其上岗从事该岗位。

（3）offer 应该是在体检前发，还是体检后发？

这里要看企业对各岗位体检身体条件的规定是否能够做到合法合规、合情合理。如果 offer 中明确规定了岗位上岗的条件是具备某种身体条件，就代表 offer 要约成立的前提是体检合格。那么，offer 是可以在体检前发的。

如果 offer 中没有相关的规定，招聘 JD 中也没有相关规定的话，可以考虑在候选人体检之后再发放 offer。为了避免风险，职工因为体检产生的费用最好由企业方承担。

【疑难问题】面试时如何判断谎言

有时，候选人为了获得岗位，面试的时候或多或少地会有说谎的成分，这让 HR 常常防不胜防。有的人才面试的时候表现得非常好，但实际上岗后却发现他面试时说的很多工作经历都是假的。那么，HR 在面试的时候该如何判断候选人是否说谎了呢？

其实，谎言涉及情绪的时候，被成功识别的概率就会变大。和谎言有关的情绪越强烈、情绪的类型越多，就越容易出现某种形式的行为线索。

所以，HR 在面试提问的时候，提出的问题最好是和候选人的情绪连在一起的。

比如，不包含情绪的问题：请你描述一下过去最成功的营销案例。

包含情绪的行为类问题：请你描述一下过去最成功而且让你最开心的一次营销案例。

这里问句中的信息不仅包括最成功，还包括最开心这个情绪因素。一般人对情绪的记忆都是相对真实的，如果想伪造情绪，很容易造成意识和潜意识的冲突，出现一些能够被看出来的漏洞和破绽。所以在问题中包含情绪对候选人的影响更大。

举例

我有一次面试一位猎头推荐的高层次人才，猎头说这位高层级人才曾经做过各种各种的项目，有各种成功案例，非常符合我企业的岗位。

我面试的时候问他：最让你有成就感的一件事是什么？你感到周围人对你最敬佩的一件事是什么？

奇怪的是，候选人并没有跟我提起猎头说的那些项目和成功案例。

后来我试探性地问：听说，你做过 ×× 项目？

他不好意思地说：哦，当时只是参与了几次会议，不是很深入。

如果听猎头的介绍，我觉得这位人才很适合我们的岗位，但是我真正面试完了以后认为他并不适合。那些猎头口中所谓的成功案例，其实他只是简单参与，和项目本身的关系很小。

除非是不专业的猎头企业，一般情况下猎头为了和企业长久合作不会随便推荐人才。我觉得可能这位人才在和猎头面试时提过自己参与过这些项目，但是猎头没有特别详细地询问具体情况，在询问候选人的时候应该也没有判断对方的回答中是否存在一定程度的谎言。

【疑难问题】如何提升用人部门面试能力

很多企业用人部门的面试官在面试候选人时，拿不准自己的角色定位，要么和候选人聊很久却得不到有效的信息，要么容易掉进一些面试中的心理误区,例如晕轮效应、相似效应等。作为 HR,如何提升用人部门的面试能力呢?

这个问题如果简单地处理，可以教育培训，不行就再教育、再培训，再不行就更换用人部门的面试官。培训的内容，一般是非人力资源部的人力资源管理中关于人才招聘、选拔和面试的部分。

培训结束之后，不代表工作就完成了。除了培训过程本身要增加训练和模拟的环节之外，培训结束之后也要有效评估。在面试技巧上，可以于培训中或培训后模拟场景，让用人部门的面试官参训后接受评估，并在后续的面试工作中持续评估。

除了培训之外，还可以从流程和体系建设上做文章。培训教育的方式只是解决用人部门知不知道的问题，解决不了做不做的问题。而从流程和体系建设上入手，能够相对有效地解决做不做的问题。

举例

我住的生活小区由于规划问题，小区内有一个路段没有完全实现人车分离。这个路段常常有老人险些被小区内急驶的车辆撞倒的情况。虽然事故没有真正发生，但老人们已经预警到这份危险，要求小区物业必须改变这种情况。

物业最开始的做法是在小区内张贴各种宣传标语，放置各种安全标示，规定在小区内行使的车速不能超过 20 km/h。但这样做的效果几乎为零。后来，物业又通过召开业主会议，通过社区居委会、各楼层的楼长进行宣传教育，这样做的效果几乎还是零。

再后来物业采取强硬手段，规定只要发现小区内有车速超过 20 km/h 以上的车，就要罚款。同时制定了一份承诺书，挨家挨户地找业主在这份承诺书上签字。一是为了提醒业主，二是为自己罚款提供法律依据。可实际操作起来还是没用，因为物业根本不敢真的对业主罚款，实际还是在实施提醒义务。结果这个办法也毫无效果。

老人们见问题没有得到任何改善，继续找物业。这时候，有一位老人的一个提案成了解决这个问题的关键。这个提案很简单：在小区内安装减速带。

减速带安装完之后，当业主的车辆经过那个路段的时候，就算是让业主开到 20 km/h 以上的车速，他也不会那么做。

企业中关于招聘流程和体系的建设，就是其实就是安装"减速带"。

1. 先明确规则

HR 可以设置标准化的面试题目。根据岗位能力要求，设置相应的面试问题，采用结构化面试的方式。成熟的面试官面试时表面看起来是在闲聊，其实问出的每一个问题都具备较强的目的性。这背后，是问题与岗位胜任素质模型考察项目的一一对应，结构化面试的问题设置也可以来源于此。

这里的明确规则和前面的培训面试官面试技巧不同。面试技巧培训更多是原则性的知识，而不是工具性的手段。设置结构化面试的规则，是通过工具性的手段解决这一问题。

2. 指定用人部门面试官

HR 可以给每个部门设定 2 个固定面试官，这样能够减少 HR 培训和教育面试官的成本，这个部门的其他人没有面试的权力。人数少，便于 HR 管理，HR 修正他们的面试行为也比较容易，他们跟随 HR 面试的时间长了，经验的增长也会很快。

3. HR 在面试前、中、后期不断强调面试事项

即使和 HR 一起面试的用人部门面试官再有经验，HR 也应该表现出自己职业化的一面。把面试前期、中期和后期关于面试事项的强调和提醒作为标准流程，HR 不要认为对方可能已经很熟悉了就省略掉。

HR 应当规定好面试的时间，这样可以避免不专业的面试官出现超时的情况。比如，HR 可以在面试开始之前向面试官和候选人介绍这场面试给每位候选人的时间最长不超过 15 分钟。

在面试的过程中，HR 要管控时间。如果前面有个别的候选人面试很快结束，有了时间上的余量，那么 HR 可以适当延长一些相对优秀候选人的面试时间；但若不是，HR 要严格按照面试时间和面试流程进行面试。

【疑难问题】面试常见误差及应对办法

在面试过程中，面试官因为主观性往往会出现一些常见的判断误差，影响面试的效果。比较常见的面试误差如下。

1. 首因效应

面试官对候选人的面试往往因为第一印象产生误差。面试官可能会通过候选人的外貌特征、行为举止等初步的印象，判断候选人是否适合岗位。如果候选人给面试官的第一印象好，面试官偏向于认为候选人是符合岗位的；如果候选人给面试官的第一印象不好，面试官会偏向认为候选人不符合岗位。

2. 晕轮效应

面试官对候选人某一个优势或者劣势的判断，可能会影响对候选人整体的判断。如果候选人在某个方面特别突出和优秀，面试官可能会认为候选人整体都非常优秀，非常适合岗位；如果候选人在某个方面存在比较大的缺点，面试官可能会认为候选人整体都非常差，完全不适合岗位。

3. 相似误差

面试官往往会对那些和自己具备相似经历、年龄、兴趣、爱好、民族、籍贯、

背景等特征的候选人产生好感和亲近感，认为这类候选人非常优秀，从情感方面偏向于录用这一类的候选人；反过来，对那些与自己在各方面都不相似的候选人容易产生负面的偏见，认为这些候选人并不优秀，不想录用这类候选人。

4. 对比误差

面试官对候选人之间的对比可能出现偏差。如果有好几位非常优秀的候选人排在一起，这时有一位没有其他候选人优秀但也不差的候选人，容易被面试官认为比较差。如果有好几位非常差的候选人排在一起，这时有一位相对一般的候选人，则容易被面试官认为比较优秀。

5. 刻板印象误差

受知识和观念限制，面试官可能对某一类人存在一些刻板的印象，当面试官遇到这类候选人的时候，第一时间就会在心中给他做出归类。比如，有的面试官认为工作经验不足 3 年和没有经验一样。

要应对面试中这些可能存在的误差，HR 首先要了解这些问题，正视这些问题，同时做好如下事项。

（1）通过结构化或半结构化的面试流程和人才评价标准进行面试。

（2）利用岗位胜任模型和特征，选择最适合岗位的候选人。

（3）不断学习、培养、练习和规范自己以及部门面试官的面试技能。

（4）根据不同岗位和不同类型候选人的特点，制定有针对性的人才评价方法。

【前沿认知】面试不仅可以用来做面试

我们首先思考一个问题：招聘、选拔、用人，企业付出成本，究竟买的是什么？

有人说：买的是人啊，给雇员发工资不就是相当于"买人"吗？

不对，这只是表面，其实企业买的是能力！

因为企业不具备某种能力，所以需要雇用一些具备这类能力的人。因为人才具备某种能力，企业才能具备某种能力；因为企业具备了某种能力，才能创造某种价值。

物以稀为贵，能力也是一个道理，能力越稀缺，这类人才的价值和价格也会越高。所以平时说的人才市场上某类人才稀缺，其实更确切的说法，是人才市场上的某类能力稀缺。

这个原理我们要如何应用呢？当我们做招聘的时候，不要只是把招聘当作是一件枯燥的重复性工作，不要每天只是把自己陷于面试、入职、离职这样一些操作层面的事情。其实，面试可以有一些创新的用法。通过这些用法，我们不仅可以把面试活动跟战略连接、跟业务连接，还可以促进和帮助业务的发展。

我曾经服务过一家大型的上市企业，这家企业经营的主要业务是超市，由于企业发展和扩张需要，要开拓一个新的业态：大型商业和购物中心。专注了20年的超市业态，现在突然要准备运营这种大型商业体项目，企业缺少有这方面经验的人才，于是我们需要在项目开始的前一年半就筹备人才的招聘、储备和培养。

即使对于企业来说是个全新的领域，我也不想全部找外来的团队和人才。因为外来的人员虽然业务对口，但是很可能不了解企业文化，缺乏归属感，有不受控的风险。而且当时企业里也有许多人不想再继续待在超市业态，想要不一样的职业发展，想尝试新的机会，对于曾经有过大型商业体经验的人才，可以利用这个项目提供给他们施展才华的机会。所以，最终我们的方案是50%从内部人才中选拔调动，50%从外部招聘。

发完项目的内部竞聘，选拔完内部人才后，重点落在了外部人才的招聘上。外部招聘的关键岗位有两个：一是商业体总经理，二是企划部经理。

这两个岗位人才的能力关乎整个项目的成败，所以要求很高。除了必须要有丰富的经验外，商业体总经理必须有能力统筹整个项目运作，要具备经营管理能力，要有培养团队的能力等；企划部经理必须有每周活动的组织和策划能力，必须具备创新能力，利用每周活动吸引来稳定的客流。

这个项目的副总经理和企划部副经理由内部有潜力、学习力强、执行力强、忠诚度高的人担任。这种设计一来是考虑给外部招聘的专业人才提供一个得力助手，二来是外部人员的知识、经验、能力能够更好地传递给内部培养起来的人才。

我们在全国范围内搜罗最顶尖的人才。经过前期的准备、视频面试和初步沟通，我们把这两个岗位的候选人分别锁定为9人。我设置了两轮面试，第一轮面试以3人为小组进行，每个小组选出评分第一名者进入下一轮的复试，复试的第一名可以得到这个岗位。

同时，我组织了一个面试小组，共11人，除了董事长、总经理和我，其他8人全都是为了这个项目培养的关键人才，其中就包括这个项目的副总经理人选和企划部副经理人选。

为什么面试小组要这么设置呢？为了让我们的人向这些面试候选人学习！

我把这个面试不仅定义为选拔候选人，更重要的是通过面试的过程，让我们这些原本对超市业态精通的人迅速了解商业体业态的运作模式，并借助这批候选人宝贵的经验，为我们将来的实际运营提供可行性方案。

具体是怎么做的呢？

项目总经理初试的面试时间是 1 天，上午 9:00~9:30，我们向候选人介绍整个项目的真实情况；上午 9:30~11:30，候选人根据企业项目的真实情况准备一份完整的运营方案，内容必须包含但不限于租售渠道、招商策略、自营方案、推广方案、广告策划、组织机构设置、关键部门考核、绩效预测等。下午 3 人轮流汇报，平均每人 2 小时的时间。

复试的安排是每名候选人 1.5 小时的时间，针对自己之前做的方案，列举每个环节最可能出现的三大问题以及对应的解决方案。初试的时候，我们讨论的是"方向""方法"及"正常情况"；复试的时候，我们要考察的是"异常管理"。一位优秀的管理者不仅体现在正常运营时他能做什么，更重要的是看异常情况下他会怎么办。

项目总经理岗位的初试与复试结束后，我们的人一共可以听到 9 场大型商业体运营方案的"报告会"，听到 3 场运营各环节容易出现的问题总结以及针对性方案，而且过程中有任何不明白的可以随时打断问。

企划经理初试的面试时间也是 1 天。上午 9:00~9:30，我们向候选人介绍整个项目的真实情况；上午 9:30~11:30，候选人准备一套全年每周活动的企划方案。内容必须包含但不限于每期活动的主题、定位、亮点、客群、销售策略、赞助商选择、预期收益等，要求每个活动都不重样，要有创意。下午每人 1.5小时的时间展示汇报。

复试的安排也是 1 天，上午 2 小时的时间和初试一样，再准备一套全年每周活动的企划方案，不能和自己上一次准备的有所重复。

下午除了每人 1.5 小时的展示汇报外，增加了 0.5 小时的问答时间，除了问一些方案本身的问题，还可以问一些异常管理方面的问题等。企划经理岗位这样设置面试的原因是这个岗位需要大量的创新和创意。

候选人为了面试成功绞尽脑汁做出来的东西往往是他的最高水平，借助面试，我不仅选拔了候选人，增强了自己人的见识，培养了他们的能力，还为业务部门提供了有效的运营方案参考，一举四得。

所以，别只把面试当面试，不要只把它看成是招聘人才的方式。面试的过程其实是与外部沟通交流的机会。我们还可以利用面试探寻竞争对手的重要信息，做薪酬调研，扩展视野和思维，学习我们不擅长的方法等。

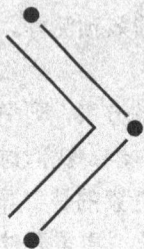

第 9 章

背景调查方法与技巧

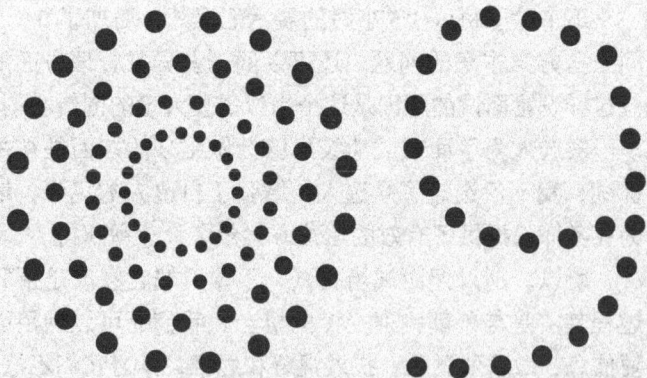

对于候选人的工作背景、工作经历真实性的判断，仅通过面试是远远不够的。为了验证候选人信息的真实性，HR 还需要做好背景调查。本章将重点介绍背景调查的相关操作方法与应用技巧。

9.1 对背景调查的正确认识

一说起背景调查，很多人第一时间想到的画面是类似侦探调查，因而会感到很复杂、麻烦，仿佛背景调查需要花费大量的时间。这也是很多 HR 不愿意做或者不会做背景调查的原因。

其实，如果我们有朋友或者熟人恰好就在候选人的那家企业，只需打一个电话，背景调查需要的一切就全知道了。

背景调查并不完全是问别人。有时候，我们面试过程中和候选人之间的交流也能达到背景调查的目的。所以，背景调查的含义是很广泛的。只要是为了弄清候选人真实情况的一切行为，都可以定义为背景调查。

举例

我有一位做社群的朋友，他主要负责人力资源管理师培训班的招生。整个社群里全是同一个城市的 HR，他的人际关系广到这个城市里面随便说一个企业名，他都能找到这个企业的 HR。当我需要做背景调查的时候，只要是候选人的工作背景在这个城市的，我就给这位朋友打电话，一般不出半天的时间，这位候选人的背景调查信息就都有了。

这种背景调查方法属于特殊条件下的特殊做法，也确实很有效，直接解决了企业同城背景调查的问题。

所以，HR 在进行背景调查时，不必局限于某种形式，可以不拘一格。只要在合法合规的范围内能够达到了解候选人真实情况的目的，HR 可以充分运用身边的各类资源进行背景调查。

9.2　背景调查内容与准备

明白什么样的岗位需要做背景调查、背景调查的主要内容以及背景调查的前期准备，对于实施背景调查至关重要。

9.2.1　背景调查的岗位类别

招聘什么样的岗位需要做背景调查？如果企业招聘的是普通的一线操作工，需要做背景调查吗？

有人说：当然不需要做背景调查。因为我们招聘那么多一线操作工，哪有那些时间、精力和成本去做背景调查？

可是如果这个一线操作工所在的岗位是需要精密操作的，而且他个人的操作直接影响着整个企业的生产运营呢？如果他接触的许多生产操作过程都是涉密的，这里的涉密不仅包括商业秘密，还可能包括国家秘密呢？

我们不做背景调查，万一出了问题给企业造成的损失可能不可估量，企业根本承担不了这个风险。在这种情况下，对待这类岗位，是需要做背景调查的。

对于我们已经知道的人，比如我们知道这位候选人在另一家企业做过财务总监岗位，可能我们参加某一次的活动还听过他的讲座。在这种情况下，还需要做背景调查吗？

有人说：那何必还要做背景调查呢？这已经是大家都知道的事。

可是，我们只是知道他的岗位职务上的事实，我们知道他确切的管理幅度吗？我们知道他的工作绩效吗？我们知道他的能力或者口碑吗？

可能他只是徒有其表，工作能力其实根本没有达到岗位的要求，原来企业的总经理可能对他很不满意，而且员工也可能认为他很不称职，如果我们不做背景调查，这些信息变成了他企业上下所有人都知道唯独我们不知道的事实。

如果他在原来的企业没有办法胜任工作，我们却按照财务总监的岗位录用了他，不还是同样无法胜任工作吗？在这种情况下，我们还是需要做背景调查的。

回到最初的问题，什么样的岗位需要做背景调查？

比较通用的、朴素的标准是，需要做背景调查的岗位是在权衡背景调查需要的成本和如果不做背景调查可能会承担的风险之后确定的那些岗位。这个标准适用于所有类型的企业。

如果做背景调查需要付出的成本比可能会承担的风险高得多，那么，对于这类岗位我们可以不做背景调查。如果企业可能会承担的风险比做背景调查需要付出的成本高得多，那么，对于这类岗位企业就需要做背景调查。

对于大部分企业来说，需要做背景调查的岗位包括如下三类。

（1）具有一定的敏感性或保密性的企业或者具备这类性质的岗位，其中包括具有一定的技术能力、研发能力，或者有研发成果的技术、研发或者工艺岗位。

（2）需要承担一些管理职责和决策职能，管理和决策从一定程度上影响着企业的业务发展的岗位，比如具有一定的管理能力或绩效的中高层管理岗位。

（3）具有一定的资源，曾经取得过一定业绩的岗位。比如有的销售人才，他来应聘时说自己原来手里有很多的客户资源，来企业以后会带来大量的客户。这类人才对于企业有资源价值。

有人说，以上三类还是太少，我们企业需要做背景调查的岗位比这多得多。也有人说，我们企业虽然也有上述岗位，但是背景调查不需要给这么多岗位做。这些观点都没有绝对的对错。

这其中最关键的原则，就是对背景调查的成本和企业可能会承担的风险之间的比较和判断。这种比较和判断对于不同的企业或具备不同价值观和知识背景的个人来说，都会是不一样的。

9.2.2　背景调查的主要内容

背景调查的内容包括如下类目。

1. 信息提供人和候选人之间的关系

这一项是最容易被 HR 忽略的。有时候，我们选了候选人提供的三位证明人，可实际上这三个人是候选人的亲戚和朋友，他们对候选人评价的口径肯定和候选人自己都是相同的，这时背景调查就失去了意义。

2. 任职时间

任职时间一般只需要调查 10 年以内的就可以。对于年代比较久远的经历，如果不是和我们现在要调查的岗位有较高相关性，一般是不需要调查的。

我们在核实任职时间的时候，要注意候选人是不是每一份工作时间都和简历上写的或面试时说的相一致。很多人因为不想让别人看到自己频繁地跳槽，喜欢在任职时间上做假。比如一位产品经理，他其实在 6 年内换了 4 份工作，但他为了不让别人知道他频繁跳槽，在简历上和面试的时候说自己 6 年只做了 2 份工作。

3. 工作岗位

工作岗位上造假的情况也是很普遍的。常常有候选人本身不是管理岗位，却说自己是管理岗位。由于管理岗位的特殊性，HR在招聘这类岗位人员的时候，管理经验对于判断候选人是否可以入职非常重要。

比如，有的候选人在上一家企业刚刚被提拔为经理岗位不到半年，因为受不了经理这个岗位的工作压力，所以才选择了离职，但是简历上却写着曾经担任经理岗位工作3年。

另外一种做假的情况是候选人根本就没在某个著名的企业工作过，但是为了得到某个岗位的工作，简历上和面试的时候都声称自己曾经在某企业工作过。

4. 工作内容

候选人具体的工作内容也很关键。比如看岗位名称，候选人是人力资源经理，当我们背景调查核实候选人的实际岗位时，发现他也是人力资源经理，可我们要招聘的人力资源经理需要熟悉人力资源管理全模块的知识，而这位候选人原来只负责两个模块，其他的模块都没有接触过。在这种情况下，如果HR不能真正具体了解他的工作内容，候选人在上岗之后很可能会出问题。

5. 工作表现

每一个候选人面试的时候都会说自己曾经的绩效非常高，表现非常好。

可是他的绩效或者表现究竟怎么样，一定是需要背景调查的。

我们在做背景调查之前，可以在面试的时候要求候选人提供数据量化的绩效水平。比如他一年的销售量是多少，销售额是多少，产品的利润率是多少，然后根据他提供的具体数字做背景调查。

对候选人工作表现最了解的是他的上级、同事或者下级。如果HR提前有了候选人提供的这些数字，可以快速地和这些证明人核实。

6. 人际关系

背景调查中的人际关系主要是评估候选人和其他同事的相处能力、沟通能力。候选人是比较喜欢单打独斗的独行侠，还是具备团队精神的人？如果候选人曾经的团队对其的负面评价多于正面评价，企业在考虑是否选择候选人时就需要特别注意了。

7. 离职原因

有一些候选人虽然不是企业辞退的，但其实他的离职是企业非常希望看到的。还有一些候选人出于一些目的可能会隐瞒自己的离职原因。HR要想办法清楚候选人离职的真正原因。

8. 个人品质

候选人的个人品质直接影响着他能否在团队中获得认可。每个企业关注的品质都不一样，比如有的企业非常注重诚信，一些诚信问题在这类企业中是高压线。对于这类企业，在做背景调查的时候，可以关注一些候选人的诚信问题。

9. 个人魅力

有的岗位对候选人的个人魅力有要求，比如对于一些管理、销售、公关岗位的候选人来说，他以前的同事对他个人魅力的评价代表了这位候选人在未来的工作岗位上能发挥多大的价值。

除了这9种常见的背景调查内容之外，HR还可以根据企业或者岗位的需要调整。每个岗位都有背景调查内容的侧重，并不是每个岗位都需要全部调查上述9项内容，一般越重要的岗位，背景调查的项目越多。

9.2.3 背景调查的前期准备

在背景调查之前，HR需要做好一些准备工作。

1. 心理预期

背景调查很难获得100%全面、准确的信息，HR要包容这种不完美。即使背景调查工作做得再到位，也不能保证HR想知道的所有背调信息都可以获得，也不敢保证给HR找到的这些背调信息都能够100%准确。

对于背景调查，HR要有心理预期，我们做的是背景调查，不是侦探调查。背景调查更多的是通过询问他人来获得信息，不是像侦探一样拿着照相机去跟踪调查候选人。所以，并不是HR想知道什么信息最后就能获得什么信息，HR获得的所有信息最后也不一定都准确或者都能用上。

2. 心理准备

对于需要做背景调查的候选人，HR要提前告知对方，参考话术如下。

因为您应聘的岗位比较重要，我们企业为了确认候选人工作经历的真实性，避免后续为此产生不必要的纠纷，将会对这个岗位的候选人做背景调查，希望您能够理解，并且签字允许我们在合法合规的情况下做背景调查。

这时候对方一般都会说可以理解并且签字。如果有候选人没有正当的理由拒绝做背景调查，那说明这个候选人可能会有问题。在这种情况下，企业可以不考虑录用他。

3. 调查信息获取准备

候选人在填写岗位申请表的时候，企业就应该要求他填写能够证明他工作关系的证明人以及单位座机电话、官方邮箱等联系方式，并要书面签字确认。

岗位申请表上的证明人一般需要提供 2 名，一名为同事关系，一名为人力资源部或行政管理部的工作人员。

如果我们的背景调查只是根据候选人提供的信息进行调查，那就太不专业了。候选人提供的信息只是做背景调查的参考信息之一。有时让候选人早早提供这些信息是好事，HR 可以通过其他渠道，获取到候选人和他提供的证明人之间的真实关系，早点确定候选人是否在说谎。

9.3　背景调查实施方式

背景调查常见的实施方法有四种，分别是电话调查、问卷调查、网络调查和委托调查。一次完整的背景调查，一般用 2~3 种调查渠道就可以。如果只选择一种，那么，信息之间不能形成相互的印证；如果选择的渠道太多，信息量太大，管理成本太高，也不是件好事。

9.3.1　电话调查方法应用

利用电话做背景调查的具体操作步骤是企业通过电话，访谈候选人原工作单位的同事以及人力资源部或行政管理部工作人员，直接向他们询问候选人的工作时间、岗位、绩效、离职的原因等关键信息。

电话调查方法是最常用也是成本最低的背景调查方法，一般对所有岗位的背景调查都可以运用这个方法。

电话调查需要注意电话号码的来源。对于候选人提供的证明人的电话号码，HR 可以通过 114 查号台查证。

通过电话调查做背景调查的的优点是成本低、效率高，能在较短的时间内了解候选人过去的情况；缺点是候选人可能会伪造座机电话以及同事关系。

使用电话调查法需要注意，因为这种方法我们无法见到对方，有时候也无法确认对方的真实身份，如果只用这种方法并不一定准确。所以电话调查法一般会伴随其他的背景调查方法一起使用。

另外，与每个证明人之间的通话时间应该控制在 15 分钟以内。如果电话调查的时间较长的话，可能会引起证明人的反感，影响背景调查的效果。

9.3.2　问卷调查方法应用

问卷调查的背景调查方法一般是企业先制作背景调查的问卷，然后把背景调查问卷发送给候选人的证明人，期望证明人能给企业一份相对正式的、完整的、模块化的反馈。一般所有岗位都可以运用问卷调查的方法。

问卷调查法的优点是相对于电话调查法，问卷调查的信息可能会更全面，而且相对正式；缺点是需要等待的时间较长，有的证明人可能会出于某种担心，不愿意书面回复，或者只愿意回复其中的一部分信息。

因为问卷调查需要浪费证明人的时间，所以HR在操作问卷调查法的时候要注意先礼貌地询问对方是否愿意配合，注意问卷调查设置的项要尽量精简，保证证明人填完整个问卷的时间不要超过5分钟。如果调查问卷填写的时间需要超过10分钟，那么被要求填问卷的证明人很可能会不耐烦。

9.3.3 网络调查方法应用

网络调查方法是通过网站和社交媒体来了解候选人的信息。如今许多招聘相关的门户网站都开设了社交功能，个人简历的开放度越来越高，曾经工作的企业、岗位、年限等信息可以通过同在这家企业的其他候选人进行认证。

网络调查的方法通常只适用于那些能够在网上找到相关信息的人员。这种方式的优点是通过个人发布的各类信息能够全方位、多角度地进一步了解候选人；缺点是这种方法的适用情况有一定的局限性，我们通过这种方法了解到的信息不一定具备针对性，而且真实性也有待进一步确认。

对于越知名的候选人，网络调查法的效果越好。有的候选人的一些成果、专利、论文也可以通过网络查询到。有的候选人发布的文章下面会有用户的留言，通过这些留言，HR也可以初步判断候选人在专业领域被网友认可的程度。

9.3.4 委托调查方法应用

这种方法是企业通过委托专业的背景调查机构获取候选人详细的背景调查报告。当企业的人力资源部人手不足、专业性不足，招聘的岗位比较重要，或者是候选人来自竞争对手，不方便由企业直接出面做背景调查时，适合运用这种方式。

一般来说，需要用委托调查做背景调查的岗位一般是比较重要的岗位。这种方法的优点是背景调查的专业性强，能够相对迅速准确地得到候选人的详细报告；缺点是这种背景调查方法需要付出的费用成本较高。

利用委托调查法进行背景调查时，要注意对委托机构的选择。最好选择在行业内领先的、有一定影响力、开展背景调查业务时间比较长的专业企业。

当企业把背景调查业务委托给外部专业的企业后，不能完全不做任何核查。有时候，企业委托的背景调查企业可能因为需要背景调查的岗位数量非常多或者流程出现问题，操作上出现失误。所以即使请了专业的调查机构，企业还是要适当地选择岗位做核查。

9.4　背景调查操作方法

开展背景调查操作时，需要重点关注背景调查的启动时机、开展背景调查的时间以及内容话术三个方面。

9.4.1　背景调查的启动时机

背景调查的启动时机指的是在面试的某个环节开始做背景调查。关于背景调查的启动时机，有人认为应该在面试开始之前，有人认为应该在企业决定录用候选人之后。一般来说，如果把面试环节中的一些信息核实也算作背景调查的话，背景调查应当贯穿整个面试过程的始终。

一般越简单、事实越明确的背景调查内容，背景调查的启动时机应当越靠近面试流程的前端；越复杂、烦琐的背景调查内容，启动时机应当越靠近面试流程的后端。

比如像是证书、学历等这些内容核对起来比较简单，企业可以在面试开始之前就调查。对于涉及工作岗位内容、工作表现、个人品质之类的比较复杂的背景调查可以在面试过程中或者面试结束后、人才录用前进行。

背景调查的启动时机并不固定，在面试的什么时期、对哪些内容做背景调查，采取什么方式，企业可以根据面试岗位的具体情况来定。不论在面试流程中的哪个时机实施背景调查，都是各有利弊的。

如果企业选择在人才录用之前做背景调查，可能需要背景调查的候选人数量较多，工作量会比较大；如果在人才录用之后再做，当发现候选人对企业有欺瞒，会增加企业的招聘成本，影响企业用人，同时也会损害候选人的利益。

9.4.2　背景调查的具体时间

有人说背景调查的时间应该选择在非上班时间，因为这时候证明人可能会有空。这种想法在实际操作过程中是有问题的，因为选择在非上班时间进行背景调查，会影响证明人的个人时间。

证明人一般也是职场人，所以背景调查最好选择在工作日。许多企业周一的上午可能有周例会，会布置各项工作，周五的下午可能有周总结会，会总结本周的工作。所以，最合适的背景调查时间应该是周二到周四的工作时间。

时间点最好不要选择一上班或者快下班的时间，因为这样容易引起对方的反感。如果是早 9:00 上班、晚 6:00 下班，背景调查的时间点可以选择在上午的 9:30~11:00，下午的 2:30~5:00。

如果企业对于背景调查的时间掌握不好，可以用更简单的方法——换位思考。如果别人给我们打电话希望了解一个已经从我们企业离职的某位同事的基本情况，我们希望对方在什么时候、通过什么方式联系我们，我们就在什么时间联系别人。

9.4.3 背景调查的内容话术

背景调查的内容要讲究循序渐进，HR 可以先从简单的问题开始聊起，不要一开始就问一些敏感的话题。比如不要一开始就问对方：我想向你了解一下你们企业的 ×× 他的工作岗位、工作表现、工作内容和工作职责。

比较标准的背景调查话术可以参考如下内容。

您好！请问您是 ×× 先生 / 小姐（或者 ×× 企业人力资源部）吗？

这里是 ×× 企业的人力资源部，请问您现在方便接听电话吗？

如果对方支支吾吾，那我们要进一步明确地询问对方是否不方便，如果不方便改时间再谈。如果对方表示方便的语气很明确，则继续。

可以接着说：我们这边收到一份之前在贵公司工作过的一位员工的简历，想与您核实一下他（她）的情况，大概耽误您一到两分钟的时间，您看可以吗？

这里一定要说一到两分钟，实际上需要花费多久时间是后话，但是一定要先把他引进来。然后可以加一句：我郑重承诺，我们将对您提供的信息完全保密！

如果碰到对方较忙，可追加一句：那您看您什么时候方便，半小时后还是？

当我们问的时候，就可以按照我们要调研的内容，形成基本的话术顺序。

- 证明人与候选人之间是不是认识？是什么关系？怎么认识的？
- 候选人曾经工作的时间、企业、部门、岗位具体是怎么样的？
- 离职原因证明人这边是不是清楚？
- 候选人是自己离职的还是什么别的原因离职的？
- 候选人工作期间表现怎么样？可以描述一下候选人的个性。
- 候选人的专业知识怎么样？
- 候选人平常跟同事之间相处得怎么样？
- 证明人认为候选人平时能不能胜任自己的工作？

- 证明人认为候选人是什么类型的性格？勤奋踏实型，还是聪明创新型？

如果证明人对候选人非常认可，我们可以说：看来您对他是非常认可的，为了他今后的发展，您认为他还存在哪些不足，需要在哪些地方再改进？您觉得我们企业未来要帮助他发展，主要需要关注哪些方面呢？

HR 实施背景调查时，话术可以更加口语化和艺术化。

举例

有一位比较有经验的背调人员在开场的时候会问对方：请问您贵姓？

在对方表明身份之后，他会向对方介绍自己，然后说：听您的声音，咱们应该年龄差不多吧？我今年××岁，您呢？

对方说：我××岁。

这位背景调查人员说：哦，那我们之间应该有很多共同语言啊。我是负责招聘工作的，平常工作也都挺忙的。哎，招聘需求总是满不了，招来的员工领导也总是不满意，总出问题，真愁。您是负责哪块的？

对方说：啊，我也是做招聘的！

背景调查人员说：这么巧啊！太好了。您要是别的岗位，我解释起背景调查来就太麻烦了。哎，他们根本不懂我们做招聘的辛苦啊。

对方说：是啊！原来你是想做背景调查啊？想了解谁的？

然后，背调人员就开始说具体内容了。

从这个例子也能看出，选择适当的证明人有时候也会加快背景调查的进度。如果我们联络的是对方企业人力资源部的招聘人员，因为做招聘的人通常也需要向别的企业做背景调查，他们天生会对打电话来做背景调查的人有一种同理心，就算不会全力配合，也会表示理解和支持。

HR 问出的问题最好量化、具体，不要模棱两可，漫无边际。

比如，如果我们问：这个人原来在贵公司表现怎么样啊？问这类问题通常得到的答案会是：还行。

这时候我们就不如问：如果满分 100 分，给这个人打分，您认为他的工作表现能打多少分呢？您认为他的个人品质能打多少分呢？

另外，在做背景调查的过程中，不要害怕碰钉子。对方愿意配合我们，我们应该感恩；对方不愿意配合是正常现象。因为这毕竟是不属于别人正常工作范围内的事情，而且很可能对方有很重要的事情在忙。所以，不要因为对方不配合就心情沮丧，丧失信心。

9.5 背景调查注意事项

HR 在做背景调查时，需要注意如下事项。

1. 候选人还在职的情况

如果候选人现在还没有离职，不要贸然向候选人还在职的企业进行背景调查。如果擅自向候选人目前还在职的企业调查，很可能暴露候选人正在找工作的事实，给候选人带来不必要的麻烦。

当然，这里说的是不要贸然，不代表不要做。做是肯定要做，但是要在保证安全的前提下去了解。如果因为 HR 不专业的背景调查造成候选人的职业问题，那么损失的不仅是候选人的职业，还有企业的名誉。

那么，这种情况要怎么来做呢？HR 可以通过这个企业的客户了解这名候选人的情况，或者通过已经从这个企业离职的人了解候选人的情况，或者通过 HR 比较信任的朋友找到这个企业的信得过的人问候选人的情况。

2. 背景调查重点

对于背景调查的重点内容，HR 在对候选人面试的过程中就应当确定。并不是对每名候选人都要做全面的背景调查，有些信息面试的时候基本就可以确定。比如当我们问候选人一些工作职责的具体内容，或者工作的绩效情况，他答不上来的时候，就已经说明问题了。

总之，对于通过面试基本就可以判断候选人根本不适合岗位的情况，当然不需要做背景调查。背景调查的重点应当是针对我们觉得候选人基本符合岗位，而在和候选人面试交流的过程中遇到了一些不确定的信息，我们应该针对这些不确定的信息，进行有针对性的背景调查。

3. 不要歧视有犯罪记录的候选人

犯罪记录属于个人隐私，公安机关有对犯罪记录保密的义务。对于一般经营性质的企业，是不允许做这类调查的，更不允许企业歧视有犯罪记录的候选人，这一点 HR 要注意。

4. 理性看待推荐信

推荐信在欧美文化中是非常流行的。在美国，一位有某企业某管理者推荐信的候选人和另一位没有推荐信的候选人，在情况差不多的情况下，企业一般会选择那个有推荐信的候选人。如果那个写推荐信的管理者还是一位名人的话，那可能企业只需要简单面试或者连面试都不用就让候选人通过了。

但我国还没有形成推荐信的求职文化，候选人的推荐信目前只能作为参考。推荐信中的内容大都是关于候选人正面的、积极的信息，比如关于优势和业绩的描述，极少会出现负面的信息，比如关于缺点的描述。

推荐信的真伪考证起来也比较难。比如候选人拿了一份推荐信上写的是某名人推荐，而且看起来还是手写的。你说不可能吧，好像也不是一点都没可能，万一是真的呢；你说有可能吧，我们又该怎么去验证它的真伪呢？难道我们要给这位名人打电话确认吗？所以推荐信不论是什么谁写的，不论写了什么，仅供参考。

5. 谨慎判断和利用背景调查的结果

背景调查的结果是重要的"参考"，而不是绝对的"依据"。即使是最专业企业出具的背景调查结果也不能当成是万能的依据。这其中可能掺杂着主观的感受，也可能有一些证明人并不了解候选人的背景。

如果是比较重要的岗位，背景调查结果与候选人自身描述差别比较大，我们可以先和候选人确认。比如和候选人说：您在简历和面试的过程中表示您的工作经历是这样的，但是我们经过了解，您实际上是……这是怎么回事呢？

如果候选人回答得含糊其辞，说明这里应该真的是有问题的；如果候选人回答非常坚定，有可能说明我们的背景调查方式有问题，我们可以做进一步求证。如果候选人应聘的是比较重要的岗位，我们可以再尝试其他的背景调查渠道和方式。我们也可以不直接和候选人联络，先通过其他信息渠道试一试。

【疑难问题】如何应对背景调查过程中的不配合

在 HR 做背景调查的过程中，证明人事不关己高高挂起是人之常情。背景调查过程中，证明人不配合的情况非常常见。如果我们遇到证明人不配合的情况，该怎么办呢？我们可以从如下两个方面做出努力。

1. 背景调查前的准备

在证明人的选择上，我们可以找原来是这家企业的但是目前已经离职的员工做背景调查。背景调查前，我们也可以首先定向地筛选证明人，提高背景调查的配合度。如果我们可以给不同的证明人打电话，就先给一个相对有可能配合我们的人打电话。

举例

假如某岗位候选人提供的背景调查的信息中有该企业3个部门的证明人选，A 是财务部的，B 是销售部的，C 是客服部的，HR 在做背景调查的时候，先给哪个证明人打电话，后给哪个证明人打电话？

HR 在打电话之前可以先分析一下。一般来说，财务部的人每天与钱和数字打交道，在为人处世上相对会比较谨慎；销售部的人成天忙着跑业务，销售业绩压力很大，有点时间还要用来发展客户，一般没时间处理这类事；客服部的人，就是为客户解答疑难问题的，他们的职业天性决定了愿意解答别人的问题，比较容易配合。

如果当 HR 打完电话发现能够联络的候选人都不配合，这时候怎么办呢？这时候，可以增加证明人的基数！通过增加基数，增大背调成功的概率。

候选人在填写岗位申请表时，HR 会要求他填写能够证明其工作关系的证明人以及单位座机电话、官方邮箱等联系方式，并要书面签字确认。

这个时候我们可以让候选人提供的证明人数量适当多几位，一般至少需要提供 2 位，一名为同事关系，另一名为人力资源部或行政管理部工作人员。为了保险起见，我们也可以要求员工提供 4 位证明人。

2. 适当增加调查成本

对于一些比较重要的岗位，为了保证背景调查的结果，可以适当增加一点背景调查的成本。

这种方式能够帮助我们获得一份比较真诚和完整的背景调查内容。对于年薪 20 万元以上的岗位，额外花费很少的成本获得一份详细的候选人背景调查报告，防止背景调查不清带来的员工入职风险，其实是非常值得的。

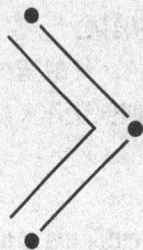

第 10 章

薪酬谈判方法与技巧

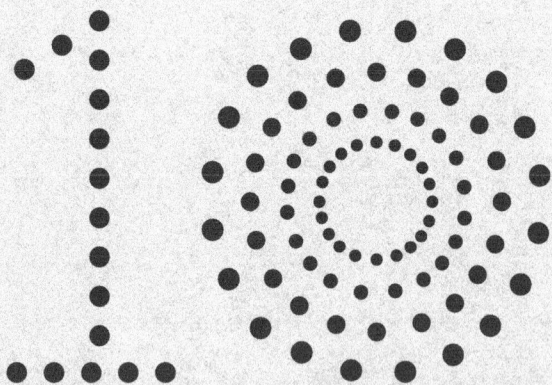

　　不知道你有没有这样的经历：本来很看好一位候选人，结果到了谈薪酬的时候，因为一直降低候选人的薪酬要求，人家选择了别的企业；或者候选人其实能力一般，我们判断他要求的薪酬已经高于他能力水平很多了，但因为和他谈不下薪酬来，又着急用人，只能按照他要求的薪酬录用他，结果企业内部的人才很不满意。

　　HR 和候选人谈薪酬时，薪酬谈高了，老板不高兴，自己也郁闷；薪酬谈低了，候选人不愿来，给自己的招聘工作带来了很大的难度。我们要怎样和候选人谈薪酬，才能既不让候选人被企业逼退，同时企业付出的薪酬又不会超出候选人能力水平太多呢？本章将重点介绍薪酬谈判的步骤、技巧和注意事项。

10.1　薪酬谈判三个步骤

　　薪酬谈判的具体步骤可以分成三步。

　　第一步是想办法了解对方的期望，也就是我们要知道对方想要的薪酬是多少。这里的期望，不仅包括薪酬上的期望，还包括候选人其他的期望，比如福利或者长期激励等。

　　第二步是想办法回应对方的期望，也就是对于对方期望的薪酬，我们要做出的反应是什么。我们的反应会给对方提供很多信息，会让对方接收到这些信息后对企业做出一定的判断。

　　第三步是想办法降低对方的期望，也就是对于对方期望的薪酬，当和企业的薪酬水平不一致的时候，我们可以尝试让对方的期望有所变化。当然，这里压缩对方的期望不是单纯地往低处压。

10.1.1　询问对方期望的方法

　　HR 询问候选人的期望时，不能直接问对方：你想要多少钱？

　　很多 HR 经常会犯的错误是直接问对方期望的薪酬是多少。事实上，最安全的做法，是问对方目前的工作或者上一份工作的薪酬是多少。为什么要这么问呢？

因为如果我们直接问对方期望的薪酬是多少，就等于是给了对方一个主动开价的权利，这样对企业是不利的。比如，有的候选人现在的薪酬是年薪20 万元，但他的期望可以是 100 万元。人的欲望是可以无限扩展的，直接问对方期望，谁又知道边界在哪里呢？

这种问法还有另外一个问题，当我们问候选人期望薪酬的时候，候选人一般都会往高了说。可能他现在的薪酬水平和企业该岗位的水平差不多，甚至可能企业岗位的薪酬水平已经比他上一份工作的薪酬水平高了，但是当我们一问他期望薪酬是多少时，他可能会要原来薪酬水平的好几倍。

当我们问候选人他当前或者上一份工作的薪酬时，即使候选人可能在真实数字的基础上增加一部分，但可能是我们能够接受的。或者候选人在说了真实的数字之后，明确表达自己希望获得比当前更高的薪酬待遇，我们也应当理解。这时只要不是和企业的薪酬标准差距太大，总有商议的空间。

在开始谈薪酬之前，我们可以先向候选人说明我们企业整体的薪酬水平可能并不是很高。即使我们企业的薪酬水平实际上在行业内是领先的，也可以谦虚一点。这么说的目的，是在还没开始谈之前，先降低候选人的期望值。

我们先埋下伏笔，提醒候选人要有思想准备。接着我们也可以说：不过，我们企业的薪酬水平也不是很差。这句话的目的，是稳住候选人，防止我们一开始说的薪酬水平不高，让候选人打退堂鼓。

在询问对方期望薪酬的时候，我们可以用到的话术有四种。

（1）"刚好您说到这了，我也顺便了解一下，您目前的薪酬福利是什么情况？"这里的关键词是"顺便"，我们问对方薪酬的时候，最好给人一种顺理成章的感觉。在这种情况下，对方往往容易脱口说出自己的真实情况。

（2）"请问一下，您薪酬期望的底线或者最低薪酬是多少？"这里的关键词是"底线"，这么问的好处一是在引导对方的思维"往下想"，而不要漫无目的地往上想；二是能够直接聚焦对方的底线，判断对方接受企业条件的可能性。

（3）"您的期望薪酬是多少？每月 1.2 万到 1.5 万元，还是有其他的想法？"这里的关键词是"每月 1.2 万到 1.5 万元"这个薪酬的范围，和"底线问法"的道理类似。我们这样问，是让对方给出一个相对明确的上下限。

（4）"我想了解一下，您现在的薪酬水平大概是多少？"这里的关键词是"大概"。我们会发现有一些防御感很强的人可能不愿意透露自己现在的薪酬，这时候可以用"大概"来迫使对方说出一个数字。

我们问了对方这四个问题后，有的时候，有经验的候选人会回问我们，企业的薪酬标准是多少？这个时候，我们要沉住气，可以再把原来的问题再重复一遍，而且可以稍微强硬一点说企业要录用他的前提是知道他的期望。

10.1.2　回应对方期望的方法

如果我们知道了候选人目前的薪酬水平低于企业能给出薪酬的最高值，这段差距就是我们可以和候选人谈判的空间，我们可以根据候选人的能力水平、优秀程度以及他想要薪酬的程度的高低，适当地调整我们能开出的薪酬水平。

如果候选人当前的薪酬水平高于企业预定的最高值，我们就可以把说服的重点放在这个岗位的全面薪酬以及通过这个岗位候选人能够得到的其他的优势上面，例如事业发展机会、社会地位、行业认可度等。

当我们发现候选人当前的薪酬水平高于企业能够给出的薪酬水平太高，我们可以诚实地告诉候选人，虽然企业非常期望他的加入，但是企业也有自己的薪酬标准，考虑到企业内部的公平性，没有办法提供给他这样高的薪酬水平。

我们可以适当地弱化候选人应聘岗位对企业的重要性，比如可以和候选人说：这个岗位在企业中属于辅助类岗位，企业对辅助类岗位是严格执行标准工资的。

我们也可以强调这个岗位在所有候选人之间的竞争性。我们可以说：目前应聘这个岗位的还有另外3名候选人，他们提出的薪酬期望都和我们企业提供的水平是比较符合的。

这时候，有的候选人可能会因为想加入企业而主动让步。如果候选人不让步也正常，我们坦然接受就好了。

在回应候选人的薪酬期望方面，可以用到的话术有如下三种。

（1）如果觉得对方要的薪酬有点高，我们可以说：您知道，一般情况下，换一份工作的加薪空间是10%~20%。这句的关键是给予候选人一种心理暗示，人为地把候选人的个人要求与现在的薪酬水平联系起来，让薪酬谈判的双方都能够聚焦到同一目标水平上。

（2）当对方期望的月薪水平高但是年薪水平不高时，我们可以说：您的薪酬是年薪制浮动薪酬，虽然固定的月薪可能达不到您的期望，但如果业绩达成，全年总收入会比您的期望值还高。

（3）当对方整体期望薪酬水平比企业薪酬水平高时，我们可以说：目前我给您说的是试用期工资，相对低一些，转正后会有一定幅度的提高。当然，如果您入职后工作表现满足企业期望，企业会有进一步的薪酬调整空间。

有一个小技巧：如果对方提出的薪酬期望比较高的时候，我们可以用很夸张的表情说："啊？"如果对方是漫天要价的，这时可能会因为心虚觉得自己太过分了。有的候选人可能马上会说："这个薪酬还可以谈的。"虽然有的人可能没说，但我们已经能看出他的不安，我们也可以据此知道这位候选人的薪酬有商量的空间。

10.1.3　降低对方期望的方法

如果候选人具有非常好的个人素质和能力，那么企业在薪酬上可以大方一些。相反，如果候选人只是几个条件相当的可能人选之一，企业可以把薪酬调低些，或者延后谈论薪酬的时间，给自己获得信息和思考的机会。如果对方当前的薪酬水平比我们能够提供的最高水平还要高，那么我们可以尝试降低对方的期望。

如果候选人是学习型人才，我们可以利用学习与成长方面的描述吸引对方。我们可以说：企业现在的薪酬体系是这样的，跟您的期望有一定的差异，不过企业有完善的培训体系，有导师手把手帮带，有丰富的知识资源库，有强大的团队支持……

如果对方是事业型人才，我们可以用成长空间方面的描述吸引对方。我们可以说：虽然您的期望与我企业薪酬标准存在差异，不过我们提供其他企业没有的晋升和发展空间，我们所处的行业具备独特的领先优势，我们有着更加宽松的氛围，您可以得到更多的信任，具备更高的责任和使命，未来还可能有股票和期权激励……

如果对方是金钱型人才，对金钱看得比较重，我们也可以给对方"算账"。我们可以说：请不要仅看到表面上我企业的薪酬数额达不到您的要求，除了薪酬之外，我们企业还提供额外的住房补贴、用餐补贴、制服补贴等各类补贴，提供住房、餐饮、物品、体检等各类弹性福利，项目结束后有专项的项目奖金，每年一次加薪的机会……

10.2 薪酬谈判六个实用技巧

HR 在和候选人做薪酬谈判的时候，可以遵循六个实用的技巧，分别是清楚招聘岗位薪酬的上下限、不要亮出薪酬的底牌、避免薪酬谈判中的模棱两可、通过整体的薪酬吸引对方、注意谈判的态度和语气以及想办法超出对方的期望值。

10.2.1 清楚薪酬的上下限

在实施薪酬谈判之前，我们一定要明确薪酬谈判的目的。薪酬谈判的最终目标绝对不是把人才期望的薪酬压到最低，而是为企业找到最适合的人才，并且给他一个双方都能够认可的薪酬。

HR 新人在做薪酬判断时最容易犯的错误，就是觉得薪酬谈判是谈得越低越好。甚至有的 HR 说薪酬谈判就和去商场买衣服砍价一样，不管别人说多少价格都先砍一半，然后再一点一点地往上调。

举例

某 HR 问候选人："你的期望薪酬是多少啊？"

候选人说："每月 8 000 元吧。"

这位 HR 说："每月 4 000 元来不来？"

对方说："那我肯定不来。"

这位 HR 说："那每月给你 5 000 元来不来？"

对方说："不行，太低了。"

这位 HR 说："那每月 6 000 元！这是最高了，不能再涨了。"

然后对方听完之后，默默地离开了……

这个例子是一个典型的错误的薪酬谈判过程，这是把薪酬谈判变成了市场砍价。这种做法不仅会让候选人觉得这家企业一点都不大气，还会让候选人觉得这家企业没有标准、没有规范、不够正规。可能候选人本来还会考虑这家企业，因为有这个过程，也不会选择了。

在和候选人谈薪酬之前，HR 就应该先明确招聘的岗位对于企业的价值，企业愿意为这个岗位付出的最高薪酬是多少，或者企业能够提供的薪酬范围是多少。也就是首先要明确这个岗位的薪酬标准，明确岗位薪酬的上限和下限。

这里薪酬标准的上下限应该根据薪酬政策来判断，既要考虑薪酬的外部竞争性，又要考虑薪酬的内部公平性。如果企业有了这样明确的薪酬标准之后，即使是候选人期望的薪酬水平低于这个薪酬标准，我们也应该执行企业的标准，而不要为了节省费用执行候选人期望的标准。

即使候选人是市场上能力最强的人，当期望的薪酬高于企业的最高标准时，如果没有特殊需要，我们也可以不选择这位候选人，以免满足他的薪酬要求之后，引起内部员工的不满，影响其他员工的情绪。这里说的期望薪酬高于企业的薪酬标准就可以考虑不选择的做法是通用做法，不同情况可以具体判断。

有了岗位薪酬的上下限之后，能够避免和候选人之间就薪酬问题陷入不切实际的讨论，也避免我们和候选人讨论了一番后，企业不同意，或者候选人最后不满意，造成双方时间的浪费。

10.2.2　不要亮出薪酬的底牌

HR 在谈薪的过程中，不要把所有的底牌都亮出来。许多 HR 在问候选人问题的时候已经给出了企业的标准，但是自己还不知道对方心里期望的薪酬待遇。

举例

有的 HR 在面试的时候，会和候选人这么说："在我们企业，您应聘的这个岗位薪酬是每月 6 000~10 000 元，您期望的薪酬是多少呢？"

对方回答说："每月 8 000 元。"

他的这个每月 8 000 元到底是他原本的期望就是这个数字，还是他听完了这位 HR 给出来的薪酬范围之后变成了这个数，根本不得而知。

有的朋友说，规范的招聘 JD 中都会加入薪酬的范围，这时候不等于是告诉了候选人这个岗位的薪酬范围了吗？是的，如果企业要招聘的岗位本身就有固定的薪酬标准，基本上没有商量的余地，那么我们的招聘 JD 上确实应该写上去。

可如果企业要招聘的岗位有比较大的谈薪空间，那么，HR 在招聘 JD 上可以写一个范围比较大的弹性空间。这样做，一方面可以保留谈判的空间，另一方面当我们遇到比较优秀的候选人的时候，可以有比较大的上浮薪酬的空间。

总之，商务谈判中先把自己的底牌露给别人的那一方往往是不占优势的。薪酬谈判是同样的道理，我们要想办法先看对方的底牌。在我们说企业薪酬的数字之前，一定要先让对方说出他的数字。

10.2.3　避免模棱两可的说法

在薪酬谈判的过程中，让候选人开诚布公地直接说出薪酬数字并不容易。

许多候选人会觉得，自己说出数字后，企业就会占据主动，可能会让自己在应聘的过程中丧失优势。

这类不想说明自己具体薪酬要求的候选人主要是担心，自己如果报的价高了，可能得不到这个工作机会，企业在知道了自己的薪酬要求之后，可能会选择条件相似但是薪酬水平要求比较低的候选人；同时也担心如果报的价低了，可能自己的权益会受损。在自己说了具体的薪酬要求之后，本来企业可以给到比较高的年薪，结果因为自己说的期望比较低，最后就按照比较低的期望给薪酬了。

但是对企业来说，和候选人确定薪酬的具体数值是绕不过去的环节。这对于企业是否录取候选人起着决定作用。如果候选人总是要故意回避这个问题，回答得不清不楚。我们可以直接和候选人说："企业对这个岗位的候选人做出最终录取判断的时候，必须要知道您对于薪酬的确切期望。如果您不给我们您薪酬明确的期望数值，我们将不会考虑把您列为这个岗位的候选人之一。"

为了缓和气氛，避免双方的尴尬，我们也可以采取试探性的问题，我们可以问：假如这个岗位企业给出的年薪是 30 万元，和您个人的预期吻合吗？这时候我们可以通过对方的表情和回答，大致判断出他原本的期望比这个数字高还是比这个数字低。

如果他表示出了一点惊讶和失落，那说明他的期望是比这个数字高的。如果他表示出了一点惊喜，那说明他的期望是比这个数字低的。也有可能候选人是"扑克脸"，我们看不出他表情的任何变化。当通过这种缓解尴尬的试探性问题判断不出来时，我们就可以用比较直接的问法了。

10.2.4　运用整体薪酬的概念

薪酬，可以拆分开看，分成薪和酬两部分。薪，指的是薪水，包括工资、津贴、奖金、分红、福利等一切可以用财务数据量化的个人物质层面的回报。酬，指的是报酬，包括非货币化的福利，组织的认可，更有兴趣的工作，更大的成就感、学习的机会、发展的机会等，更加着眼于个人精神层面。

在和候选人谈薪酬的时候，不要忽略薪酬的整体概念。我们一定要有这方面的意识，也就是企业能够提供的薪酬是能量化的以及不能量化的整体薪酬，而不仅是工资和奖金层面的钱。

举例

有位候选人应聘某企业的岗位，他期望的年薪是 30 万元。该岗位的基本年薪标准最高是 20 万元。该候选人各方面都适合该岗位。

HR 想要录用该候选人，可以对他说如下内容。

您的期望和我们企业的薪酬是基本符合的，我们企业这个岗位的基本年薪的最高标准是 20 万元，可以按照这个最高标准给您年薪。我知道这和您一开始的预期不太相同，不过您也不必担心。企业除了基本的年薪之外，还有一部分绩效年薪，一般在 5 万 ~20 万元不等。

企业的三餐都是免费的，每月还会发放 500 元的交通补助、1 000 元的住房补助以及 200 元的通话补助。

对于工作满 3 年的员工，企业会提供许多个性化的福利。比如：您可以拥有更加弹性的工作时间，可以在家办公；如果您有小孩子需要看管，企业有合作的幼儿园以及小学，都是免费为员工子女开放的。

企业每年都会有定期的体检，体检的标准是每人每年 2 000 元，而且可以带一名家属。企业每年会给职工提供 1 万元的学习基金。除了带薪年休假之外，企业还有每年 7 天的带薪学习假。每年的学习基金和带薪学习假都按年份累计，如果您今年没有用，可以累计到明年，如果明年没用，可以累计到下一年。

因为咱们长期在计算机前工作，为了防止劳累，企业给每名员工配备的都是价值 1 万元以上的功能型办公椅。企业还固定聘请了一位专门的按摩师，给员工做按摩和放松。另外，您在这个岗位工作满 7 年之后，还会获得股权激励。

以上的这些福利，是在您没有晋升的情况下发放的，如果您获得晋升，您还将获得……

按常理来说，候选人期望年薪 30 万元，企业能够提供的基本年薪是 20 万元，那么候选人应该不会选择这家企业，但是当候选人听完了这一系列他可以得到的其他可量化的以及不可以量化的薪酬之后，他可能在心中会默默地算一笔账，算完了之后，他很可能会选择这家看起来基本年薪比较少的企业。

我们在面试候选人的时候，也可以特别注意一下他比较关注什么。对于他关注的方面，我们可以考虑给他一些比较个性的福利。比如，有的候选人可能比较在意弹性的工作时间，可是企业现在还没有对任何岗位实行过弹性工作时间的福利政策。我们能给候选人提供的薪酬低于他的期望，但又挺想候选人能来企业工作。这时候，我们可以考虑给候选人破个例，在不增加薪酬标准的情况下，给候选人弹性工作时间的福利。这里的弹性工作时间具体怎么实施可以和候选人进一步商量。

这样，如果其他企业没有办法提供给候选人比较在意的个性化福利，候选人有可能在企业能够提供的薪酬低于自己要求的时候选择企业。

同样道理，有的候选人对培训和学习的机会非常看重，他期望接受某学校的在职教育，同时自己每年都能够得到一些培训。这些培训和学习费用不一定需要企业承担，但是期望企业能够批准他的假期，或者批准他带薪完成这些学习和培训。这时如果企业能够提供候选人这方面的便利，但是其他的企业却不能，即使这家企业能够提供的薪酬低于候选人的预期，候选人也有可能选择这家能够满足他培训和学习要求的企业。

10.2.5　注意谈判的态度和语气

我们要注意薪酬谈判过程中的态度和语气。薪酬谈判的过程是一个商务谈判的过程，整个过程体现的是双方的职业素养。在整个薪酬谈判的过程中，不论我们认为候选人提出的要求有多么过分，都不要在态度或语气上表示出对对方的轻蔑。

不要在薪酬谈判上耍太多的花招。商务谈判讲究基本的尊重和诚信，不要把薪酬谈判的过程变成在菜市场里讨价还价的过程。

举例

有的 HR 为了吸引候选人来企业工作，将候选人的薪酬压得很低，然后承诺候选人来了以后每年都会涨工资，而且每年的工资涨幅一般都在 20%。事实并非如此，这么说的目的，是为了把候选人骗进企业。

这是有的不专业的 HR 会用的套路——先把候选人骗来再说。可是，这种行为不会长久，就好像彼此性格不合而且不相爱的男女，就算勉强结婚了，早晚也要离婚。

通过这种方式招进来的人才最后离职，对企业来说付出的成本是很高的。

10.2.6　超出期望效应的应用

当候选人适合岗位的时候，如果候选人期望的薪酬标准低于企业标准，HR 可以痛快地答应他的薪酬要求。在他上岗以后，按照企业的标准给他发放薪酬也将高于他的期望。

但是我们可以考虑在他正式入职之前先不告诉他这件事，等他来报到的时候再告诉他，企业给他的薪酬其实比他的期望要高。这招往往会有奇效，因为企业给候选人提供的薪酬超出了他的期望，会有很强的激励作用。

10.3　薪酬谈判三个注意事项

实施薪酬谈判有很多细节值得注意，其中最需要注意的有三点，分别是适当运用背景调查信息、避免面试开始就谈薪酬、薪酬谈判始终聚焦结果。

10.3.1　适当运用背景调查信息

在薪酬判断的过程中，不要忘了可以参考背景调查的信息。一定不是候选人自己说他原来的薪酬是多少，HR 就要听信。背景调查能帮助 HR 知道候选人上一份工作薪酬的确切数字。

举例

我曾经面试过一个候选人，这位人选各方面的素质都挺好，领导面试完之后也挺满意。当我问他上一份工作的薪酬是多少的时候，他说上一份工作的年薪是税后 35 万元。面试后，我对他进行了背景调查，发现他上一份工作实际的薪酬水平是税前年薪 20 万元，扣完税、保险、公积金之后，实际的到手工资应该在 15 万元左右。

在与他沟通入职的时候，我电话里没有明确和他说我已经知道他原来真实的薪酬水平了。我直接说企业对这个岗位的薪酬标准最高是年薪税前 24 万元，请他考虑一下。这里为什么要设置 24 万元的税前年薪呢？因为人才跳槽后一般会期望薪酬至少提升 20% 左右。

他一开始听到这个数字时，并不买账，在电话里说了很多对这个薪酬数字的不满。但能听出来，他和我说的这些的目的其实还是想和我讨价还价，想让我再把薪酬水平提一提。

我就一口咬定，这就是这个岗位的最高标准了，已经给了他最高的薪酬，再高就会影响企业的内部公平性了，请他好好考虑考虑。他一开始很不情愿地说不想再谈了，后来过了没多久，他就主动打来了电话说可以接受。

我分析他的期望薪酬是税后 35 万元。因为他原来所在的企业品牌比较强大，他原本的想法是想通过跳槽让自己的薪酬提升一大截。可能是找了一些企业之后一直没找着合适的岗位，所以就接受了我们企业的 offer。后来，事实证明这位人选的能力很强，而且在我企业的发展也非常稳定。

10.3.2　避免面试开始就谈薪酬

面试的时候，如果候选人一开始就问薪酬，怎么办？

对于薪酬标准已经很明确的岗位，可以直接告诉候选人薪酬，而且也应当在招聘 JD 中就体现出薪酬，这样可以快速让候选人了解企业招聘这个岗位的信息，让候选人有心理预期和准备，避免浪费双方的时间。

如果岗位的薪酬没有明确的标准，那么在面试的时候不要一开始就和候选人谈薪酬。这不仅是因为一开始就说薪酬可能会泄露企业的薪酬信息，还因为在面试开始之前，双方之间缺乏足够的了解。我们不了解候选人是什么能力水平，候选人也不了解企业这个岗位的具体职责和需求。

当双方的沟通不充分的时候，如果企业盲目地说一个数字，可能会破坏后续的谈判。企业最好等判断出候选人基本符合岗位的条件、有录用他的意向了之后，再开始正式谈。如果候选人不依不饶地想要知道，可以在面试初步结束、了解了候选人大致状况之后，先告诉对方一个薪酬的下限或者薪酬的平均数，保留薪酬的上限和弹性空间等信息。

这里要注意，我们告诉对方薪酬的下限或平均数的时候，一定要说明我们说的这个数字是下限还是平均值。可以说：这个岗位薪酬的起薪是……

如果候选人问：那最高是多少呢？

我们可以回答说：根据能力和经验，能力越高薪酬越高。

这个回答看起来像一句废话，其实是在和对方说：你已经不需要再问了。

10.3.3　薪酬谈判始终聚焦结果

很多失败的商务谈判是因为务虚，到最后谈不出结果。薪酬谈判的目的，是让双方明确薪酬的具体数字。所以薪酬谈判的最后结果一定要是明确的薪酬数字和具体的薪酬项目信息。

薪酬谈判的具体信息至少应包括如下内容。

- 试用期薪酬。
- 转正薪酬和转正条件。
- 基本薪酬。
- 绩效薪酬和绩效条件。
- 福利待遇。

这些关键信息明确之后，我们可以将其全部写在向候选人正式发放的 offer 当中，避免候选人上岗的时候，对当初谈的事项有异议。

【疑难问题】薪酬谈判常见问题解析

为了保证薪酬谈判能够成功，在薪酬谈判时，HR 需要特别注意一些事项。

1. 注意不要表现急迫

当 HR 觉得某位候选人非常适合企业岗位的时候，千万不要表现得非常迫切。聪明的候选人从 HR 的只言片语中就能够看出来企业对这个岗位人才的需求可能是非常着急的，这会令 HR 陷入被动。

2. 注意没有薪酬标准的情况

对于一些小企业或者是企业新设置的一些岗位，尚无明确的薪酬标准，HR 要怎么和候选人谈薪酬呢？

这里要用到薪酬管理的基本知识，比如要做适当的岗位分析，运用因素比较法，考虑内部公平性和外部竞争性的同时，参考企业现在在职的同等工龄、水平、学历的员工薪酬和岗位职责与复杂程度等因素，给出一个大致的薪酬范围。

如果企业内部没有可参照的依据，我们可以通过做一定的市场调查，根据调查的结果确定薪酬的范围。

3. 注意谈判的次数

薪酬谈判一般持续多久比较合适？

一般来说，如果是基层岗位，一次谈判不成，就不需要再谈了。

如果是中高层管理岗位，可以谈 2~3 次或者更多次。这时候对候选人的薪酬异议和要求，不需要立即回复，可以等 1~2 天，让对方知道企业有流程，有规矩，有原则，不会轻易改变，提高对方自行降低期望值的可能性。

如果候选人说自己需要考虑，HR 可以不主动联络，不必急于问他考虑得怎么样了。我们在等待时，可以物色其他人选。

第 11 章

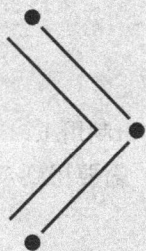

> 入职操作方法与技巧

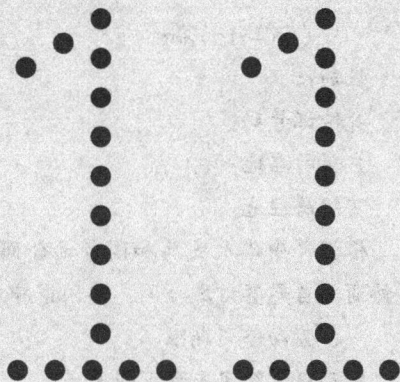

11

通过员工入职管理和入职相关基础人事操作，能够降低用工风险，提高用工效率。本章将重点介绍员工入职的操作方法、实施技巧以及入职过程中需要关注的法律风险和注意事项。

11.1 不同用工种类入职操作方法

企业能用到的用工方式有很多，比较常见的有全日制用工、非全日制用工、实习用工、劳务用工以及外籍人员用工。这些用工方式各有特点，需要用到的规范性文件各不相同，有着不同的操作方式。

11.1.1 全日制用工操作

全日制用工指的是用人单位与员工签署正式的劳动合同、与员工建立正式劳动关系的用工方式。全日制用工方式需要企业在员工入职一个月内与其签署劳动合同书，格式模板如下。

劳动合同书

甲方 (单位) 全称：

经济类型：

法定代表人：

登记注册地：

实际经营地：

乙方 (职工) 姓名：

性别：

身份证号码：

户籍所在地：

实际居住地：

根据《中华人民共和国劳动合同法》和有关法律法规规定，甲乙双方经平等协商，自愿签订本合同，共同遵守本合同所列条款。

一、劳动合同期限

甲乙双方约定采用下列第（   ）种方式确定劳动合同期限

（一）固定期限：自_____年____月____日起至自_____年____月____日止，其中试用期____个月。

（二）无固定期限：自_____年____月____日起至法定终止条件出现时止。其中试用期____个月。

（三）以完成一定工作任务为期限：自_____年____月____日起至完成工作任务时止（该工作任务为甲方事先确定并且完成目标是确切具体的）。

二、工作内容和工作地点

（一）工作内容：乙方同意根据甲方工作需要，安排在_____岗位（工种）从事_____工作。

（二）乙方的工作地点或工作区域为_____。乙方的具体岗位职责和工作要求按甲方制定的相关标准执行。

三、工作时间和休息休假

（一）工作时间：乙方的岗位（工种）实行□标准、□综合计算、□不定时工时工作制。其中，标准工时工作制度每天工作不超过8小时，每周工作不超过40小时，每周_____为休息日。

实行综合计算工时工作制或不定时工时工作制的，应当由甲方报劳动保障行政部门批准。

（二）甲方依据国家和省的相关规定，保证乙方享有法定节假日、年休假、婚假、产假、探亲假、丧假、病假等休息休假权利。

（三）甲方因生产经营需要，经与工会和乙方协商，安排乙方延长工作时间或在节假日加班时，依法支付加班加点工资；安排在休息日加班时，安排乙方同等时间补休，如不能安排补休，依法支付加班工资。

（四）乙方休息休假期间的工资支付或扣减办法按国家、省及本单位依法制定的相关规定执行。

四、劳动报酬

（一）甲方于每月_____日前以_____形式足额支付乙方工资。

（二）乙方试用期的工资标准为_____元/月。

（三）乙方试用期满后，工资标准为_____元/月。合同履行期间，甲方按照政府发布的工资指导线要求，根据本单位每年经济效益增长情况和本地区、行业的职工平均工资水平等因素，通过工资集体协商形式，适时增加乙方工资。

五、社会保险

（一）自劳动关系建立之日起，甲乙双方应当依法参加社会保险，按时足额缴纳各项社会保险费，其中乙方应缴纳的社会保险费由甲方代扣代缴。

（二）甲方应当每年至少一次向本单位职工代表大会或在本单位住所的显

著位置，公布本单位和个人全年社会保险费缴纳情况，接受乙方监督。

（三）乙方因工负伤或患职业病，甲方应当负责及时救治，并按规定为乙方申请工伤认定和劳动能力鉴定，保障乙方依法享受工伤保险待遇。

（四）乙方患病或非因工负伤，甲方保证其享受国家和省规定的医疗期和相应的待遇。

六、劳动保护、劳动条件和职业危害防护

（一）甲方必须执行国家关于特种作业、女职工和未成年工特殊保护的规定。甲方安排乙方的工作属于（不属于）国家规定的有毒、有害、特别繁重或者其他特种作业。乙方从事有职业危害作业的，甲方应当定期为乙方进行健康检查。

（二）甲方应当为乙方提供符合国家规定的劳动安全卫生条件和必要的劳动防护用品。乙方应当严格执行国家和甲方规定的劳动安全规程和标准。

（三）甲方应当对乙方进行劳动安全卫生教育和培训，乙方应当严格遵守甲方的劳动安全规章制度，严禁违章作业，防止发生劳动过程中的事故，减少职业危害。

七、其他约定条款（双方约定的培训和服务期、保密和竞业限制协议为本合同的附件）

八、本合同的解除或终止，应当按照法定的条件、程序和经济补偿规定标准执行。

九、双方依法解除或终止本合同的，甲方应当自解除或终止本合同之日起15日内，办理完毕乙方档案和社会保险关系转移等手续；甲方依法应当支付的经济补偿金等相关费用，在乙方履行完交接手续时支付。

十、双方因履行本合同发生争议，可以依法向调解机构申请调解，或者依法申请劳动争议仲裁、向人民法院起诉。

十一、本合同未尽事宜，或与法律法规相抵触的，依照法律法规执行。

十二、本合同一式两份，经双方签字盖章生效，双方各执一份。

甲方：（盖章）　　　　　　　　乙方：（签名）

法定代表人、负责人

或委托代理人：（签名）

年　　月　　日　　　　　　年　　月　　日

使用说明

一、本合同书作为用人单位(甲方)与职工(乙方)签订劳动合同时使用。

二、双方在使用本合同书签订劳动合同时,应认真阅读所列条款,凡需要双方协商约定的内容,协商一致后填写在相应的空格内,双方协商约定的内容,不得违反法律、法规的规定。

三、签订劳动合同书,必须由甲方法定代表人或主要负责人、委托代理人和乙方亲自签名或盖章,并加盖用人单位公章。

四、双方约定的其他条款内容,在本合同内填写不下时,可另附纸页。

五、本合同应使钢笔或签字笔填写,字迹清楚,文字简练、准确,不得涂改。

六、本合同一式两份,甲乙双方各持一份,交乙方的不得由甲方代为保管。

七、甲方应按规定建立职工名册备查,并将签订劳动合同职工花名册向劳动保障部门备案。

11.1.2 非全日制用工操作

非全日制用工是指以小时计酬为主,劳动者在同一用人单位一般平均每日工作时间不超过4小时、每周工作时间累计不超过24小时的用工形式。实务中,我们常把采取非全日制用工方式的职工称为"小时工"。

对用人单位来说,非全日制用工比全日制用工的好处如下。

● 人工成本更低。

● 用工方式灵活。

● 任务明确的情况下,工作效率更高。

如果是专业技术性较强、需要较长的培养和训练时间、保密性要求较高、具备一定管理和决策要求、需要培养专业人才等的岗位,适合使用全日制的用工方式;如果是简单重复性劳动、短时间或季节性人力需要、危险性较低、不需要长时间训练等的基础岗位,可以选择非全日制用工的方式。

非全日制职工与用人单位之间可以通过口头协议建立劳动关系,不签署劳动合同书。但为规范双方的劳动关系,建议用人单位与非全日制职工之间签署非全日制用工协议,格式模板如下。

非全日制用工协议

甲　　方:_____

乙　　方:_____

身份证号码:_____

现居住地址:_____

甲方招用乙方以非全日制用工形式用工，根据有关规定，经双方平等协商，订立本协议如下：

一、协议期限

本协议期限自_____年____月____日至_____年____月____日止。

二、工作时间

乙方在甲方的工作时间平均每日不超过4小时，具体工作时间由甲方安排。

三、工作内容

甲方根据工作需要，安排乙方在_____部门_____岗位（工种）工作，具体内容为_____，乙方应完成该岗位（工种）所承担的工作内容。

四、工作报酬

1. 甲、乙双方协商确定乙方小时工资报酬为每小时_____元，甲方以货币形式按时足额支付，乙方同意发薪日期由甲方按其规定执行。

2. 乙方不享受任何有薪假期。

五、保险及福利

1. 乙方在从事非全日制就业期间社会保险费用由乙方自行承担，与甲方无关。

2. 甲方为乙方购买人身损害商业保险。如乙方因工作原因受伤，由此产生一切费用，由保险企业按赔付标准支付。

六、双方职责

1. 协议期间，甲方有权根据工作需要调整乙方的工作岗位及工作时间。

2. 乙方在为甲方工作期间，应遵守国家法律法规，遵守甲方制定的规章制度，自觉维护甲方的利益。

3. 乙方上岗后，如因乙方个人原因不履行本协议给甲方造成损失者，甲方可以从乙方试用期间的劳动报酬中扣除。

4. 乙方应按时上下班，不得擅自迟到、旷工，请假需提前一天以书面形式向甲方申请，以便甲方安排其他人员顶班。如因乙方无故旷工给甲方造成损失，甲方有权扣减乙方报酬。

5. 乙方对因工作关系获悉的甲方商业秘密及内部资料应负有保密责任，不得对外透露、散播，如因乙方泄露甲方的商业秘密或内部资料给甲方造成损失，一经查获除解除本协议外，甲方可直接扣减乙方报酬并有权追索不足部分。

七、协议的变更、解除、终止和续订

1. 甲、乙双方当事人可以随时通知对方终止用工。终止用工时，甲方不向乙方支付经济补偿。

2. 因工作需要或特殊情况时，甲方可提前终止本协议。

3. 乙方有下列行为时，甲方有权随时辞退乙方且不承担任何补偿责任。

（1）违反国家法律法规。

（2）违反甲方的规章制度或损害甲方的利益。

（3）不服从甲方工作安排或擅自离岗、离职者或频繁请假者。

八、其他

1. 本协议一式两份，甲乙双方各执一份，经甲乙双方签字、盖章后生效。

2. 本协议未尽事宜，由甲乙双方协商解决，协商不成的，由甲方所在地法院管辖。

甲方（公章）：　　　　　　　　　乙方：

签订日期：　　年　月　日　签订日期：　　年　月　日

企业在使用非全日制用工方式时需注意如下事项。

- 招聘时注意小时工的背景。
- 必须先办理上岗手续、经过入职培训后再上岗。
- 注意小时工的用工安全。
- 注意员工管理，不要因使用小时工造成正式员工懒惰。
- 注意建立小时工的稳定性和忠诚度。
- 对小时工的工作安排要定时、定量。
- 发放工资的时间与正式员工不同。

11.1.3 实习用工操作

出于校企合作或甄选人才的过程，许多企业会接受在校学生实习。企业接受实习生，需要与其签订实习协议，格式模板如下。

实习协议

甲方：_____

乙方：_____　性别：_____　年龄：_____　电话：_____

身份证号码：_____　现住址：_____

根据中华人民共和国有关法律之规定，甲乙双方经平等协商同意，自愿签订本合同，共同遵守本合同所列条款。

一、实习期限

第一条　实习期为_____年____月____日起至_____年____月___日止。

二、实习内容

第二条　甲方接收乙方在甲方下属子企业、关联或控股企业进行学业或毕

241

业实习，以便乙方拓展实践自身专业知识。

第三条　乙方在实习期间应服从甲方企业实习工作安排，认真完成指定的任务。乙方在实习期间，应该虚心学习，发扬艰苦奋斗、吃苦耐劳的精神。乙方同意根据双方协商，在＿＿＿＿＿＿＿＿＿＿岗位进行实习。

三、实习期间的工作保护和工作条件

第四条　甲方为乙方在实习期间提供必要的劳动条件和劳动工具，建立健全生产工艺流程，制定操作规程、工作规范和劳动安全卫生制度及其标准。

四、实习期间的工作津贴

第五条　甲方以每日＿＿＿元的标准支付乙方实习津贴，于每月＿＿＿号前统一结算。

五、实习期间保障待遇

第六条　乙方在实习期间，因工作生产造成身体损害时，享有同甲方临时雇用劳务人员同等待遇。若因非工作原因造成自身损害，应视具体情形由乙方承担相应责任。

第七条　乙方应清楚知悉本人作为在校学生接受所在学校管理，不具有国家法定劳动者身份，与甲方不存在事实劳动关系，不享有与甲方企业职工在报酬、保险、工伤等上的同等待遇。

六、实习期间的劳动纪律

第八条　乙方在实习期间应遵守甲方依法规定的规章制度；严格遵守劳动安全卫生、生产工艺、操作规程和工作规范；爱护甲方的财产，遵守职业道德；积极参加甲方组织的培训，提高思想觉悟和职业技能。

七、合同的变更、解除

第九条　订立本合同所依据的客观情况发生重大变化，致使本合同无法履行的，经甲乙双方协商同意，可以变更本合同相关内容。

第十条　经甲乙双方协商一致，本合同可以解除。

八、本合同争议处理

第十一条　因履行本合同而发生的争议，当事人双方应本着平等、互助的精神进行协商解决，协商不成由甲方所在地人民法院处理。

第十二条　本合同一式两份，甲乙双方各执一份。

甲方（公章）：　　　　　　　　　乙方：

签订日期：　　年　月　日　签订日期：　　年　月　日

企业在接受学生实习时需注意如下事项。

- 一定要为实习生购买商业保险。
- 必须先培训、后上岗，保证岗前的安全和操作教育。
- 必须为实习生提供足量的劳动防护用品和措施。
- 应给实习生分配帮带师傅，并应培训帮带师傅的帮带技巧。
- 不应让实习生承担能力要求较高的复杂工作。
- 不应让实习生承担危险性较高的工作。

11.1.4 劳务用工操作

劳务用工指的是劳动者向用人单位提供一次性的或者特定的服务、由用人单位向其提供一定报酬的关系。劳务关系的本质是一种民事权利义务关系。劳务关系可以口头约定也可以签订书面合同。为规范用工，建议用人单位与劳动者确立劳务关系时，签劳务合同书，格式模板如下。

劳务合同书

甲方：_____

乙方：_____ 身份证号：_____

联系地址：_____

电话：_____ 手机：_____

甲乙双方根据有关规定，经平等协商一致，自愿签订本协议，共同遵守本协议所列条款。

第一条 本协议期限为____年。

本协议于_____年____月____日生效，至_____年____月____日终止。

第二条 乙方承担的劳务内容、要求为：

乙方根据甲方工作要求和安排，担任_____职务，并保证按照甲方要求按时、保质完成工作任务。

乙方同意甲方根据工作需要调整乙方的具体劳务内容和岗位。

第三条 乙方应参加甲方为乙方提供劳务安排的培训、学习，并按照甲方要求的时间和地点提供劳务。

乙方提供劳务期间，应当遵守甲方各项规章制度、严格遵守甲方的业务操作规程和工作规范，爱护甲方财产。乙方出现任何违反甲方规章制度的行为，甲方均有权随时解除本协议。

第四条 乙方认为，根据乙方目前的健康状况，能依据本协议第二条、第三条约定的内容、要求、方式为甲方提供劳务，乙方也愿意承担所约定劳务。

第五条 乙方负有保守甲方商业秘密的义务。

第六条 甲方按月给乙方结算报酬，标准为：

甲方以不低于____元 / 月支付乙方报酬, 每月____日为发薪日。

第七条　发生下列情形之一, 本协议自行终止:

1. 本协议期满的;

2. 乙方服务的项目合同终止或提前终止的;

3. 双方就解除本协议协商一致的;

4. 乙方由于健康原因不能继续履行本协议义务的;

5. 因本协议签署时依据的客观情况发生重大变化, 致使本协议无法履行的。

第八条　甲、乙任何一方单方面解除本协议的, 需提前 30 日书面通知另一方。

第九条　本协议终止、解除前, 乙方应在 7 日内将有关工作向甲方移交完毕, 并附书面说明, 如给甲方造成损失应予赔偿。

第十条　甲乙双方约定, 由甲方为乙方购买意外伤害保险, 乙方在为甲方提供劳务的过程中发生意外伤害产生的费用由保险机构进行赔付。

第十一条　乙方同意发生疾病时医疗费用自理, 医疗期内甲方不支付劳务费。

第十二条　依据本协议第七条、第八条约定终止或解除本协议, 双方互不支付违约金。

第十三条　因本协议引起的或与本协议有关的任何争议, 双方应协商解决, 如协商不成, 交由甲方所在地法院解决。

第十四条　本合同中甲、乙双方的联系地址为双方唯一固定的通信地址, 若在履行本协议中双方有任何争议甚至涉及诉讼时, 该地址为双方法定地址。若其中一方通信地址发生变化, 应立即书面通知另一方, 否则, 造成双方联系障碍, 由有过错的一方负责。

第十五条　本合同一式两份, 甲乙双方各执一份。

甲方 (公章):　　　　　　　　　乙方:

签订日期: _____年____月____日　签订日期: _____年____月____日

企业与劳动者建立劳务关系时需注意如下内容。

- 企业不能以劳务关系代替实际的劳动关系, 以逃避责任。
- 企业同样有必要为劳务关系的劳动者提供劳动保障用品和必要的培训。
- 劳务关系适用法律为《中华人民共和国民法典》(2021 年 1 月 1 日起实施)。

11.1.5　外籍用工操作

根据《外国人在中国就业管理规定》(2017 年 3 月 13 日修)。

第五条　用人单位聘用外国人须为该外国人申请就业许可，经获准并取得《中华人民共和国外国人就业许可证书》（以下简称许可证书）后方可聘用。

第八条　在中国就业的外国人应持Z字签证入境（有互免签证协议的，按协议办理），入境后取得《外国人就业证》（以下简称就业证）和外国人居留证件，方可在中国境内就业。

未取得居留证件的外国人（即持F、L、C、G字签证者）、在中国留学、实习的外国人及持Z字签证外国人的随行家属不得在中国就业。特殊情况，应由用人单位按本规定的审批程序申领许可证书，被聘用的外国人凭许可证书到公安机关改变身份，办理就业证、居留证后方可就业。

可见，企业要容纳外国人在中国境内就业，必须具备四个证件。首先，企业必须要有中华人民共和国外国人就业许可证书。其次，外国人必须具备Z字签证、外国人就业证、外国人居留证。外国人就业证上注明的用人单位必须与其实际就业单位一致。若有变更，需要办理变更手续或重新办理就业证。

外国人就业许可证的办理流程参照《外国人在中国就业管理规定》第三章的规定。证件齐全后，外国人的入职流程可以参照全日制人员的入职流程操作。用人单位与外国人签订劳动合同书，劳动合同的期限最长不得超过5年。

11.2　员工入职管理操作方法

员工入职管理，不仅是保证员工在入职阶段基本的手续办理、合同签订、试用转正等流程的标准化、规范化，降低企业的风险，更是让新员工感受到企业的办事效率并快速融入组织文化、进入工作角色的方法。

11.2.1　员工入职流程

员工面试合格，企业对其发放offer后，员工一旦接受并确认，下一步将是办理入职手续。员工入职的基本流程及关键控制点如下。

1. 入职前的准备

在新员工报到前，人力资源需要做好充分的准备工作，主要包括以下内容。

（1）确定好新员工的入职时间，提前做好入职手续办理的各项准备。

（2）虽然offer中已包含入职需要携带的相关资料信息，为防止新员工入职时遗漏，人力资源部最好提前电话确认。

（3）若需要新员工做入职前体检的，需要安排好体检相关事宜。

（4）协同相关部门，为新员工安排好座位，并提前准备好相关的办公用品、工作服、工作牌、餐卡、入职需要的各类资料和表单等。

（5）提前与用人部门对接，通知用人部门领导，提前为新员工准备好帮带师傅或入职对接人。

2.办理入职手续

办理入职手续的过程主要是收集资料、核对信息、整理归档，包括以下内容。

（1）面试时使用的岗位申请表可以作为面试的入职登记表使用。

（2）收集新员工的相关资料。

（3）核对岗位申请表上的相关信息与入职后个人准备的信息是否一致。

（4）与新员工签订劳动合同。

（5）告知新员工入职培训的时间和地点。

3.入职培训

入职培训，也就是新员工培训，基本操作执行新员工培训流程，但需要注意以下内容。

（1）学习企业各类规章制度、员工手册，一定要有培训前的签到和培训后的考试。

（2）培训结束后，要所有新员工对学习内容签字确认，签字内容参考如下。

本人已详细阅读并学习了企业××的全部内容，并谨此声明本人愿意自觉遵守，如有违反，自愿按照企业相关规定执行。

（3）带新员工参观企业或相关的岗位。参观前，需要与各部门做好沟通，以免影响各部门工作的正常运行。

（4）参观过程需要专业细心地讲解，耐心全面地解答员工问题。

4.用人部门接待

用人部门在新员工入职过程中的作用比人力资源部更重要，它直接影响着新员工的感受，决定了新员工未来是否愿意留在企业，是否能够融入企业长期稳定工作。用人部门在办理新员工入职中的工作主要包括如下内容。

（1）部门安排的帮带师傅或专人负责引导新员工并做相应的人员介绍。

（2）对新员工做本部门规章制度和岗位职责要求的必要介绍。

（3）在部门例会上向同事介绍新员工。

11.2.2　职工保密操作

为了保障企业的信息安全，防范和杜绝各种泄密事件，保护和合理利用企业秘密，确保企业信息披露的公平、公正，保障企业及其他利益相关者的合法权益不受侵犯，企业在日常管理中，对某些接触企业商业和技术秘密的特殊岗位的职工会有保密的要求。

要使职工做好保密工作，除了日常的流程设置、教育培训等保密管理工作外，还需要在入职的环节做出约束。与保密工作类似的还有知识产权管理，比较好的办法是与员工签订保密、知识产权协议，并将其作为劳动合同书的补充附件，格式模板如下。

《劳动合同书》附件：

保密、知识产权协议

甲方（企业）：

乙方（员工）：

鉴于：

1.甲乙双方于____年____月____日签订《劳动合同书》，乙方现在甲方从事_____岗位工作。

2.乙方在受聘于甲方期间可能会创造职务成果。

3.因受聘于甲方（包括但不限于接受甲方向其提供的培训），乙方可能充分接触甲方的各类信息并且熟悉甲方的经营、业务和前景及与甲方的客户、供应商及其他与甲方有业务关系的人有广泛的往来。

甲、乙双方就乙方在甲方工作期间及离职以后保守甲方技术及其他商业秘密等有关事项，订立下列条款，以资共同遵守。

第一条　定义

在本协议中，"技术秘密"，指甲方拥有的不为公众所知悉、具有商业价值能为甲方带来经济利益、具有实用性并经甲方采取保密措施的技术资料和信息。

"其他商业秘密"，指甲方的一切非公开技术信息和经营信息。技术信息包括但不限于：技术方案、工程设计、电路设计、制造方法、配方、工艺流程、技术指标、计算机软件、数据库、研究开发记录、技术报告、检测报告、实验数据、试验结果、图纸、样品、样机、模型、模具、操作手册、技术文档、相关的函电，等等。经营信息包括但不限于：甲方内部组织机构、运作方式、客户信息、竞争对手信息、代理产品信息；甲方的经营策略、经营状况、与合作伙伴的意向、合同、协作等法律文件的内容；甲方谈判方案、内容、会议会谈纪要、决议；甲方营销计划、业务渠道、供货来源、销售渠道、客户名单、产品成本、交易价格、定价政策、利润率、销售策略方案；甲方为客户制作的策划方案、咨询服务工作成果、设计方案、图纸；甲方不公开的财务资料，包括但不限于财务账簿、报表、工资、奖金、福利分配方案、盈亏状况；甲方人事状况，包括但不限于企业人员档案资料，内部重大人事变动、重要管理人员的个人信息计划；甲方的重大决策与行动计划，包括但不限于投资计划、收购、兼并、清算、分立计划，准诉讼、仲裁行动，或未公开审理的诉讼、仲裁，企业形象设计、广告计划、活动安排；甲方招投标中的标底标书内容以及其他甲方需要保密的有关信息等。

"企业业务"指甲方的经营范围所涉及的研发、生产及销售等相关业务，包括但不限于甲方实际进行的或明显预期进行的一切研究与开发。

"成果"指所有可取得或不可取得专利权的发明创造、发现、设计、工序、公式、革新、开发、改进，可取得或不可取得著作权的各种作品（包括但不限于计算机软件、文章、报告、制图、图纸、蓝图、广告、营销材料、标识等），技术诀窍以及商业秘密。

"职务成果"指乙方在受聘于甲方期间（包括本协议日期前的任何受聘期间）单独或与其他人共同设想、创作、开发、实施或以某种有形形式表现的并至少符合下列两个条件之一的所有成果：（1）涉及企业业务任何方面的技术成果；（2）按照适用法律、法规的规定构成职务作品、职务发明创造或其他职务技术成果的。

"任职期间"，以甲、乙双方签订的劳动合同期限为标准，以乙方从甲方领取工资为标志，并以该项工资所代表的工作期间为任职期间。任职期间包括乙方正常工作时间或加班时间或非工作时间，而无论场所是否在甲方工作场所内。

"离职"，以任何一方明确表示解除或辞去聘用关系的时间为准。

第二条 保密

2.1 乙方在甲方任职期间，应认真遵守国家保密法规和甲方规定的任何成文的保密规章、制度，履行与其工作岗位相应的保密职责。甲方对此会按照级别标准每月支付乙方保密费用，随工资一起发放，标准为：＿＿＿＿＿＿＿元/月。甲方的保密规章、制度没有规定或者规定不明确之处，乙方亦应本着谨慎、诚实的态度，采取任何必要、合理的措施，维护其知悉或者持有的任何属于甲方或者虽属于第三方但甲方承诺有保密义务的技术秘密或其他商业秘密信息，以保持其机密性。

2.2 乙方承诺，除了履行职务的需要之外，未经甲方书面同意，不得以泄露、告知、公布、发布、出版、传授、转让或者其他任何方式使任何第三方（包括按照保密制度的规定不得知悉该项秘密的甲方其他职员）知悉属于甲方或者虽属于他人但甲方承诺有保密义务的技术秘密或其他商业秘密信息；不得私自携带、复制、销毁属于甲方的技术秘密和其他商业秘密信息；也不得在履行职务之外使用这些秘密信息。

2.3 与甲方业务有关的记录、计算机程序、电子储存信息、计算机软盘、光盘、照片及其他存储媒介物、文档、图纸、草图、蓝图、手册、信函、笔记、笔记本、报告、备忘录、客户清单、其他文件、设备等，无论是否由乙方草拟，均属于甲方单独拥有的财产，未经甲方事先书面同意不得移出甲方办公场所。乙方不得擅自以任何方式复制该类信息或资料。劳动关系终止后或根据甲方的其他要求，乙方应立即将所有形式的信息资料及其所有复制品、摘录等返还甲方。乙方同意不制作或保留该类信息资料的任何复制品，并确认在办理离职手续之时交还所有信息资料及其任何复制品，并在之后不制作或保留该类信息资料的任何复制品。

2.4 乙方不得利用甲方的技术秘密和其他商业秘密进行违法犯罪活动，否则，由此引起的一切法律后果由乙方承担。

2.5 乙方承诺，在为甲方履行职务时，不得擅自使用任何属于他人的技术秘密或其他商业秘密信息，亦不得擅自实施可能侵犯他人知识产权的行为。

2.6 乙方保密的义务在本协议届满或终止、乙方与甲方的劳动关系终止后继续有效，直至相关信息成为公开信息。

2.7 乙方承诺，乙方离职之后仍对其在甲方任职期间接触、知悉的属于甲方或者虽属于第三方但甲方承诺有保密义务的技术秘密和其他商业秘密信息，承担如同任职期间一样的保密义务和不擅自使用有关秘密信息的义务，而无论乙方因何种原因离职。

第三条 知识产权所有权

3.1 双方确认，乙方在甲方任职期间，因履行职务或者主要是利用甲方的物质技术条件、业务信息等产生的发明创造、作品、计算机软件、技术秘密或其他商业秘密信息，有关的知识产权均属于甲方享有。甲方可以在其业务范围内充分自由地利用这些发明创造、作品、计算机软件、技术秘密或其他商业秘密信息，进行生产、经营或者向第三方转让。乙方应当依甲方的要求，提供一切必要的信息和采取一切必要的行动，包括申请、注册、登记等，协助甲方取得和行使有关的知识产权。

3.2 乙方同意在职务成果产生后立即（但无论如何不迟于职务成果产生后的 30 日内）全部向甲方披露。

3.3 乙方在甲方任职期间所完成的发明创造、作品、计算机软件、技术秘密或其他商业秘密信息，乙方主张由其本人享有知识产权的，应当及时向甲方书面申明。乙方应提供有效书面证据证明同时满足下列条件：（1）乙方没有使用甲方的任何设备、物品、设施或技术秘密或其他商业秘密并完全利用自己的时间所创造的；（2）不是因乙方为完成甲方任何工作所产生的。

经甲方核实并书面确认，认为确属于非职务成果的，由乙方享有知识产权，甲方不得在未经乙方明确授权的前提下利用这些成果进行生产、经营，亦不得自行向第三方转让。乙方没有申明的，推定其属于职务成果，甲方可以使用这些成果进行生产、经营或者向第三方转让或授权。乙方申明后，甲方对成果的权属有异议的，可以通过协商解决；协商不成的，通过诉讼途径解决。

3.4 乙方进一步同意，除本协议另行规定或甲方以书面形式同意的以外，乙方无权利并不得直接或间接：（1）复制、改变、修改、翻译、生产、营销、出版（发布）、发行、销售、许可或分许可、转让、租赁、传送、传播、展示或使用甲方拥有的成果、其任何部分或任何形式的复制品；（2）将甲方拥有的成果以及其任何部分或任何形式的复制品用于创作派生作品、提供电子方式的访问或阅读或存入计算机储存器；在中国或其他国家、地区申请（或申请注册）甲方拥有的成果或与其有关的任何专利权、著作权、商标、其他知识产权；（3）引起、协助、配合其他人的任何上述行为。

3.5 乙方在甲方任职期间，因履行职务或者主要是利用甲方的物质技术条件、业务信息等产生的发明创造、作品、计算机软件、技术秘密或者其他商业秘密信息，有关的知识产权乙方享有署名权。职务发明创造成果经授权或认定后，发明专利技术奖（一次性）____元，实用新型技术创新奖（一次性）____元，外观设计技术创新奖（一次性）____元，专利实施不再进行额外奖励。

第四条 违约责任

4.1 因甲方持有的技术秘密为甲方投入巨额资金才攻克的国内空白和科技难关，故乙方如违反本协议任一保密条款而泄露技术秘密的责任也应是重大的。双方约定，根据乙方泄密的性质、主观故意或过失、对甲方的损害程度，甲方有权在____万～____万元幅度范围内向乙方追索违约金。

4.2 如乙方违反上述约定给甲方造成的实际损失超过了违约金的数额，还应据实给予赔偿，违约金不能代替赔偿损失，但可以从损失额中抵扣。所有违约金和赔偿金额，甲方均可在乙方在甲方处拥有的包括但不限于工资报酬、股权及红利等各种财产中抵扣。

（1）乙方如将甲方技术及其他商业秘密泄露给第三方或使用甲方技术及其他商业秘密使企业遭受损失的，乙方应对企业进行赔偿，其赔偿数额为其违反义务所给甲方带来的损失的二倍；如泄密给第三者的，第三者对甲方损失依法承担民事责任。

（2）在保密期限内，甲方有权利要求乙方提供保密期限内与甲方之外的任何其他企业或组织订立的劳动合同文本原件、6个月的社保缴费清单和工资收入证明以供查阅，乙方必须提供真实有效资料，否则视为违约。

（3）乙方因泄密获得的利益所得归甲方所有。

4.3　前款所述损失赔偿按照如下方式计算：

（1）损失赔偿额为甲方因乙方的违约或侵权行为所受到的实际经济损失，计算方法是：因乙方的违约及侵权行为导致甲方的产品销售数量下降，其销售数量减少的总数乘以每件产品的利润所得之积。

（2）如果甲方的损失按照前述方法难以计算的，损失赔偿额为乙方因违约或侵权行为所获得的全部利润。计算方法是乙方从每件与违约或侵权行为直接相关的产品获得的利润乘以在市场上销售的总数所得之积；或者以不低于甲方商业秘密许可使用费的合理数额作为损失赔偿额。

（3）甲方因调查乙方的违约或侵权行为而支付的合理费用，如律师费、公证费、取证费等，应当包含在损失赔偿额之内。

4.4　因乙方恶意泄露甲方技术及其他商业秘密给企业造成重大经济损失和其他严重后果的，企业将通过法律手段追究其侵权责任，甲方还将依《中华人民共和国刑法》第二百一十九条追究乙方的刑事责任。

4.5　如乙方泄露与甲方相关的国家秘密，给企业造成重大经济损失和其他严重后果的，乙方除按照本协议4.1～4.3条的规定承担责任外，甲方还将追究乙方的行政责任，以及依《中华人民共和国保守国家秘密法》《中华人民共和国刑法》等相关规定追究乙方的刑事责任。

第五条　其他

5.1　本协议受中华人民共和国法律管辖。因本协议而引起的纠纷，双方应首先争取通过友好协商解决，如果协商解决不成，任何一方均有权提起诉讼。双方同意，选择甲方住所地的、符合级别管辖规定的人民法院作为双方纠纷的第一审管辖法院。上述约定不影响甲方请求知识产权管理部门对侵权行为进行行政处理。

5.2　本协议是双方于_____年____月____日签订的《劳动合同书》不可分割的一部分，与该合同具有同等的法律效力。

5.3　本协议自甲方法定代表人签字并加盖公章、乙方签字之日起生效。

5.4　本协议任何部分无效，本协议的其他部分仍然有效。

5.5　本协议对双方及其各自的继任者和受让人均具有约束力。

5.6　本协议如与双方以前的口头或书面协议有抵触，以本协议为准。对本协议的修改或补充必须以书面形式做出。

5.7 双方确认，在签署本协议前已仔细审阅过协议的内容，并完全了解协议各条款的法律含义。

5.8 本协议一式两份，甲乙双方各执一份，具有同等法律效力。

甲方（盖章）：　　　　　　　　　乙方（签名）：

法定代表人（签名）：

签署日期：　　　年　　月　　日

11.2.3 竞业限制操作

竞业限制指的是用人单位为了保护自身的商业秘密，经过劳动关系双方协商后约定，在劳动关系存续期间，限制或禁止员工直接或间接在与企业存在竞争关系的企业兼职；或者劳动关系结束后的一段时间内，限制或禁止员工直接或间接到与企业存在竞争关系的企业任职。

为便于管理，实务中的竞业限制大多是直接采取"竞业禁止"的方式。比较好的处理竞业禁止的方式是企业经过与员工协商后，与员工签署竞业禁止协议，并将其作为劳动合同书的补充附件，格式模板如下。

《劳动合同书》附件：

竞业禁止协议

甲方（企业）：

乙方（员工）：

鉴于：

1. 甲乙双方于_____年____月____日签订《劳动合同书》，乙方现在甲方从事_____岗位工作；

2. 乙方因受聘于甲方而充分接触甲方的各类信息，并且熟悉甲方的经营、业务和前景及甲方的客户、供应商及其他与甲方有业务关系的相关方。

因此，为保护甲方技术及其他商业秘密，甲乙双方根据《中华人民共和国劳动法》《中华人民共和国劳动合同法》等法律、法规规定，就乙方对甲方承担的竞业禁止义务等相关事项，订立下列条款，以资共同遵守：

第一条　乙方承诺在甲方任职期间，将以其全部的时间和精力投入甲方的业务，并尽其最大努力为甲方拓展业务、扩大利益，而不会参与任何其他（竞争或其他）业务。

第二条　乙方同意其在甲方任职期间不得有下列行为：未经甲方股东大会同意，利用职务便利为自己或者他人谋取属于甲方的商业机会，自营或者为他人经营与甲方相同、相近或相竞争的业务。

第三条　乙方同意，在其与甲方无论因何种原因解除或者终止劳动关系后的两年内继续承担竞业禁止义务，不得到与甲方生产或者经营同类产品、从事同类业务的有竞争关系的其他用人单位任职，或者自己开业生产或者经营同类产品、从事同类业务。

第四条　乙方同意，在竞业禁止期限内，而无论其是为自己还是代表任何其他个人或企业，不应：

（1）直接或间接地劝说、引诱、鼓励或以其他方式促使甲方或其关联企业的①任何人员终止与甲方或其关联企业的聘用关系；②任何客户、供应商、代理、分销商、被许可人、许可人或与甲方或其关联企业有实际或潜在业务关系的其他人或实体（包括任何潜在的客户、供应商或被许可人等）终止或以其他方式改变与甲方或其关联企业的业务关系。

（2）直接或间接地以个人名义或以一个企业的所有者、许可人、被许可人、本人、代理人、咨询顾问、乙方、独立承包商、业主、合伙人、出租人、股东或董事或管理人员的身份或以其他任何名义：①投资或从事与甲方或其关联企业所经营的业务相同、相近或相竞争的其他业务，或成立从事竞争业务的组织；②向竞争对手等任何其他第三方提供任何服务或披露任何保密信息。

（3）在业务过程之外使用或允许任何未经甲方批准的第三方使用由甲方使用的任何名称、标志或其他知识产权，或者可能与甲方之名称、标志、其他知识产权相混淆的名称或标志。

第五条　自甲乙双方解除劳动关系之日起，乙方将不再声称自己仍然：为甲方的雇员或高级管理人员；或者有权以甲方的名义行事；或者与甲方的业务或事务存在利益关系。

第六条　甲方应当对乙方离职以后因承担本协议项下的竞业禁止义务可能受到的损失，给予一定程度的补偿，根据《最高人民法院关于审理劳动争议案件适用于法律若干问题的解释（四）》第六条中相关规定，我企业员工在签订劳动合同或者保密协议中约定了竞业限制，在解除或者终止劳动合同后履行了竞业限制义务，我企业将按照在劳动合同解除或终止前十二个月平均工资的____%按月支付经济补偿。在乙方离职时，甲方书面通知乙方无须承担竞业禁止义务者，甲方无须向乙方支付经济补偿金。

第七条　违约责任

1. 乙方有违反本协议规定的任何行为，应当承担违约责任，须一次性向甲方支付违约金人民币＿＿＿＿＿＿万元；乙方因违约行为所获得的收益应当归还甲方；因乙方违约行为给甲方造成损失的，乙方应当承担赔偿责任（如已经支付违约金的，应当予以扣除）。所有违约金和赔偿金额，甲方均有权以乙方在甲方处拥有的包括但不限于工资报酬、股权及红利等各种财产抵扣。

2. 前项所述损失赔偿额按照如下方式计算：

（1）乙方的违约行为尚未造成甲方技术秘密完全公开的，经济损失赔偿额为甲方因乙方的违约行为所受的实际经济损失；如果甲方的损失依照上述计算方法难以计算的，损失赔偿额为乙方因违约行为所获得的全部利润。

（2）乙方的违约行为造成甲方技术秘密为其他任意第三方部分或全部拥有或使用、或者公开的，经济损失赔偿额应当按该技术秘密的全部价值量计算。企业技术秘密的全部价值量，由甲方认可的资产评估机构评估确定。

第八条　其他

1. 本协议受中华人民共和国法律管辖。因本协议而引起的纠纷，双方应首先争取通过友好协商解决，如果协商解决不成，任何一方均有权提起诉讼。双方同意，选择甲方住所地的、符合级别管辖规定的人民法院作为双方纠纷的第一审管辖法院。

2. 本协议是双方于＿＿＿＿＿＿年＿＿＿月＿＿＿日签订的《劳动合同书》不可分割的一部分，与该合同具有同等的法律效力。

3. 本协议自甲方法定代表人签字并加盖公章、乙方签字之日起生效。

4. 本协议任何部分无效，本协议的其他部分仍然有效。

5. 本协议对双方及其各自的继任者和受让人均具有约束力。

6. 本协议如与双方以前的口头或书面协议有抵触，以本协议为准；对本协议的修改或补充必须以书面形式做出。

7. 双方确认，在签署本协议前已仔细审阅过协议的内容，并完全了解协议各条款的法律含义。

8. 本协议一式两份，甲乙双方各执一份，具有同等法律效力。

甲方（盖章）：　　　　　　　　乙方（签名）：

法定代表人（签名）：

签署日期：　　　　年　　月　　日

11.2.4　试用期及转正

试用期指的是劳动合同履行的初期，代表劳动关系双方已经正式确立劳动关系，但需要一个"过渡期"供彼此了解、尝试、熟悉的过程，给彼此都留有选择的空间和余地。劳动者在试用期的工资不得低于用人单位所在地的最低工资标准，不得低于本单位相同岗位最低档工资，不得低于劳动合同约定工资的80%。

《中华人民共和国劳动合同法》（2013年7月1日）第十九条有如下规定。

劳动合同期限三个月以上不满一年的，试用期不得超过一个月；劳动合同期限一年以上不满三年的，试用期不得超过二个月；三年以上固定期限和无固定期限的劳动合同，试用期不得超过六个月。

同一用人单位与同一劳动者只能约定一次试用期。

以完成一定工作任务为期限的劳动合同或者劳动合同期限不满三个月的，不得约定试用期。

试用期包含在劳动合同期限内。劳动合同仅约定试用期的，试用期不成立，该期限为劳动合同期限。

员工在试用期间，人力资源部不能"放任不管"，需要做及时的摸底和跟进，具体工作如下。

（1）面谈。一般在入职的一周之内、一个月之内和转正之前需要做三轮面谈，每轮面谈的对象分别是员工本人、员工的帮带师傅或周围的同事等。面谈的内容主要是员工对工作氛围和工作内容的感受、员工是否得到了来自部门内部应有的关心和帮助、员工的师傅或同事对该员工的评价、员工遇到的问题以及需要的帮助等。

（2）反馈。根据员工试用期间的三轮面谈情况，提炼出有建设性、有价值、有意义的信息反馈给新员工的直属领导或部门负责人。如果发现新员工的直属领导或部门负责人没有很好地帮助新员工融入，人力资源部需要及时指出，了解实际情况并及时修正，根据情况给出指导和建议。

（3）总结。针对新员工在试用期间遇到的不同问题，根据与新员工和部门之间的面谈结果，人力资源部要总结招聘、面试、入职、试用过程中存在的问题，比如人才的招聘标准是否有问题、面试的方法和判断是否有问题、入职培训的全面性是否有问题、入职和试用期间的管理是否能优化等。

为便于员工总结和提高能力，新员工在试用期间，需要定时提交总结报告，频率一般为1周到1个月，格式模板如表11-1所示。

表 11-1　员工试用期总结报告

姓名		部门	
岗位		入职日期	
工作总结			
帮带师傅评价			
部门负责人评价			
人力资源部评价			

试用期满后，新员工可以按照企业的转正流程提交转正申请。转正申请表的格式模板如表 11-2 所示。

表 11-2　员工转正申请表

编号：			日期：		
申请人		所属部门		岗位名称	
入职时间		试用期间缺勤天数			
试用部门					
试用期间自我评价					
帮带师傅意见	□同意转正　　　　　　□延期转正（建议延期至　　　　　） □转岗（建议岗位）　　□终止试用，辞退 　　　　　　　　　　　　　　　　　　　　　签字：				
部门负责人意见	□同意转正　　　　　　□延期转正（建议延期至　　　　　） □转岗（建议岗位）　　□终止试用，辞退 　　　　　　　　　　　　　　　　　　　　　签字：				
人力资源部意见	□同意转正　　　　　　□延期转正（建议延期至　　　　　） □转岗（建议岗位）　　□终止试用，辞退 　　　　　　　　　　　　　　　　　　　　　签字：				
总经理意见	□同意转正　　　　　　□延期转正（建议延期至　　　　　） □转岗（建议岗位）　　□终止试用，辞退 　　　　　　　　　　　　　　　　　　　　　签字：				

员工提交转正申请后，在正式转正之前，人力资源部需要组织对员工的评估。对员工的工作进行评估是企业优化人力资源管理的重要工作。转正前的评估根据必要性可以设置知识能力层面的评估、能力层面的评估、行为/态度层面的评估和绩效层面的评估四个维度。

（1）知识层面的评估是评估新员工对该岗位应知应会相关知识的掌握程度，测评的方式可以是笔试或者面试时的口试。需要注意的是，实施知识层面的评估需要提前准备试题库和标准答案，问题需要和新员工的工作相关性强且是必备知识。

（2）能力层面的评估是评估新员工是否已经掌握了岗位必备的各项基本能力，测评的方式可以是实测操作模拟、工作成果评估、专家意见评价、直属领导评价、团队成员评议、关联方打分等。

（3）行为/态度层面的评估是评估新员工日常工作过程的行为和态度是否符合企业的要求和期望，是否存在消极怠工、违规操作等不好的态度和行为，测评的方式可以通过民主评议或直属领导打分。

（4）绩效层面的评估是评估新员工的工作成果是否达到了岗位的基本要求，测评的方式是岗位绩效评价。需要注意的是，由于新员工入职的时间较短，对新员工的要求不应过于严苛，一般是达到该岗位绩效的最低要求就可达标。

11.2.5 工时制度选择

工时制度分为三种、标准工时制、综合工时制和不定时工时制。企业可以根据自身的经营特点，选择适合自身特点的工时制度。

1. 标准工时制

标准工时制是我国最普遍的工时制度，如果企业不做任何申请，则默认实行标准工时制。标准工时制的工作标准为职工每天工作 8 小时，每周工作不超过 40 小时。每周保证劳动者至少休息 1 日；有生产经营需要的，经与工会和劳动者协商后，一般每天延长工作时间不得超过 1 小时；特殊原因每天延长工作时间不得超过 3 小时；每月延长工作时间不得超过 36 小时。

2. 综合工时制

综合工时制是以标准工时为计算基础，在一定时期范围内，综合计算工作时间的工时制度。这类工时制度不再以天为单位计算工作时间，而可以用月、季、年为单位计算，所得平均日或平均周的工作时间应当与标准工时制的时间相同。

《关于企业实行不定时工作制和综合计算工时工作制的审批办法》（劳

部发〔1994〕503号）第五条有如下规定。

第五条　企业对符合下列条件之一的职工，可实行综合计算工时工作制，即分别以周、月、季、年等为周期，综合计算工作时间，但其平均日工作时间和平均周工作时间应与法定标准工作时间基本相同。

（一）交通、铁路、邮电、水运、航空、渔业等行业中因工作性质特殊，需连续作业的职工；

（二）地质及资源勘探、建筑、制盐、制糖、旅游等受季节和自然条件限制的行业的部分职工；

（三）其他适合实行综合计算工时工作制的职工。

实行综合工时制的企业，无论劳动者单日的工作时间为多少，只要在一个综合工时计算周期内的总工作时长不超过以标准工时制计算的应当工作的总时间数，就不视为加班。如果超过该时间，则应视为延长工作时间，同样，平均每月不得超过36小时。

3. 不定时工时制

标准工时制和综合工时制都属于定时工时制，它们都是根据工作时间来衡量劳动者的劳动量。不定时工时制是一种直接确定劳动者工作量的工时制度。因生产特点、工作特殊需要或职责范围的特点，无法按照标准工作时间计算工时的，可以申请不定时工时制。

《关于企业实行不定时工作制和综合计算工时工作制的审批办法》（劳部发〔1994〕503号）第四条有如下规定。

企业对符合下列条件之一的职工，可以实行不定时工作制。

（一）企业中的高级管理人员、外勤人员、推销人员、部分值班人员和其他因工作无法按标准工作时间衡量的职工；

（二）企业中的长途运输人员、出租汽车司机和铁路、港口、仓库的部分装卸人员以及因工作性质特殊，需机动作业的职工；

（三）其他因生产特点、工作特殊需要或职责范围的关系，适合实行不定时工作制的职工。

实行不定时工时制的企业，不再受《中华人民共和国劳动法》（2018年12月29日修）第四十一条规定的日延长工作时间标准和月延长工作时间标准的限制。但用人单位应采取适当的休息方式，确保职工的休息休假权利和生产、工作任务的完成。实行不定时工作制的企业，除法定节假日工作外，其他时间工作不算加班。

4. 特殊工时认定

综合工时制和不定时工时制都属于特殊工时，企业如果想实行这两种工时制度，需要到有关政府部门申请，并办理相关的审批手续。申请和审批方式以各省、自治区、直辖市人民政府劳动行政部门的规定为准。否则，一旦出现劳动争议，企业主张自己是综合计算工时制没有法律依据，劳动者有权要求按照标准工时制主张加班工资。

需要注意，《关于企业实行不定时工作制和综合计算工时工作制的审批办法》（劳部发〔1994〕503号）第六条有如下规定。

对于实行不定时工作制和综合计算工时工作制等其他工作和休息办法的职工，企业应根据《中华人民共和国劳动法》（1995年1月1日）第一章、第四章有关规定，在保障职工身体健康并充分听取职工意见的基础上，采用集中工作、集中休息、轮休调休、弹性工作时间等适当方式，确保职工的休息休假权利和生产、工作任务的完成。

11.3　人事档案管理

人事档案管理是人力资源管理工作中基础而重要的组成部分，也是企业档案管理工作的重要组成部分。人事档案是员工在工作中形成的关于个人经历、业务水平、工作表现以及工作变动等情况的有关材料，是人力资源管理与开发的重要依据，也是反映个人成长过程的凭证和依据。

11.3.1　人事档案组成要素

一份完整的人事档案通常包括如下资料。

- 身份证复印件，应正反面复印在同一张 A4 纸上，原件应审验。
- 证书复印件，包括职称证书、学位证、毕业证、职业资格证等，原件应审验。
- 管理及技术岗位的员工，应有其原工作单位出具的解除或终止劳动关系证明。
- 近期免冠 1 寸彩照两张。
- 岗位申请表（包括附带的个人简历）。
- 聘用岗位有要求的，应有岗位规定项目的县区级以上医院体检报告。
- 法规规定的特殊岗位，应有职业资格或从业资格证书复印件（原件应审验）。
- 劳动合同正本一份。

- 保密或竞业禁止协议正本。

1. 干部人事档案

在企业中常见的干部档案一般是指大学毕业生的档案。大学毕业生的人事档案是由学籍档案转换而来的，档案中一般包括高校毕业登记表、学习成绩单、在校期间一切奖惩材料、入团/入党志愿书、毕业高校前的体检表以及毕业生报到通知书等材料。

大学毕业后，在其学籍档案中放入该毕业生的报到证（报到证有效期一般为2年）和毕业生与企业签订的就业协议，由学校将档案转交至毕业生就业单位人事部门或委托的人才交流机构。

大学毕业生从报到证派发之日起1年内为见习期，见习期满1年，可办理转正定级，由工作单位对毕业生见习期工作表现进行评定，合格则予以转正，也就是通常说的干部身份的确立。如不满1年就换单位，需进行改派，见习期也需重新计算，即从新报到证颁发之日算起。

目前，北京生源的大中专毕业生就业后，除进入事业单位就业以外，不再统一要求填写毕业生见习期考核鉴定表，不再统一要求办理转正定级手续。北京生源大中专毕业生工作变动时，毕业生见习期考核鉴定表和转正定级手续不再作为人事档案接转的必备材料。各省市以当地人力资源和社会保障部门公布的公文执行。

2. 企业人员人事档案

企业具备人事档案管理权，应届毕业生需将单位接收档案的地址提供给学校，档案由学校直接邮递给工作单位。非应届毕业生及其他人员的档案转入，可按照所在企业档案接收流程，到原单位或档案委托机构提取人事档案。无论档案是邮递还是本人提取，员工的人事档案必须加盖公章封存，不得随意拆封。

3. 代理人员人事档案

企业不具备人事档案管理权，企业可将职员工档案集体委托存档在所属管辖区的人力资源公共服务机构，应届毕业生可将企业所委托的人力资源公共服务机构的名称给学校，档案由学校直接邮递。非应届毕业生及其他人员按照所委托机构的要求办理人事档案转入。

11.3.2 人事档案接收流程

企业接受员工的人事档案时，需要走档案接收流程，由相关部门领导和人力资源部审批后方可接收员工档案。人力资源确认档案转入的依据为人事档案调入审批表，格式模板如表11-3所示。

表 11-3　人事档案调入审批表

填表日期：　　　　年　　　月　　　日

姓　名		部门			身份证号	
入企时间			转正时间		参加工作时间	
原始学历	_____年____月于_____学校毕业　学历_____					
籍　贯						
户口所在地					户口性质	
档案所在地						
家庭住址				邮编		手机

社保情况	险种	缴纳情况	缴费情况
	社会保险	□无□有	在_____企业已交至_____年___月
	住房基金	□无□有	在_____企业已交至_____年___月

直属领导	签字_____　_____年___月___日
分管副总	签字_____　_____年___月___日
总经理	签字_____　_____年___月___日
办理情况	□已有档案的，请提供企业职工流动联系表及个人档案 □没有档案的，请提供《就业失业登记证》及一寸照片两张 □其他情况，请联系人力资源部咨询后办理 本人已知悉需提供的材料。本人自愿承担因未能及时提交材料造成的损失 签字_____　_____年___月___日

11.3.3　人事档案转出流程

员工离职或者因其他原因需要转出人事档案时，需要走档案转出流程，由相关部门领导和人力资源部审批后方可将档案转出。人力资源部门确认档案转出的依据为人事档案转出审批表，格式模板如表11-4所示。

表 11-4　人事档案转出审批表

填表日期　年　月　日

离职人员	姓名		性别		身份证号	
	所在部门			工作时间	_____年____月～_____年____月	
	岗　　位			联系方式		
	离职日期			离职原因		
	转出申请			本人签字：_____年____月____日		
直属领导				签字：_____年____月____日		
分管副总				签字：_____年____月____日		
人力资源部				签字：_____年____月____日		
总经理				签字：_____年____月____日		
办理情况				本人签字：_____年____月____日		

员工转移档案时，企业需要出具企业职工档案转移单，格式模板如下。

企业职工档案转移单（存根）

〔　〕第　号

_____：

兹转去我单位_____同志等_____人档案材料_____袋，请查收。

发出日期：_____年_____月_____日

企业职工档案转移单

〔　〕第　号

_____：

兹转去_____同志等_____人档案材料____袋，希查收。并请速将回执退回。

发出单位：_____

_____年_____月_____日

回 执 联

_____：

今收到你单位_____同志档案_____份。

接收单位名称：_____接收人：_____

_____年_____月_____日

注：转出单位收到回执后贴到存根上。

其中，企业职工档案转移单（存根）由企业留存，企业职工档案转移单和回执联交给员工。企业职工档案转移单上需要原单位盖章。员工携带这两联单据和人事档案一起，到新的接收单位办理档案接收手续。档案接收单位在回执联上盖章，由员工送回原企业。

如果是干部档案转出，走企业干部档案转递单，流程和方法同普通职工档案，格式模板如下。

企业干部档案转递单（存根）

〔 〕 第 号

_____：

兹转去我单位_____同志等_____人档案材料_____份，请查收。

发出日期：_____年_____月_____日

企业干部档案转递单

〔 〕 第 号

_____：

兹转去我单位_____同志等_____人档案材料_____份，请查收，并请速将回执退回。

发出单位：_____

_____年_____月_____日

回 执 联

_____：

今收到你单位_____同志等_____人档案材料_____份。

接收单位：_____接收人：_____

_____年_____月_____日

注：转出单位收到回执后贴到存根上。

11.3.4 人事档案借阅流程

出于各种需要，人事档案的借阅可以分为查阅、借出和出具证明材料三类。通过这三种方式利用人事档案时，采取必要的手续，是维护人事档案完整、安全的重要保证。

1. 人事档案查阅

人事档案查阅的手续主要包括如下内容。

- 由申请查阅者写出查档报告，在报告中写明查阅的原因。
- 查阅部门的负责人及相关领导签字。
- 由人力资源部审核，若理由充分，手续齐全，给予批准。

2. 人事档案借出

人事档案借出的手续主要包括如下内容。

- 由借档单位出具借档报告，写明借档的原因和内容。
- 借档单位负责人及相关领导签字。
- 人力资源部审核，批准，进行借档登记，注明借档的原因、时间、借档材料的名称、份数等，由借档人员签字。
- 借档人员归还档案时，在借档登记上签字注销。

3. 人事档案证明材料

开具人事档案证明材料的手续主要包括如下内容。

- 相关人员开申请材料，说明需求的原因以及需要开证明的种类。
- 相关负责人及领导签字。
- 人力资源部审核，根据企业规定和申请者的要求，提供申请材料。
- 证明材料由相关领导审阅后，加盖公章。
- 申请人到人力资源部领取文件，并签字登记。
- 人力资源部留存登记文件，以备查阅。

注意，查阅、借用档案的部门或个人，不得擅自摘抄、拍摄或复制档案内容。若因工作需要从档案中取证的，应事先征得相关领导的同意，经批准后方可摘抄、拍摄或复制。借阅档案的人员，对档案应妥善保管，不得遗失、泄密和污损，不准抽换、折卷和转换。

11.4　各类证明模板和注意事项

劳动者在职或离职期间，常需要单位开具相关的证明材料，比较常见的有三类：在职证明、离职证明和收入证明。

11.4.1　在职证明模板

当员工参加各类职业资格考试时，可能需要企业开具在职证明。在开具在职证明前，企业要问清楚员工的具体用途。为了减少风险，在职证明只需要包含员工的基本信息、入职时间和所在岗位情况，不需包含其他额外信息。在职证明的格式模板如下。

在职证明

兹证明＿＿＿＿＿＿，性别：＿＿＿＿＿＿，身份证号码＿＿＿＿＿＿，于＿＿＿＿＿＿年＿＿＿＿＿＿月＿＿＿＿＿＿日起在企业工作，现任职岗位为＿＿＿＿＿＿部门＿＿＿＿＿岗位＿＿＿＿＿＿职务。

特此证明。

＿＿＿＿＿＿年＿＿＿月＿＿＿日

企业名称：（公章）
企业地址：＿＿＿＿＿＿＿
企业电话：＿＿＿＿＿＿＿

11.4.2　收入证明模板

员工办理签证、信用卡或银行贷款时，常需要单位协助开具收入证明。收入证明的目的是为了证明员工的经济收入，它具备一定的法律效力，所以单位在开具之前要特别注意，不能为了"帮员工的忙"开虚假的收入证明。

收入证明的重点信息是在单位的收入状况，一般包括月收入和年收入两部分。收入证明的格式模板内容如下。

收入证明

兹证明＿＿＿＿＿＿，性别：＿＿＿，身份证号码＿＿＿＿＿＿＿＿＿＿，系我企业正式工作人员，现从事岗位/职务为＿＿＿＿＿＿。月收入为＿＿＿＿＿＿人民币（每月扣除社保公积金个人部分的税后收入，已包含所有的固定工资、津贴、福利和奖金），年收入约为＿＿＿＿＿＿人民币（月收入加年终奖的税后收入，因年终奖根据企业业绩和个人绩效水平不同每年会有所浮动，本数据采用的是去年的年终奖，所以为约数，仅供参考）。

特此证明。

备注：本证明仅用于证明我企业员工的工作及在我企业的工资收入，不作为我企业对该员工任何形式的担保文件。

_____年____月____日

企业名称：（公章）

企业地址：_____

企业电话：_____

【疑难问题】实习期、试用期、见习期、学徒期的区别

很多 HR 不清楚什么是实习期、什么是试用期、什么是见习期、什么是学徒期。

1. 实习期

实习期指的是那些还没正式毕业的学生在单位工作的日子，这时候实习期劳动者的身份还是学生。关于实习期劳动者的工资没有明确规定，不需要参考最低工资标准。实习并不是劳动关系，严格说，这是一种民事劳务关系。

标准的实习，是企业与学校建立实习协议，学校派学生到企业实习，为企业提供劳务，企业支付一定报酬的行为。根据人社部的解释，可以不签订劳动合同，但现在的实习多是学生的自主行为，学校并不统一管理，所以有可能缺乏学校层面的保证。

2. 试用期

试用期指的是企业确定录用候选人，候选人上岗后一段双向选择的过渡过程。这期间，候选人工作过关就转正，不过关企业可以和候选人解约，并不需要支付经济补偿金。

试用期属劳动法的概念，特指在劳动合同履行初期，合同双方具有一定选择权的期限。单位证明劳动者不符合录用条件，试用期内可以解除劳动关系；候选人认为不适合的，提前 3 天提出就可以解除劳动关系。试用期劳动者工资不能低于转正后工资的 80%，不能低于当地的最低工资水平。

3. 见习期

见习期并不属劳动法的概念，而是企业自己的规定。见习期本来是指行政机关、事业单位对新进人员进行业务适应和考核的期限，此类情况适用于公务员和事业单位编制人员，目前被扩大到了很多企业，被企业用来做岗位能力成长验证的过渡时期。

见习期，一般是企业把某员工从 A 岗位晋升、轮岗到 B 岗位时，担心员

工的能力达不到 B 岗位的能力而规定的一段过渡期。在这段过渡期内，薪酬待遇可能并不会完全达到 B 岗位的标准。

4. 学徒期

关于对学徒期的理解，我们可以参考原劳动部办公厅《对关于劳动用工管理有关问题的请示》的复函（劳办发〔1996〕5 号）。

学徒期是对进入某些工作岗位的新招工人熟悉业务、提高工作技能的一种培训方式，在实行劳动合同制度后，这一培训方式仍应继续采用，并按照技术等级标准规定的期限执行。试用期是用人单位和劳动者建立劳动关系后为相互了解、选择而约定的不超过六个月的考察期。试用期和学徒期包含在劳动合同期限内，试用期和学徒期可以同时约定，但试用期不得超过半年。

从这个文件可以看出学徒期的定义。学徒期是包含在劳动合同期限内的。随着经济体制的转变和劳动法律的完善，学徒期已经逐渐被试用期代替，但员工在学徒期内的待遇还是应当按劳动法律法规执行。

【疑难问题】入职环节的法律风险和注意事项

人力资源部在办理新员工入职时，需要特别注意以下事项。

1. 入职前的准备环节

根据《中华人民共和国劳动合同法》（2013 年 7 月 1 日）第三十九条有如下规定。

劳动者有下列情形之一的，用人单位可以解除劳动合同：

（一）在试用期间被证明不符合录用条件的；

（二）严重违反用人单位的规章制度的；

（三）严重失职，营私舞弊，给用人单位造成重大损害的；

（四）劳动者同时与其他用人单位建立劳动关系，对完成本单位的工作任务造成严重影响，或者经用人单位提出，拒不改正的；

（五）因本法第二十六条第一款第一项规定的情形致使劳动合同无效的（以欺诈、胁迫的手段或者乘人之危，使对方在违背真实意思的情况下订立或者变更劳动合同的）；

（六）被依法追究刑事责任的。

规范、明确、合理、经得住推敲的人才录用条件和合法、合规、有效的规章制度对企业的用工意义重大，是企业规避用工风险、防止用工欺诈的有效手段。其中，录用条件包括岗位职责条件、身体健康条件、兼职条件、档案存放情况以及社会保险缴纳条件、绩效考核条件等。

规章制度需要包括但不限于与劳动者息息相关的八类，包括劳动报酬、工作时间、休息休假、劳动安全卫生、保险福利、职工培训、劳动纪律、劳动定额管理相关制度。规章制度要合法有效，不能与法律冲突。企业规章制度通过的程序也要合法合规，需要经过职工代表大会讨论通过，并在中华人民共和国人力资源和社会保障部（以下简称人社部）备案。

规章制度通过后，要通过企业的网站、邮件、公示栏等方式向劳动者公示并告知。可以在劳动合同中或者劳动合同的附件中明确说明企业的规章制度属于劳动合同条款，员工入职前必须学习、培训、考试并签字确认。为方便员工快速学习了解到所有的规章制度，比较好的方式是制作并发放员工手册。

2. 岗位职责明确环节

新员工入职前，企业需要有用人岗位清晰明确的岗位职责，一是为了评估该岗位究竟需要招聘什么类型的人才；二是为新进人才入职后能够快速理解岗位工作内容，快速进入工作状态提供保障；三是为了能够有效评估新员工上岗后工作职责的履行情况。

明确岗位职责需要罗列出各岗位所有的基础性工作活动，分析涉及的相关工作任务，并据此明确列举出必须执行的任务以及每项任务背后的目的和需要达成的目标，根据任务和目标的要求，明确提出该岗位需要具备的各项能力。

3. 入职前的登记环节

人力资源部要对员工入职材料和信息的真实性做仔细核查，重点关注的信息包括员工的教育背景信息、工作经历信息、家庭成员信息、紧急联系人及通信地址信息、健康状况信息。务必要求新员工在岗位申请表最后的声明中亲笔签字。

人力资源部要核查员工上一个单位开具的双方已经解除劳动关系并不存在任何劳动纠纷的证明；对于特殊或敏感岗位，要提前通过电话、邮件、传真等方式审查候选人是否还处在竞业限制期。

4. 入职前的体检环节

入职前的体检环节是确认候选人身体健康状况的依据，人力资源部应注意核查，有效甄别出个别员工体检做假的情况。同时注意，不要有健康歧视，要根据劳动者的健康状况合理分配岗位。《中华人民共和国就业促进法》（2015年 4 月 24 日修）第三十条有如下规定。

用人单位招用人员，不得以是传染病病原携带者为由拒绝录用。但是，经医学鉴定传染病病原携带者在治愈前或者排除传染嫌疑前，不得从事法律、行政法规和国务院卫生行政部门规定禁止从事的易使传染病扩散的工作。

5.签订劳动合同环节

用人单位与劳动者劳动关系的确立是自用人单位用工之日起，也可以理解为从劳动者第一天报到开始。劳动合同需要在劳动者工作之日起的一个月内签订。《中华人民共和国劳动合同法》（2013年7月1日）第八十二条有如下规定。

用人单位自用工之日起超过一个月不满一年未与劳动者订立书面劳动合同的，应当向劳动者每月支付二倍的工资。

签订劳动合同时，人力资源部要主动告知新员工工作中的相关内容，包括工作条件、工作时间、可能存在的职业危害、职业安全状况、工作职责、劳动报酬等劳动者需要了解和掌握的相关信息。

一份完整的劳动合同必备的要件有：完整的用人单位名称、单位地址、法定代表人、劳动者真实完整的姓名、劳动者住址、身份证号、劳动合同的起止日期等。

【疑难问题】如何帮助外聘高级人才落地

我朋友Wendy所在的企业存在如下情况。

Fiona是她所在企业的总经理，熬过了艰难坎坷的创业阶段，终于迎来了企业的迅猛发展。企业如今的规模已经超过百亿，照这个势头，未来的前景应该一片光明。可Fiona并不乐观，每天都在为企业当前青黄不接的人才问题而发愁。

跟着Fiona一起创业的元老都是实干家，指哪打哪，执行力超强，可眼界和能力却已经跟不上企业的发展；近几年新招收的这几批人又太年轻、经验不足。无奈之下，Fiona想引进外部的"高手"来带动企业发展。于是找来了企业的人力资源总监Wendy，开始布置寻找人才的计划。

Fiona说：咱们企业规模已经不小了，要适应未来的发展，就要找这个行业里最顶级的人才！至少要是规模大于我们企业3倍以上企业VP（副总经理）等级的。

Wendy说：这类人的薪酬可不低，随便拿出一个也是我们现有这些总监级人才的10倍以上。

Fiona摇摇头，说：企业要发展，就要大力引进人才！要不惜一切成本和代价！钱都好说。

Wendy 点点头，说：好的！我马上去办。

不久，Wendy 不负期望，真的找到了本行业国内最顶尖的那些专家。这些人一个接一个地入职，前前后后共来了二十多位，可没有一位能"活过"1 年以上的。最短的只待了 1 个月就选择离开。这些人才不仅没有给企业创造价值，反而使企业上下人心惶惶、不知所措。

企业的元老们私下有这样的传言：总经理喜欢用外面的高手，不喜欢用自己人，这是典型的过河拆桥！高手是吧？厉害是吧？薪酬高是吧？他们行，那活儿都让他们干吧！他们没来之前，部门有了问题还能找我们这些元老，现在有了这些外聘的高级人才分管，以后再有问题别找我们了，找他们去啊！

这些外聘的高级人才也叫苦不迭：来了以后发现自己团队里都是群"老古板"，很擅长做事务性工作，对管理性工作完全没概念。他们找不到能够承接自己想法并真正落实工作的人，想换下属总经理又不同意，因为总经理的想法就是让这群外来的和尚来把内部的人带起来。

最倒霉的是这个企业的新员工：今天 A 总上任，说你们原来做的不对，要这么做。结果做了一大堆基础工作之后，A 总就离职了。

不久后，又来了 B 总。B 总完全不理之前 A 总做过什么，他有自己的方向和重点。他说之前的全部作废，要按照新的方法来做才对。于是员工们又有了新的目标。结果做着做着，B 总走了，C 总又来了……周而复始，循环往复，员工们每天都在做着大量没有意义、没有办法最终落地转化的事情。

那么，作为人力资源管理者，要怎样帮助外聘的高级人才在企业真正发挥作用呢？

1. 先问为什么

在招聘之前，一定要明确外聘高级人才到底是因为什么。是领导的一时兴起，还是帮助企业达成某个特定的目标？是经过了一定的思考、讨论、验证、确认之后下的结论，还是只是领导在某种情绪下的一句话？

如果领导随意决策，HR 随意执行，那企业肯定乱套。只有明确了为什么，才知道该干什么，才可能有明确的方向，才能知道这件事是否和企业的战略匹配，才能为外聘高级人才的岗位制定绩效和评价的依据。

2. 人才要选准

适应企业目前和未来一段时间发展的才可能是人才。Fiona 的企业，选择规模是自己 3 倍以上企业的人才显然是不符合自己发展现状的。Fiona 想找大企业的高级人才，是觉得这些人才经历过企业由小到大的成长期，知道如何解决企业做大以后的管理难题，可是如果需求和人才能力相差太多，人才同样无法发挥作用。

对一个企业来说，高手不一定是人才，适合企业岗位需要的才叫人才。一般来说，寻找规模是自己企业 1~2 倍的企业里的人才相对合适；人才最好是跟着企业成长起来的，而不是半路出家或新人；同时，人才的职位也不是越高越好，要根据自己企业的实际需求选择。

3. 土壤是关键

要让外部的高级人才在企业"扎根"，需要有一定的"土壤"支持。什么是土壤？企业文化、团队氛围、团队成员的素质、组织对工作的支持和理解程度、目标和任务的明确、权责利的匹配程度、汇报线和流程线的清晰程度等都是人才成长的土壤。

如果土壤出现问题，可能原本生命力很强盛的植物，也会因为得不到养分或者水土不服难以持续健康地活下来；相反，如果土壤肥沃，那可能不需要植物有多么顽强的生命力，只要能扎根就能从土壤中得到滋养而活下来。

在招聘外部高级人才之前，我们要审视一下：我们是有一个周详的计划安排，还是马上就落实到了行动上？是人才招来之后让他直接上岗，还是为他做过一系列的准备工作？只有提前规划好外聘高级人才的用与留，提前为他们创造一些留下来的"土壤"，才有可能让他们真正地扎根并发挥作用。

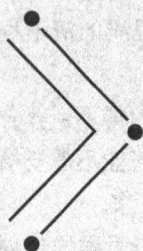

第 12 章

离职操作方法与技巧

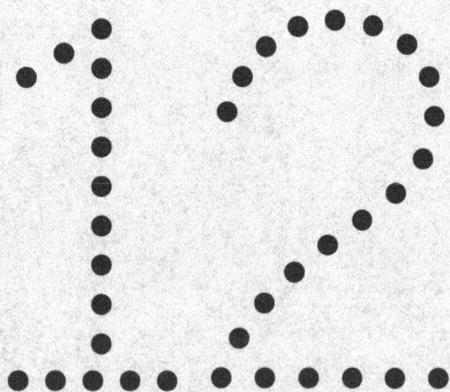

12

员工离职管理在企业人力资源管理体系中起着举足轻重的作用，它是企业减少人才流失、降低人力资源管理成本、保证人才有序流动、维护企业和员工的合法权益、提高人力资源管理水平的重要方式。本章将重点介绍员工离职的操作方法、技巧和一些注意事项。

12.1　离职操作流程和方法

根据是否出于员工主观意愿，可以把员工离职分为主动离职和被动离职。主动离职包括员工由于各种原因主动提出辞职、合同到期后员工不再续签、退休后不接受企业返聘三种类型；被动离职包括员工被企业辞退、合同到期后单位不再续签、单位被迫的经济性裁员三种类型，如图 12-1 所示。

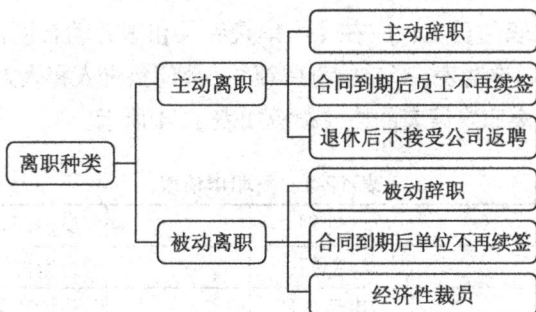

图 12-1　员工离职的种类

12.1.1　离职操作流程原则

对于所有这些类型的离职来说，操作的时候要注意三项基本原则。

1. 合法合规

企业一切的操作都要根据相关的法律法规执行。所以每一项涉及相关法律法规的，HR 都要先了解一下相关的法律法规。

2. 合情合理

企业在制定离职操作流程的时候，要注意员工的个人感受，要给员工一些方便，而不是只站在企业的角度去考虑问题。毕竟很多人才会在同行业的不同企业找工作。如果企业的一些做法让员工觉得寒心，那么员工可能会做出一些对企业不利的行为。

即使企业曾经和员工签了保密协议或竞业禁止协议，但实际操作起来，企业是很难找到员工泄露保密信息证据的，也就是说，企业实际上是很难维权的。这时更多需要员工个人的自觉性。

企业不一定能做到让员工离开之后还一直感恩企业，但至少不要让员工离开之后还对企业心存埋怨。

3. 降低风险

在员工离职操作的流程方面，HR 要尽量减少员工离职之后可能给企业带来损失的风险。

12.1.2　主动辞职操作方法

《中华人民共和国劳动合同法》（2013 年 7 月 1 日）第三十六条、第三十七条有如下规定。

用人单位与劳动者协商一致，可以解除劳动合同。

劳动者提前三十日以书面形式通知用人单位，可以解除劳动合同。劳动者在试用期内提前三日通知用人单位，可以解除劳动合同。

主动提出辞职的员工，应在《中华人民共和国劳动合同法》规定的时间内提出，填写离职申请表，经单位直属领导、部门负责人和人力资源部审批后，办理离职手续。离职申请表的格式模板如表 12-1 所示。

表 12-1　离职申请表

姓名		性别		身份证号	
企业		部门		岗位	
入职日期		申请离职日期		预计离职日期	
家庭住址		联系方式			
离职原因					
直属领导面谈记录				直属领导审批意见	
部门负责人面谈记录				部门负责人审批意见	
人力资源部面谈记录				人力资源部审批意见	

离职员工应填写离职交接表，按照离职交接表中的内容逐项执行交接手

续，如表 12-2 所示。

表 12-2　离职交接表

姓名		性别		身份证号	
企业		部门		岗位	
入职日期		申请离职日期		预计离职日期	
交接手续					
部门办公用品	□办公设备　□文档资料 □办公用品　□物料工具 □其他			部门负责人签字：	
交接内容 1. 2. 3. 4. 5. 6.		交接人签字 1. 2. 3. 4. 5. 6.		日期：	
行政部门	□办公钥匙归还　□宿舍 □通信记录更新　□餐卡 □其他			行政部门负责人签字： 日期：	
信息部门	□OA 账号 □其他			信息部门负责人签字： 日期：	
财务部门	□借款清算 □其他			财务部门负责人签字： 日期：	
人力资源部	□工作服　　□工作牌 □出勤情况　□工资计算 □人事档案　□员工手册 □其他			人力资源部负责人签字： 日期：	
总经理意见： 日期：					

交接的过程中需注意，由于员工离职后的工作职责、文件资料、办公用品等每一项不一定是全部交接给同一个人，所以，移交的过程需要逐项核对后由接收人逐项签字。如果表格填不下，可以附交接清单。如果交接过程中

发现有物品或资料遗失或毁损给企业造成损失的，应按照相关规定折价赔偿。

12.1.3　劳动合同到期操作方法

根据《中华人民共和国劳动合同法》（2013年7月1日）第四十四条第一项的规定，劳动合同期满的，劳动合同终止。即当劳动合同期满时，若无特殊情况或特殊条款说明，劳动合同自动终止，用人单位和劳动者之间的劳动关系解除。

但需注意，根据《中华人民共和国劳动合同法》（2013年7月1日）第四十六条第五项规定，除用人单位维持或者提高劳动合同约定条件续订劳动合同，劳动者不同意续订的情形外，依照本法第四十四条第一项规定终止固定期限劳动合同的，用人单位应当向劳动者支付经济补偿。

简单地说，当劳动合同到期时，如果用人单位不想和劳动者续签合同，用人单位需要向劳动者支付经济补偿。劳动合同到期解除劳动关系，用人单位无须支付经济补偿的情况只有一种，就是用人单位想要和劳动者续订劳动者合同，且条件是维持并提高劳动者的劳动条件，而劳动者本人不愿意接受。

用人单位向劳动者支付经济补偿的标准参照《中华人民共和国劳动合同法》（2013年7月1日）第四十七条的规定。

经济补偿按劳动者在本单位工作的年限，每满一年支付一个月工资的标准向劳动者支付。六个月以上不满一年的，按一年计算；不满六个月的，向劳动者支付半个月工资的经济补偿。

劳动者月工资高于用人单位所在直辖市、设区的市级人民政府公布的本地区上年度职工月平均工资三倍的，向其支付经济补偿的标准按职工月平均工资三倍的数额支付，向其支付经济补偿的年限最高不超过十二年。

本条所称月工资是指劳动者在劳动合同解除或者终止前十二个月的平均工资。

12.1.4　员工退休操作方法

根据各地人社部门的规定不同，退休办理的流程不尽相同，当员工达到法定退休年龄后，正常退休的办理流程一般包括如下步骤。

（1）员工先填写退休申请表（一般需含有一寸照片）。企业每月在当地人社部门规定的时间内，向人社部门提交退休人员的退休申请表、身份证原件及复印件（复印件一般一式两份）、医保卡复印件、员工档案（一般需要加盖企业公章）。

（2）人社部门审核退休人员的出生年月、参加工作时间、历年调资表、社保缴费年限等，审核后开具公示单。

（3）企业公示无异议后，加盖企业公章。当月缴纳完社保后，HR对退休人员进行减员，向人社部门提交退休申请表、退休申报表、退休公示表。

（4）部分地区的人社部门对有需要的人员，可以打印退休证明。

如果是特殊工种或因病等情况需要提前办理退休的人员，办理流程比正常的退休流程多一步提前审核的过程，HR可以根据当地人社部门的具体要求提交相关审核材料。

12.1.5 辞退或经济性裁员操作方法

辞退，指的是因员工违反企业的规章制度、劳动纪律或犯有重大错误，但还没有达到双方自动解除劳动关系的条件，经过合法合规的处罚、调岗、培训后仍然无效，用人单位经研讨后，经过一定的程序，主动与该员工解除劳动关系的行为。

经济性裁员，指的是企业的生产经营遇到困难，为了保证自身能够正常存续，通过一次性主动辞退部分员工的方式，缓解经营状况的过程。经济性裁员的规定可参考《中华人民共和国劳动合同法》（2013年7月1日）第四十一条的规定。

有下列情形之一，需要裁减人员二十人以上或者裁减不足二十人但占企业职工总数百分之十以上的，用人单位提前三十日向工会或者全体职工说明情况，听取工会或者职工的意见后，裁减人员方案经向劳动行政部门报告，可以裁减人员：

（一）依照企业破产法规定进行重整的；

（二）生产经营发生严重困难的；

（三）企业转产、重大技术革新或者经营方式调整，经变更劳动合同后，仍需裁减人员的；

（四）其他因劳动合同订立时所依据的客观经济情况发生重大变化，致使劳动合同无法履行的。

裁减人员时，应当优先留用下列人员：

（一）与本单位订立较长期限的固定期限劳动合同的；

（二）与本单位订立无固定期限劳动合同的；

（三）家庭无其他就业人员，有需要扶养的老人或者未成年人的。

用人单位依照本条第一款规定裁减人员，在六个月内重新招用人员的，应当通知被裁减的人员，并在同等条件下优先招用被裁减的人员。

辞退和经济性裁员都是用人单位主动与劳动者解除劳动关系的行为，实施之前应当事先将理由通知工会，工会同意后，与员工谈话，并按照相关法律法规执行。如果有员工给用人单位造成损失的，用人单位有权要求赔偿。

如果是辞退，可以按照以下辞退通知书模板给员工发正式的文件。

辞退通知书

_____先生／女士：

我企业与你于_____年_____月_____日签订了劳动合同，双方建立了劳动关系，你成为我企业_____部门_____岗位员工。但在劳动合同履行过程中，企业发现你不能胜任本职工作，存在_____的不良行为，给企业的经营发展带来损失，本企业决定将你辞退，终止与你的劳动关系。

请你接到本辞退通知后，尽快办理交接事宜，并将交接清单提交人力资源部，最后前往人力资源部办理离职手续，本企业将按照劳动法的规定，给予你一个月工资的经济补偿金。同时，接到本辞退通知后，你不得以企业名义再开展任何业务活动，否则造成的一切后果由你本人承担。

_____企业

_____年_____月_____日

这里需要特别注意，即使员工确实严重违反了企业的规章制度，不到万不得已不要采取辞退的方式。因为辞退一是对企业存在法律风险，二是影响企业的声誉。在辞退员工之前，HR 可以先实施劝退。劝退是通过 HR 和员工谈话，希望员工能够主动提出辞职。为了成功劝退员工，HR 同样应当支付员工应得的经济补偿金。

12.2　离职面谈方法和技巧

离职面谈是用人单位工作人员与待离职人员就离职相关问题进行的谈话。离职面谈分为两种，一种是对主动离职人员的面谈，另一种是对被动离职人员的面谈。

对主动离职人员进行离职面谈的目的通常是为了安抚员工的情绪、挽留员工在企业继续工作、了解员工离职的真实原因、收集员工的改进意见或建议、提高企业人力资源管理水平、提高企业声誉。与被动离职人员进行面谈的目的通常是为了劝员工离开企业。本节主要介绍对主动离职人员的面谈方法。

12.2.1　离职面谈时间、地点

对离职面谈的时间和地点的选择影响着离职面谈的成败。

离职面谈通常是在员工正式提出离职的想法之后，其实这并不是沟通的最佳时机。防患于未然，是对待员工离职最好的管理手段。

离职面谈沟通开始的时机，最好选择在当员工出现工作态度散漫、工作积极性下降、阶段性地请长假、行动诡异、神色慌张、时不时地到无人地点接听电话等具备离职意向的行为苗头时。

HR 在选择离职面谈的地点时，要注意对离职员工的隐私保护，选择光线较明亮的房间，注意面谈地点周边的环境，在面谈过程应尽量避免周围产生噪声、杂音或干扰。

12.2.2 离职面谈操作方法

如果提前发现员工的行为反常但员工还未提出离职，HR 或管理者可以与员工分享他行为上的异样，表达想了解他最近是不是有什么事情发生，是不是生活或者工作中遇到了什么问题。

如果是生活上的问题，HR 或管理者可以和员工讨论企业是否能够通过做些什么具体事项帮助员工解决问题或渡过难关。如果是工作中的问题，HR 或管理者可以和员工一起寻找解决问题的出路和方法。

如果员工已经提出离职，HR 或管理者首先要了解员工离职的真实想法和离职原因，如"能告诉我你为什么会产生这种想法吗？"或"是什么让你产生了这种想法呢？"。

如果员工不愿意吐露心声，我们还可以问员工一些更加具体的问题："你觉得工作氛围如何？""你喜欢咱们企业的企业文化吗？""你对平时的学习或培训满意吗？"

了解到员工的离职原因后，HR 或管理者要传达共情，即表达出对员工情感和所处情境的理解和感同身受。通过对离职原因的判断，如果具备挽留员工的可能，HR 或管理者可以与员工一起做利弊分析，突出留在企业的优势，和员工一起寻找既能让员工留下又能让双方达到满意的解决方案。

如果员工不置可否或者表示要好好想想，HR 或管理者可以给员工 3~7 天的时间做决定。如果员工坚持要选择离开，HR 或管理者可以征询员工对企业的意见或建议，了解员工离职后的去向，提醒员工离职前要充分履行工作职责并协助做好工作交接，提醒员工必须履行的保密和竞业禁止责任。

12.2.3 离职面谈注意事项

实施离职面谈的时候，HR 或管理者需要注意如下事项。

（1）要明确离职面谈的目标。离职面谈的总体目标是改善企业的人力资源管理能力，但对于不同类型的员工，目标侧重有所不同。对态度好、能力强、绩效高的员工，离职面谈的目标以挽留为主；对态度差、能力弱、绩效低的员工，离职面谈的目标可以只是了解离职原因。

（2）在做离职面谈之前需要有所准备，要提前了解员工的家庭背景、工作情况、上下级关系、同事评价、人格特质及可能的离职原因等信息，提前预演对话过程中可能发生的状况、可能采取的行动以及可能的解决方案。

（3）应体会和感知离职人员的想法，多站在对方的角度思考问题。围绕员工的利益，选择对方认同或感兴趣的话题与其交流。

（4）注意语调的平和、态度的平等，避免产生判断性的语言或语调。

（5）离职面谈的问句应多采用开放性问题，比如"为什么""是什么""怎么样"，少用封闭性的语言，比如"是不是""对不对""行不行"。当涉及敏感的隐私问题的时候，要小心询问。

（6）离职面谈后，要注意对面谈过程内容的保密，不得随意泄露员工的隐私。

12.3　离职风险防控方法

员工离职过程如果操作不当可能会对企业带来许多风险，HR 在操作时要格外注意。

12.3.1　离职常见风险

员工离职比较常见的风险包括如下内容。

1. 违法解雇的风险

用人单位应留好员工的辞职申请书，员工离职后，企业开具离职证明，需要注明详细的离职原因和离职时间。如果员工是因为严重违反企业规章制度而离职，还需要保留员工违反规章制度的证明、向工会提出的申请、企业内部的公告、向员工发放的通知等全套证据文件。

2. 经济结算的风险

员工离职时，劳动关系双方应严格按照相关法律法规执行。需要用人单位支付经济补偿金的，用人单位应合法合规支付；员工在职期间造成用人单位损失需要赔偿的，员工也应该在离职前赔偿。

有的企业错误地认为员工未提前三十天向企业提出离职申请可以扣押员工工资作为对企业损失的补偿。除非企业有明确的证据证明，否则在员工离职时企业应一次性结清员工的工资。

3. 竞业禁止的风险

用人单位在与人才签订竞业禁止协议时，要约定经济补偿金的金额。在员工离职后，用人单位要切实履行经济补偿金的义务，否则该竞业禁止协议无效。

4. 泄密的风险

签署保密协议的员工，应按照协议的规定履行在职或离职期间保守企业相关秘密的义务。如果保密协议中明确规定了保密的期限包括员工离职之后，而员工未履行，则企业可以按照协议追究员工的法律责任。

为了避免员工离职后产生不必要的劳动纠纷，在员工正式离职之前，用人单位可以要求员工加签一份离职承诺书，格式模板如下。

离职承诺书

本人与企业在平等自愿、协商一致的基础上解除劳动关系，特做如下承诺。

1. 本人在离职前的工作移交、手续办理和资料交接等方面，没有遗漏和不当之处。如因本人工作交接不清或遗漏而导致的企业直接或间接损失，本人愿意按企业相关制度承担相应责任。

2. 离职以后，本人在职所经办未了的事务需要提供协助，本人愿意尽力协助。

3. 本人在工作期间，若有任何损害企业权益的行为，即使本人已离职，企业依然保留追究责任的权力。一经核实，本人愿意承担由此而引起的一切经济和法律责任。

4. 本人承诺离职后遵守企业保密制度，保守在企业任职期间所知悉的企业商业秘密，绝不泄露；如有泄露，本人愿意接受企业制度的惩罚并承担法律责任；同时承诺离职后不抢夺企业客户或者引诱企业其他员工离职，也不自营与企业相同或具有竞争性关系的产品或服务。

5. 本人自愿离职，与企业无其他任何纠纷。自离职之日起，本人保证不再向企业主张任何权利，并不再以企业的名义对外行事，否则，一切后果由本人承担。

特立承诺！

承诺人签字：_____
身份证号码：_____
承诺日期：_____

12.3.2 离职证明模板

当用人单位与劳动者之间解除或者终止劳动合同时，为了保障劳动者的合法权益、避免产生劳动纠纷，用人单位应当为劳动者出具解除或终止劳动合同的证明，即离职证明。不论员工是主动离职还是被动离职，单位都需要开具离职证明。

开具离职证明时需注意，应当写明劳动者的基本身份信息、劳动合同的起止日期、工作岗位等信息。离职证明的格式模板如下。

离职证明

姓名：_____，性别：_____，身份证号：_____，自_____年_____月_____日入职我企业，因自身原因，于_____年_____月_____日向我企业提出辞职申请，离职前从事岗位为_____，最后到职日期为_____年_____月_____日。

我企业同意其辞职申请，经协商一致，与其解除劳动合同。双方已办理完全部离职手续，并无任何劳动争议。

特此证明！

_____年____月____日

企业名称：（公章）

企业地址：_____

企业电话：_____

【疑难问题】员工非正常离职怎么办

个别员工有时因为存在负面情绪或为了节省离职的时间，可能会选择不办理离职手续或者以旷工的方式直接与企业解除劳动关系。从法理上讲，员工不履行正常的离职手续就擅自离岗的，需要承担相应的违约责任。如果对原用人单位造成经济损失的，还应当承担相应的赔偿责任。但在实务操作中，这种员工的行为往往让用人单位很头疼。

应对这种状况，用人单位可以在企业的规章制度中规定：员工连续旷工 7 天或一年之内累计旷工 20 天，属于严重违反企业规章制度和劳动纪律的行为，将视为员工主动离职，单位可以和员工解除劳动关系并不需要支付经济补偿。注意，所有新入职员工必须学习《企业规章制度》，并签字确认。

按照这种方式操作，如果员工连续旷工满 3 天，人力资源部应尽提醒的义务，首先通过电话与员工联络，如果通过电话无法联系到员工本人，尝试联络员工的紧急联系人。如果仍无法取得联络，则通过快递向员工发送恢复上班通知函，格式模板如下。

恢复上班通知函

×××同志：

您自_____年_____月_____日起一直未正常出勤，现通知您务必于收到本通知后三日内到_____企业人力资源部办理恢复工作手续。

若在规定时间内您未恢复工作，企业将根据规章制度第_____章第_____节第_____条规定：连续旷工7日者，按自动离职处理，企业有权直接解除劳动关系，由此导致的一切不利后果，将由您自行承担。同时，企业保留通过法律途径追究您因未正常履行工作职责给企业造成经济损失的权利。

特此书面通知。

×××企业

人力资源部

_____年_____月_____日

从对非正常离职员工的处理方式中能够看出，在员工入职阶段填写个人信息中员工的电话信息、地址信息、紧急联系人的联系方式等信息是多么重要。HR应核实员工提供的电话信息是否准确。员工填写的地址信息不可笼统，必须提供细到门牌号的可邮寄地址。如果是员工异常离职情况较多的企业，可以要求员工入职时至少提供2个紧急联络方式。

恢复上班通知函的快递发出后，若仍未收到员工的任何回复，员工旷工7日后，人力资源部应立即知会工会，经工会同意后，通过快递向员工快递解除劳动关系通知函，格式模板如下。

解除劳动关系通知函

×××同志：

因您严重违反劳动合同的约定和企业相关规定，现经研究决定，自即日起解除双方劳动合同关系。

请您务必于收到本通知后三日到_____企业人力资源部办理完毕离职手续，并领取解除劳动关系证明，若在规定时间内未履行上述手续，由此导致的一切不利后果将由您自行承担。

特此书面告知。

×××企业

人力资源部

_____年_____月_____日

操作员工非正常离职时，还需要注意如下事项。

（1）恢复上班通知函和解除劳动关系通知函是企业的正式文件，发送前需要加盖企业公章。

（2）发函选择的快递企业应为规模较大、管理规范的企业，快递企业要能够提供快递签收的回执单。

（3）人力资源部需要保留好发函的快递单号和快递回执单作为通知的依据。

（4）若发函地址无效、函被退回，人力资源部应立即登报公示。

【疑难问题】如何劝退不合格的员工

劝退不合格的员工是企业降低用人成本、提高用工效率的必要方式。虽然企业需要严格遵守劳动法律法规，不得随意辞退员工，但也不能让管理流于形式，任由企业中不合格的员工越来越多。

在劝退不合格的员工之前，首先需要确认该员工不合格。如果员工在某一岗位达不到岗位要求，企业需要提供必要的培训。如果该员工还是不能达到岗位要求，可以调岗或继续培训，若仍不合格，再实施劝退。

劝退不合格员工的核心目的，并不是企业为了免于支付经济补偿金，而是为了让员工了解自身能力与企业岗位要求之间的差异，减少员工对离职的抵触心理，维护企业的社会声誉。如果员工意识到这一点后自愿提出离职，也能在事实上为企业降低成本。

在劝退不合格员工前，要了解相关的法律依据，要提前经过工会的审批，面谈者要分析该员工的性格特点，了解他的上下级关系，了解大家对他的评价以及必要的数据资料或文档等证明材料，要提前预测面谈过程中可能出现的状况。

面谈的内容应以事实为主，简单的寒暄之后可以直奔主题，围绕员工不合格的原因展开对事实的讨论。如果员工接受，则适当提出建议；如果员工不接受，可以让他提出不接受的原因和证据，HR做必要的核查。

为了稳定离职员工的情绪，HR需告知员工能够享受的权利，如果有必要，企业可以为员工写推荐信。HR可以给员工提出职业发展的建议，有条件的企业可以给予员工职业生涯发展的培训。确认员工离职后，启动员工离职程序，做好工作交接。

在劝退员工前，企业需要做好如下工作。

1. 具体化人才录用条件

企业需要具备具体明确的岗位工作条件。根据《中华人民共和国劳动合同法》（2013年7月1日）规定，劳动者在试用期间被证明不符合录用条件的，用人单位可以与其解除劳动合同，并且不需要支付经济补偿金。实际中，难点往往出现在企业难以证明员工究竟在哪方面不符合录用条件。要具体化人才录用的条件，可以参考如下例子。

举例

某岗位需要员工上夜班，则在人才录用条件中要注明这个需求。对于这个需求，某企业做出的规定为：该岗位每个自然月需要上 10 天夜班，必须根据企业统一的排班要求出勤，每月夜班的请假时间不得超过 2 天，此条件为从事本岗位的必要条件。

2. 具体化岗位胜任条件

企业需要具备具体明确的岗位胜任条件。根据《中华人民共和国劳动合同法》（2013 年 7 月 1 日）规定，如果劳动者不能胜任现岗位的工作，经过培训或岗位调整仍不能胜任工作的，用人单位可以与其解除劳动合同。实际中，能不能胜任工作也是一个难以衡量的概念。要具体化岗位胜任的条件，可以参考如下例子。

举例

某生产岗位的胜任条件为：8 小时以内生产合格品的数量不少于 50 件；或者某服务岗位的胜任条件为：每个月顾客满意度的调查结果须达到 90% 以上；某人力资源管理招聘岗位的胜任条件为：企业每月的招聘满足率须达到 95% 以上。

3. 具体化严重失职条件

企业需要具备具体明确的在工作岗位严重失职的情况。根据《中华人民共和国劳动合同法》（2013 年 7 月 1 日）规定，劳动者因为严重失职给用人单位造成重大损失的，用人单位可以与其解除劳动合同。同样，"严重失职"和"重大损失"也都是不可以直接衡量的。要具体化严重失职的条件，可以参考如下例子。

举例

某企业保安岗位规定，如果在未登记的情况下，让非本企业的人员进入企业，则属于严重失职；某财务岗位规定，如果账务问题出现 10 万元以上的差异，则属于严重失职；某质量检验岗位规定，如果某批次产品出现重大质量问题，则质检岗位属于严重失职。

不论是人才的录用条件、岗位的胜任条件，还是存在严重失职的情况，能够避免争议、化解误解、提升管理的关键点都是通过数字量化的方式定义岗位的基础要求、能力要求、绩效指标等的具体数值来实现的。同时，HR 平时要注意对相关数据和证据材料的收集和保存。

【疑难问题】如何降低员工的流失率

人才流失对企业造成的损失不仅包含招聘成本、培训成本等管理成本，还包括从寻找接任者到接任者达到能够满足该岗位需求能力的时间成本和因人才流失影响现有在职人员士气的精神成本。降低员工的流失率可以从以下方面着手。

1.注意招聘的环节

面试时，如果候选人曾经的工作转换比较频繁，平均每份工作的时间不超过 3 年，工作过的企业数量较多，转换工作的理由含糊其词，说明该员工的稳定性较差，用人单位在选择时需谨慎考虑。

有的 HR 为了迅速吸引人才，在招聘宣传的时候会给候选人传递过多的正面信息；有的 HR 提供薪酬信息时只提供薪酬范围（比如月薪 4 000~15 000 元）；有的甚至提供虚假岗位、薪酬、福利待遇等信息。候选人抱着过高的期望，入职后发现实际情况与 HR 的描述不符，必然会产生较大的心理落差，最终离职。

2.用薪酬福利留住员工

具有市场竞争力的薪酬福利体系是留住员工的有效手段之一。薪酬和福利应采取多样化的方式，不应仅包括工资和奖金金额的提高，还应在薪酬福利的多样性、长远性、独特性上下功夫。比如，设置员工持股计划、提供菜单式可选的个性化福利、定期组织团建活动等。

需要注意：薪酬和福利是保障因素，而不是激励因素；是能够满足员工物质和生活需求的基本资源，而不是灵丹妙药。一味期望通过采取高薪酬、高福利留住人才的方式并不可取。

3.用文化和情感留住员工

比制度更能够影响员工的是企业文化，企业文化是员工扎根的土壤。优秀的企业文化天然具有吸引和留住员工的作用，能够让员工在这片土壤中茁壮成长；而不好的企业文化，就像一股无形的力量在把员工往外推。

与薪酬和福利的保障因素不同，与员工建立起的情感纽带属于激励因素。通过上级和同事与员工之间建立起的情感纽带，能够极大地增加员工的幸福感、满意度、责任感，进而增加员工的稳定性。

4.用职业发展留住员工

如果企业能够为员工提供良好的学习和培训，提供一条畅通、清晰的职业发展通道，那么哪怕目前企业在该岗位上的薪酬没有市场竞争力，但是未来的预期收益是明显的，职业的发展和能力的提升意味着员工将收获自身价值提高的满足感，会有许多员工为了得到更好的发展选择留在企业。

所以，企业应完善培训管理体系，做好职业发展通道建设，为员工创造更多的学习和发展的平台和机会。

【疑难问题】如何提高春节后返工率

有统计表明，春节假期结束、员工返工后，短期内流失的可能性会大幅减少。可是很多企业春节之后员工的返工情况较差。要解决春节后员工的离职潮，除了利用通用的降低员工流失率的方法之外，还可以通过一些小技巧来提高春节后员工的返工率。

1.返工红包

返工红包是提高春节后返工率的常用手段。不过，如果返工红包太小了，可能没有吸引力。有的企业年后返工的红包是1个月的工资，其实是把年终奖金的一部分放在了年后发。原本的年终奖是2个月的工资，1个月在年前发，1个月在年后发。

2.年终奖年中发

有的企业把年终奖放到年中发，规定了在企业发放年终奖之前离职的员工，将不享受上年度的年终奖。放春节假前，会告诉员工将要发放的年终奖数量，然后等年中再发放上一年的年终奖，目的是让员工的离职成本增加。

3.年功特殊奖励

有的企业规定，员工在工作一定年限后将会享受一定的额外奖励。这些额外奖励和春节之后的返工红包或福利有一定的关联，能增加员工春节后返工的意愿。

【前沿认知】离职员工也是宝贵财富

2014年11月27日上午，阿里巴巴召开了一个让国内许多大型企业震惊的会议——离职员工大会。这个会议聚集了2 000名曾经在阿里巴巴服务的员工，其中最远有美国赶来的。阿里希望离职员工把"让天下没有难做的生意"的使命感带到新公司。

领英（LinkedIn）的创始人里德·霍夫曼（Reid Hoffman）在《联盟：互联网时代的人才变革》（*The Alliance: Managing Talent in the Networked*

Age）这本书中提出，在移动互联时代，企业与员工之间应该从商业交易转变为互惠关系，需要建立起一种互惠互利、共生共赢的结盟关系。

企业应该告诉员工，"只要你忠诚于客户价值、为企业创造更多的价值，企业就会让你收获更多"。员工也可以告诉企业，"如果企业帮助我发展我的事业，我也会尽我所能帮助企业发展壮大"。

企业与员工的关系应该更像是剧组和演员的关系。双方在合同期内时，可以相互合作、信守合约。合同到期后，彼此可以继续合作，也可以不再合作。但是即使不再合作，企业和人才之间也可以保持着联系和良好的关系。

比如，著名的麦肯锡（McKinsey & Company）的许多业务都是由自己的前员工牵线搭桥的。麦肯锡企业把员工离职当成是"毕业离校"，他们为前员工建立了一个名为"麦肯锡校友录"的信息库，麦肯锡会定期更新他们的职业变动情况，与其保持良好的关系。

而这些曾经离开麦肯锡的人，他们活跃在各行各业，成了不同领域的精英人才，其中有很多后来成了 CEO、高管、教授等。他们会继续为"老东家"提供宝贵的信息、情报、人际关系，会直接或间接促成订单，为麦肯锡的发展做出了巨大的贡献。

另一家有类似做法的企业是贝恩（Bain Capital），这家企业的人力资源部设立了专人负责"前雇员业务"。这位专员会定期跟踪贝恩前雇员的生涯变化，会定期与他们联络，告诉他们贝恩企业的最新进展，会组织、邀请他们参加聚会活动。

贝恩企业的执行董事汤姆·蒂尔尼（Tom Tierney）曾说过：人员流失并非坏事。我们吸引了最优秀和最聪明的人才，而这些人往往也是最难留住的。我们的工作是创造有价值的事业，使他们多停留1天、1个月或1年。但如果你认为能永远留住人才，那是愚蠢的。你应该在他们离职之后，继续保持与他们的联系，把他们变成拥护者、客户或商业伙伴。

世界一流的设计和建筑企业甘斯勒企业的创始人甘斯勒（Gensler）说：人们在职业生涯的某个时候会因为各式各样的理由离开我们。比如"我想去一家小企业干干"或者"我想住在郊区"等。如果他们是优秀的，如果他们为了学习新事物而去，那么，竭力留住他们是不值得的。但我们要努力与其保持联系，因为他们中许多人最后可能决定回来。而且回来的员工将成为我们最忠心的员工，他们回来后会令人难以置信地投入工作。

与这些著名的国外企业类似，除阿里外，国内的许多企业也组织了官方或非官方的离职员工联盟，比如百度企业的"百老汇"、腾讯企业的"单飞企鹅俱乐部"和"南极圈"、美的企业的"北美洲"、南方报业集团的"南友圈"。

这些社群建立的初衷原本是以联络感情、嫁接资源为目的，随着人数增多，逐渐形成了一个个很有特色的社群。2014 年，"南极圈"的创始人潘国华甚至把"南极圈"注册为企业。腾讯的网点通开放平台、应用宝、"200 亿流量"分发活动等都向"南极圈"成员倾斜，并投资了"南极圈"。

此外，网易、盛大、人人网、新浪、TCL、小米、搜狐、搜狗、金山、猎豹、华为、清科、巨人、1 号店、房多多、开心网、赶集网、hao123、同程旅游、飞信、中国移动等这些企业也都有自己的离职员工联盟。离职后的优质人才同样是社会所需要的，当他们能够有方式聚集在一起的时候，必将产生巨大的商业价值。

许多离职员工会选择创业，有做原来企业上下游产业的，有做互补产业的，有做竞争产业的，这种优秀人才的流失让许多企业都非常头疼。可如果企业能够在他们离职创业前做些什么，甚至鼓励内部员工创业，也许会收到很好的效果。

比如，海尔打造的"众创空间"。海尔企业的设想是未来企业有三种人：平台主、小微主、创客。海尔的目标是变为一个平台型企业，原来在册的员工变为"在线员工"，根据用户订单"按单聚散"，自主经营。利用这种方式，海尔也将不仅局限于"在线员工"，还可以吸引并利用更多的社会资源。

正确地认识人才离职管理，把思维由"雇佣"向"结盟"转变，把"打工"向"交往"转变，把"离职"向"暂别"转变。根据优秀企业的经验，要做好离职员工管理，要做到以下四点。

（1）建立离职员工的人才库，定期更新。

（2）与离职员工保持沟通，并建立持续、良好的关系。

（3）与离职员工分享企业近期取得的发展与进步。

（4）为在职或离职员工打造创业孵化器。

企业一定要正确地对待人才离职，与其用传统的思维、固执的心态、僵化的态度去看待这件事，不如接受这种流动，用更加开放的态度、更加包容的心态去激活离职员工这笔隐形的资产。

别再傻傻地学大企业的做法了

"别再傻傻地学大企业的人力资源管理做法了。"我第一次说这句话的时候，是在一个人力资源论坛上，对坐在一旁、听得津津有味的朋友 Joe 说的。

这次论坛请了阿里巴巴、腾讯和华为等大牌企业的人力资源高管做主题分享。分享的内容大致是他们企业是如何做人力资源管理的，与会的 HR 大约 10% 是总监级，20% 是经理级，70% 是专员级。

Joe 一脸嫌弃地回了我一句：你那是吃不着葡萄说葡萄酸。

这时候，正好到了嘉宾和观众互动问答的环节。

有位观众站起来问了嘉宾一个问题："请问贵企业新员工培训多长时间？"

嘉宾说："我们企业实行 7 天封闭式的岗前培训。培训内容是……"

另一位观众问嘉宾："请问贵企业员工年终奖平均能拿多少钱？"

嘉宾笑笑说："这个可能要保密呀，但我可以告诉你我们企业基本工资、年终奖金和福利的比例。"

又有一位观众问嘉宾："请问贵企业对 ×× 岗位的考核分哪几项，占比分别是多少？"

嘉宾一一作答，Joe 也蠢蠢欲动，想站起来凑热闹问问题，但不知道该问什么。我提醒 Joe 说，刚才几位朋友问的都是"是什么"和"怎么做"的问题，没问着核心，你问"为什么"。比如，贵企业为什么新员工培训要设置成 7 天，而不是 5 天或 14 天？为什么薪酬结构比例是这样的？为什么要考核这几项、占比为什么是这样的？

Joe 果真站起来问了，一下子抛出这三个问题，这位嘉宾反应了一会儿。也许是因为在这类论坛，很少有人会问到这么"奇怪"的问题吧。嘉宾很机智，还是回答了这些问题。

总结下来，嘉宾对这三个问题的答案是这样的。

（1）企业的新员工培训一直是 7 天，从这位嘉宾入职的时候就是 7 天。

（2）薪酬结构是因为企业的业绩较好，所以显得年终奖的比例较高。

（3）绩效考核的项目和比例是组成绩效管理小组并讨论后所得的结果。

听完这些答案，Joe 坐下来，有些失望地对我说："我觉得这位嘉宾的回